왕은 어떻게 나라를 다스렸는가

역사학자의 눈으로 본 제왕들의 국가 경영

역사학자의 눈으로 본 제왕들의 국가 경영

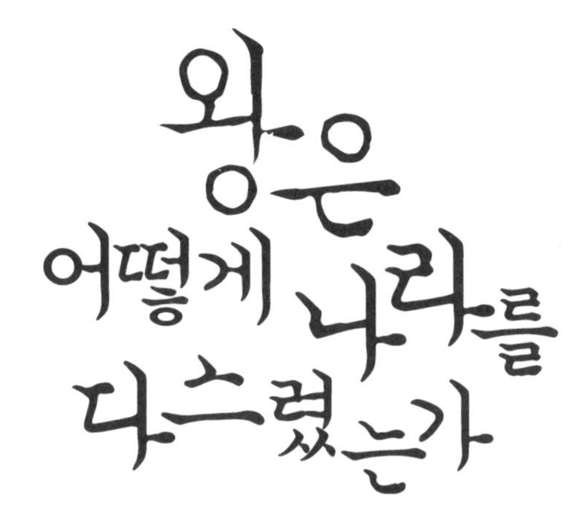

김기흥 • 박종기 • 신병주 지음

Humanist

역사학자의 눈으로 본 제왕, 그 통치의 리더십

이 책《왕은 어떻게 나라를 다스렸는가》는 2007년 초에 출간된《제왕의 리더십》의 개정판으로, 제목과 함께 체제와 내용의 일부를 수정하여 새롭게 펴낸 것이다. 인문학 도서의 상당수가 출간된 지 얼마 지나지 않아 생명이 끝나는 출판 현실에서, 개정판 출간은 이 책에 대한 독자들의 관심과 사랑이 적지 않았음을 말해준다.

이 책은 삼국·고려·조선 시대를 전공한 세 명의 역사학자가 각 시대 주요 국왕 20명(삼국 7명, 고려 6명, 조선 7명)을 선정하여 그들의 생각과 통치방식을 고찰하고 있다. 선정된 국왕은 누구나 한번쯤 여러 책과 방송매체를 통해 접해본 인물들로, 한국사의 역대 국왕 가운데 상대적으로 주목을 많이 받았다. 그러나 저자들은 단순히 지명도만으로 이들을 선택하지 않았다. 국왕은 왕조의 최고 권력자이자 통치자이다. 중요한 정책에 대한 이들의 생각과 판단은 때로는 왕조의 운명이나 이후 역사 전개에 커다란 영향을 끼쳤다. 그러한 국면에서 드러난 이들의 생각과 통치행위를 통해 현재를 사는 우리는 삶의 지혜와 역사의 교훈을 얻는다. 이 책에 선정된 국왕은 대체로 이러한 유형에 속한다.

리더십 부재의 시대를 어떻게 극복할 것인가

삶의 지혜와 역사의 교훈을 들려주는 역대 왕들의 역사는 지난 10여 년 이래 우리 지식사회의 중요한 화두의 하나인 리더십 문제와 자연스럽게 만난다. 글로벌 시대 최고 경영자의 생각과 판단은 기업을 세계적으로 도약시키기도 하지만, 때로는 나락으로 떨어뜨리기도 한다는 사실을 우리 주변에서 얼마든지 찾아볼 수 있다. 정부와 국가도 마찬가지다.

단단한 조직과 그에 바탕을 둔 집단의 힘이 기업과 국가를 지탱한다는 생각은 산업시대의 발상이다. 풍부한 감성과 지성에 기초한 창의적인 생각과 행동은 지금의 지식정보사회가 요구하는 덕목이다. 창의성이 조직과 집단의 힘을 능가하는 것이 지금의 시대이다. 그런 점에서 기업과 국가 최고 경영자의 위상은 왕조의 흥망을 좌지우지한 국왕에 비유된다. 국왕의 리더십을 주제로 한 이 책이 여전히 독자들의 관심과 사랑을 받는 것은 새로운 리더십을 갈망하는 지식정보사회의 시대적 요청과 무관하지 않다.

우리 사회는 글로벌 시대에 성공적으로 진입하여 그 혜택을 세계 어느 국가보다 잘 누리고 있다. 그러나 그에 걸맞은 덕목을 제대로 갖추지 못한 역설(逆說)의 시대에 살고 있다. 세계사에 유례가 없는 급속한 산업화와 민주화의 성취에 우리는 너무 자만하고 있지 않은가, 지금 우리 사회가 겪고 있는 지역 · 계층 · 세대 간 분열과 갈등은 그러한 자만의 산물은 아닌가, 돌아보아야 할 일이다. 실제로 우리는 지식정보화 시대에 성공적으로 진입해 누리는 혜택에 따른 의무와 책임을 방기하고 있다. 더욱이 지도층은 새로운 사회에 필요한 가치와 덕목의 아젠다(agenda)를 이끌어낼 리더십을 발휘하지 못한 채 산업시대의 권위주의 리더십에 안주하고 있다. 5년마다 되풀이되는 새로운 지도자에 대한 기대와 좌절은 새로운 시대에 걸맞은 리더십이 부재하기 때문이다.

이 책의 저자들은 옛것을 본받아 새로움을 창조하는 '법고창신(法古創新)'의 자세로 새로운 리더십을 고찰하고자 한다. 전근대 최고 권력자이자 통치자인 국왕이 왕조를 어떻게 통치했는가를 살펴본 이 책은 지도층의 리더십 부재 문제를 극복하고 미래 한국 사회의 바람직한 리더십의 방향을 모색하고자 한다.

이 책에 담긴 문제의식은 그동안 리더십 논의를 주도해온 일부 사회과학자들의 문제의식과는 다르다. 그들은 20세기 후반 서구사회에서 산업화가 만개하면서 거기에 필요한 덕목을 리더십의 내용으로 포장했다. 즉, 리더십을 사람과 조직을 다루는 기술(테크닉), 성공한 개인의 처세술 정도로 생각한 경우가 없지 않았다. 나의 성공과 타인의 실패라는 경쟁의식을 전제로 한 일종의 처세술로 리더십의 의미를 격하시킨 경우도 있다. 각종 조직이론과 인간관계론을 적당히 조합하여 리더십의 틀을 만들기도 했다. 그 틀은 특정 사회나 국가의 시간과 공간의 특성이 무시된 채 어디에서도 적용될 수 있는 일반론으로 채색시킴으로써 적지 않은 문제점을 안고 있다.

이러한 문제제기만으로도 역사학자들이 생각한 리더십이 사회과학자들의 생각과 다르다는 것을 알 수 있다. 진정한 리더십은 인간과 사회의 변화와 진보에 대한 믿음을 구성원들에게 공감케 하고 설득시킬 수 있어야 한다. 또한 리더는 매사에 반성과 성찰의 자세를 지녀야 한다.

통치술, 처세술을 넘어선 제왕들의 리더십 읽기

이 책은 국왕들이 정국의 중요한 국면에서 발휘한 리더십의 내용을 검토하면서, 그 공과(功過)를 지금 우리 사회의 현실 속에서 어떻게 평가할 것인가 하는 문제를 다루었다. 독자들은 이 책을 통해 '제왕을 통한 한국사 읽기', '리더십을 통한 한국사 읽기'라는 역사의 또 다른 재미를 느끼게 될 것이다.

이 책의 초판 제목을 '제왕의 리더십'으로 정한 것도 우리 시대가 안고 있는 리더십 부재의 문제의식과 무관하지 않다. 그런데 이 제목은 시중에 많이 나와 있는 리더십 일반론에 관한 책으로, 마치 '제왕(국왕)의 처세술'이나 '제왕(국왕)의 통치술' 식으로 오독(誤讀)할 여지가 있었다. 그런 오해를 없애고 저자들의 생각을 좀 더 분명하게 드러내기 위해 이번 개정판에서는 제목을 '왕은 어떻게 나라를 다스렸는가'로 바꾸었다.

5년여의 세월이 흐르는 사이 글의 호흡과 표현 방식 또한 많이 바뀌었음을 느낀다. 따라서 개정판을 준비하면서 초판 원고를 다시 검토하고, 이 책의 취지에 어긋나지 않은 범위 내에서 체제와 내용의 일부, 그리고 문구를 수정했다.

한편, 이번 책에서는 왕의 묘호(廟號)와 함께 실명(實名)을 표기했다. 묘호란 '태조', '세종', '성종'과 같이 국왕의 사후 종묘 등에서 제사를 지내기 위해 사용한 호칭으로, 우리나라 역사책은 묘호를 국왕의 호칭으로 사용하고 있다. 최근 드라마 등에서 조선 세종을 이도(李祹)로, 정조를 이산(李祘)이라 하면서 국왕의 성명을 밝히고 있는데, 이 책 또한 이러한 시도를 통해 독자들이 좀 더 친근하게 책의 내용에 다가갈 수 있도록 했다.

지금까지 설명한 개정판 형식은 그동안 저자들과 편집자 사이에 많은 논의와 고민 끝에 나왔다. 이 과정에서 휴머니스트 출판사는 첫 책을 출간하듯 매우 진지한 자세를 보여주었다. 개정판이라 느슨한 마음을 가졌던 저자는 배우고 깨우친 바가 적지 않았다. 감사의 마음을 표현하고 싶다.

2011년 10월 하순
저자를 대표하여 박종기 쓰다

차 례

프롤로그 역사학자의 눈으로 본 제왕, 그 통치의 리더십 4

1부 고대의 제왕 절대적이면서 상대적인 왕권의 탄생

도입글 다양한 통치 리더십, 고구려, 백제 신라의 왕들 17

신성한 존재, 국왕의 탄생 · 17 | 절대를 지향하나 상대적인 왕권 · 18 | 고대 국왕들의 다양한 리더십 · 19

고구려의 유리왕 고유리 국가의 기틀을 다진 제2의 건국시조 23

외톨이 왕 · 25 | 극기와 인내의 세월 · 28 | 비전과 결단의 국내성 천도 · 29 | 국가 정체성을 세운 통찰력 · 33 | 위기 속에 연맹장이 된 기회 포착능력 · 35 | 유리왕의 통치, 그 이후 · 37

▪ 동맹제 · 38

고구려의 광개토대왕 고담덕 드넓은 영토를 개척한 영웅 39

웅대한 비전과 역사적 통찰력 · 42 | 뛰어난 전략가의 면모 · 46 | 고구려의 영광, 동아시아 평화의 초석 · 48

▪ 광개토대왕릉비 · 54

백제의 무령왕 부여사마 총체적 위기를 해결한 경륜의 준비된 지도자 57

백제의 패배와 왕실의 위기 · 59 | 위기에 요청된 새로운 리더십 · 61 | 준비된 리더 · 64 | 세련된 국제감각 · 66 | 군사 · 문화 강국 백제 · 68

▪ 무령왕릉 지석 · 69

신라의 진흥왕 김삼맥종 삼국통일의 기반을 다진 믿음의 인재 경영 71

사려 깊은 성품과 통찰력 · 74 | 인재 양성의 장, 화랑도를 세우다 · 77 | 통치의 목표와 삼국통일의 비전 제시 · 79 | 성공적인 인간 경영 · 82 | 이사부, 거칠부 그리고 김무력 · 83 | 삼국통일의 기반 마련 · 86

▪ 한강 유역을 둘러싼 고구려와 신라의 밀약 · 88

신라의 선덕여왕 김덕만 너그럽고 현명하고 센스 있는 여왕의 리더십 91

여왕 즉위 전야 · 93 | 왕의 능력 과시 · 96 | 관인명민의 리더십 · 99 | 종교 중심적 사고와 현실 인식 부족 · 103 | 용춘과 김춘추 그리고 김유신 · 105 | 선덕여왕의 통치가 남긴 것 · 108

▪ 첨성대 · 110

백제의 의자왕 부여의자 망국을 재촉한 성취욕과 자만심 113

훌륭한 제왕의 자질 · 116 | 성급한 성취욕과 자만 · 117 | 멸망을 재촉한 근시안적 국제감각 · 121

▪ 서동설화 · 125

통일신라의 신문왕 김정명 통합을 위한 통찰력, 결단, 추진력 129

새 시대를 위한 과감한 구세력 청산 · 131 | 왕실의 정통성 확보 · 134 | 체계적인 제도 정비 · 137 | 중세적 지배체제의 원형 제시 · 140

▪ 만파식적 · 142

2부 고려의 제왕 천자, 왕실의 대표자, 정치집단의 수장

도입글 삼한 통일에 기초한 고려 황제국 체제의 왕들 149

고려 국왕의 정치적 위상 · 149 | 천자로서의 국왕 · 150 | 측근정치와 정국 운영 · 151 | 고려 국왕들의 다양한 리더십 · 152

태조 왕건 포용력과 균형감각을 지닌 통합군주 157

후삼국의 영웅군주들 · 160 | 태조 왕건의 스승, 궁예 · 161 | 민심을 중시한 포용력 · 164 | 다시 통합의 리더십으로 · 167

▪ 견훤과 왕건이 주고받은 편지 · 170

성종 왕치 고려 왕조의 기초를 세운 군주 173

여론을 중시한 리더십 · 176 | 조화와 균형의 리더십 · 177 | 신하의 혹독한 비판 경청 · 182 | 성공적인 군주의 덕목 · 183

▪ 화풍과 국풍 · 186

숙종 왕옹 난국 돌파를 위한 부국강병의 그림자 189

수도를 옮기자 · 191 | 쿠데타로 왕위에 오르다 · 193 | 난국 돌파의 또 다른 카드, 화폐 유통과 여진 정벌 · 195 | 부국강병의 리더십 · 198 | 관료들의 생각은 달랐다 · 199 | 개혁의 변증법 · 200

▪ 숙종 개혁의 쌍두마차, 대각국사 의천과 윤관 · 202

의종 왕현 왕권의 신성성을 추구한 비운의 국왕 205

무신정변—무신의 횡포인가, 군주의 잘못인가? · 208 | 믿었던 도끼, 측근의 자중지란 · 210 | 즉위는 했으나, 불안한 정국 · 212 | 왕실 중흥의 표방과 왕권 신성의 강조 · 213 | 문신 관료집단이 외면한 리더십 · 214

▪ 《편년통록》과 《왕대종록》 · 218

충선왕 왕장 내치에 어두운 실패한 이상군주 221

전쟁은 끝났으나, 더 큰 시련이 · 224 | 시행착오로 끝난 즉위 개혁 · 226 | '세계화'를 추구한 최초의 한국 국왕 · 228 | 제왕학의 교과서, 원나라 궁정생활 · 230 | 내치에 소홀한 이상군주 · 233

▪ 충선왕과 성리학 · 235

공민왕 왕전 현실에서 실패한 미완의 개혁가 237

공민왕을 위한 변명 · 240 | 대세를 읽을 줄 아는 리더십 · 241 | 치밀한 용인술 · 243 | 포위된 국왕 · 245

▪ 신돈의 개혁 · 248

3부 조선의 제왕 왕권과 신권, 그 갈등과 조화의 권력 시스템

도입글 조선 왕조 518년, 27명의 제왕들 253

조선 국왕의 정치적 위상 · 253 | 적장자 왕위 세습의 아이러니 · 254 | 조선 후기 국왕의 리더십 · 255 | 지금 그들을 돌아보는 이유 · 258

태종 이방원 권력의 일원화를 추구한 냉혹한 군주 261

격동기 킬러의 본능 · 264 | 왕권이냐, 신권이냐 · 267 | 왕이 주도하는 나라 만들기 · 270 | 한양 재천도와 청계천 공사의 혜안 · 272 | 미래를 보는 후계자 선택 · 274

▪ 태종과 계모 신덕왕후 강씨의 악연 · 278

세종 이도 함께하는 소통정치의 표본 281

집현전 설치와 인재풀의 활용 · 284 | 세법의 확정, 10년에 걸친 여론조사 · 287 | 자본 · 민본 · 실용정신의 꽃, 《훈민정음》 · 289 | 촌로들의 경험을 최대한 살린 《농사직설》 · 292 | 의학의 신토불이 《향약집성방》 · 293 | 실용정신이 녹아 있는 과학기기들 · 295 | 폐출된 형에 대한 배려 · 299

▪ 세종에 관한 질병 보고서 · 302

광해군 이혼 명분보다 실리를 택한 현실정치가 305

광해군이냐, 영창대군이냐 · 308 | 왕통 강화를 위한 무리수, 계축옥사 · 310 | 전란의 상처 회복을 급무로 삼다 · 313 | 실리외교로 전쟁을 막다 · 316 | 광해군의 빛과 그림자 · 318

▪ 광해군의 국방 강화 의지와 화기의 제작 · 322

효종 이호 북벌, 실현 불가능한 목표의 외길을 간 고독한 왕 325

심양으로 간 두 왕자, 소현세자와 봉림대군 · 328 | 심양에서 새롭게 눈을 뜬 소현세자 · 330 | 뜻하지 않던 왕의 자리, 그리고 북벌 · 333 | 북벌 추진의 허와 실 · 334 | 하멜의 표류와 나선 정벌 · 338

▪ 현실의 패배와 소설 속 승리, 《박씨전》의 탄생 · 342

숙종 이순 붕당정치 국면을 돌파한 카리스마의 정치 345

숙종 카리스마의 원천 · 348 | 급박하게 바뀌는 정국의 연출자 · 349 | 서인을 정권의 파트너로 삼다 · 352 | 거대한 장벽, 송시열을 희생시키다 · 354 | 정국 돌파의 급처방, 환국 · 355 | 성리학 이념이 구현되는 나라 만들기 · 356 | 주전론의 등장과 상평통보의 유통 · 358 | 영조 · 정조시대의 서막을 연 리더십 · 361

▪ 숙종시대 〈요계관방지도〉 제작의 의미 · 364

영조 이금 왕조의 중흥을 이끈 뚝심과 포용의 추진력 367

쓰라린 당쟁의 경험과 탕평책 · 370 | 서민군주 표방과 균역법 여론조사 · 374 | 홍수 방지와 도시 실업자를 위한 청계천 공사 · 380 | 아들을 죽인 비정한 아버지 · 384 | 정치 · 경제 · 문화의 중흥을 이끌다 · 388

▪ 청계천 준설공사 · 390

정조 이산 개혁군주의 실천과 좌절 397

개혁정치의 산실 '규장각' · 396 | 시전상인들의 특권을 뿌리뽑다 · 400 | '나는 죄인의 아들이 아니다!', 화성 건설과 행차 · 402 | 문예 중흥과 편찬사업 · 406 | 미완의 개혁군주 · 408

▪ 화성공사의 종합 보고서, 《화성성역의궤》 · 411

에필로그 성공한 왕, 실패한 왕의 리더십에서 무엇을 배울 것인가 415

찾아보기 423

1부 고대의 제왕

절대적이면서 상대적인 왕권의 탄생

- **도입글** 다양한 통치 리더십, 고구려, 백제, 신라의 왕들
- **고구려의 유리왕 고유리** 국가의 기틀을 다진 제2의 건국시조
- **고구려의 광개토대왕 고담덕** 드넓은 영토를 개척한 영웅
- **백제의 무령왕 부여사마** 총체적 위기를 해결한 경륜의 준비된 지도자
- **신라의 진흥왕 김삼맥종** 삼국통일의 기반을 다진 믿음의 인재경영
- **신라의 선덕여왕 김덕만** 너그럽고 현명하고 센스 있는 여왕의 리더십
- **백제의 의자왕 부여의자** 망국을 재촉한 성취욕과 자만심
- **통일신라의 신문왕 김정명** 통합을 위한 통찰력, 결단, 추진력

다양한 통치 리더십, 고구려, 백제, 신라의 왕들

신성한 존재, 국왕의 탄생

한국 고대사는 국가가 처음 일어난 고대 국가 형성사를 일찍이 경과했다. 따라서 국가체제의 틀이 잡혀 있던 고려나 조선과는 달리, 국가 형성의 각 단계에 따라 왕의 정치적 위상과 역할이 다를 수밖에 없었다. 가장 유력한 부(部)의 장(長)이 연맹장이 되고 이를 중심으로 권력이 집중되면서 마침내 국왕이 출현했다. 왕은 각 부의 우두머리들을 점차 귀족화하고, 자신의 부(部)는 물론 다른 부 구성원들의 이익까지 챙겨주면서 국왕으로서 위상을 공고히 해나갔다.

국왕은 귀족 등 지배층의 이익을 우선하면서도 그들의 특권을 적절한 선에서 제어하여 민(民)들의 안녕과 재생산을 가능케 함으로써 현실적 존재의의를 보여주었다. 아울러 자신의 연원이 당시 사람들이 숭배하던 하늘 또는 땅의 신에게 있음을 주장하고, 이로써 신성한 자로 인정받아 권위를 확고히 했다. '홍익인간(弘益人間)'의 이념이나 단군신화, 주몽신화 등도 이 과정에서 출현했다. 국왕들은 이리하여 천자(天子) 혹은 천손(天孫)으로서 군림할 수 있었다.

절대를 지향하나 상대적인 왕권

국가체제가 완성된 이후 국왕의 정치적 위상은 비교적 굳건했다. 왕은 귀족회의의 장(長)이자 관리들을 총괄하는 최고 통치자였다. 시간이 지나면서 국왕은 귀족회의 의장직을 귀족들에게 맡기기도 했다. 고구려의 대대로, 백제의 상좌평, 신라의 상대등이 그것이다. 이 경우 국왕은 귀족들을 초월하는 위상을 지니게 되어 전제군주로 군림한 것으로 보인다. 고구려의 광개토대왕과 장수왕, 신라의 진평왕이나 백제의 의자왕 등은 강력한 전제권력을 행사했다. 정치의 제도화가 미흡한 형편이라 왕의 자질에 따라 영웅적 면모를 보이거나 전제적인 통치를 행할 여지가 많았던 것이다.

그러나 국왕은 여전히 현실정치에서 상당한 세력을 지닌 귀족들의 견제를 받았고 이들을 배려하지 않을 수 없었다. 이들과의 관계가 원만할 때 나라는 흥왕(興旺)했으며, 대립의 정도가 심해지면 이들에 의해 왕이 살해되거나 축출되기도 했다. 이런 경우가 고려나 조선에 비해 훨씬 많았으니, 당시 정치구조의 실상을 가늠해볼 수 있겠다.

아울러 삼국의 장기적인 병존(竝存)도 국왕의 권위를 약화시키는 요소였다. 이들의 끊임없는 경쟁 속에서 왕이 온전하게 권위를 유지하기란 쉽지 않았다. 고구려 왕에게 항복하거나 죽임을 당한 백제 왕들의 권위가 온전할 리 없으며, 고구려에게 크게 간섭받은 신라 마립간들의 지위도 절대적일 수 없었다.

한편, 한국의 고대 국가들은 중국 왕조에 조공외교를 펼치기도 했다. 이 경우 세력이 강한 중국 왕에 대하여 형식상 제후로서의 위상을 취했다. 그러나 조공관계는 외교적 형식에 불과할 뿐, 국내 정치에서 국왕의 위상에 끼치는 영향은 거의 없었다.

고대 국왕들의 다양한 리더십

한국 고대 왕들의 정치·사회적 위상은 정치 발전의 각 단계마다 약간씩 차이가 있었다. 따라서 그들이 보인 리더십의 양상은 고려나 조선의 왕들이 보여준 것과 비슷하면서도 일부 이 시대에만 찾아볼 수 있는 것들도 있다.

우선 포용력과 조화의 리더십이 눈에 띈다. 광개토대왕은, 고구려가 지속적인 발전을 이루려면 고구려 원(原)주민과 영토 확장에 따라 새로이 편입된 주민을 차별해서는 안 된다면서, 고구려 원주민이 도맡아 온 왕릉을 지키고 제사하는 일을 새로 편입된 민에게 맡기도록 명한 바 있다. 신라의 진흥왕은 가야 출신인 김무력 장군을 중용(重用)하고 고구려 출신인 승려 혜량을 승통으로 삼았으며, 가야 출신인 우륵을 우대하여 신라의 음악 수준을 한 차원 높인 바 있다. 아울러 피정복민들을 위무(慰撫)하며 그들이 신라인으로서 일체감을 가질 수 있도록 했다.

통찰력과 비전의 리더십을 지닌 왕들도 있었다. 이들은 후대까지 큰 영향을 끼쳤다는 점에서 주목할 만하다. 고구려의 유리왕은 동가강 유역에 자리잡은 졸본의 지정학적 한계를 파악하고 국내성으로 천도하여, 이후 400여 년간 고구려가 대발전을 이룰 기초를 마련했다. 진흥왕은 백제와 맺은 약속을 뒤로한 채 한강 유역을 차지했다. 이는 그가 신의를 저버린 인물이라는 비난을 받으리라 예상하지 못해서가 아니었다. 한강 유역 확보는 역사가 증명하듯 신라 대발전의 밑거름을 마련하는 일이었기 때문이다. 그는 함경도 일대까지 순수(巡狩)하여 고구려 영토 통합의 가능성까지도 제기했다.

통찰력 부족으로 나라를 망치고만 이도 있다. 백제의 마지막 왕 의자왕은 초기에 달성한 성공에 취해 국제정세의 큰 국면을 제대로 읽지 못하고 비극의 주인공이 되고 말았다.

결단력의 리더십을 보인 왕들도 있다. 백제의 무령왕은, 동성왕을 죽이고 반란을 일으킨 귀족 백가(苩加)가 항복했음에도 불구하고 즉시 그의 목을 베어 백(마)강에 던져버렸다. 이로써 왕의 위상이 약화된 틈을 타 왕을 능멸하고 발호하려 한 귀족들의 기를 확실하게 꺾어버렸다. 의자왕은 정치를 혼란시킨 왕실 친족들과 귀족들을 즉위와 더불어 일시에 제거하여 왕권을 확고히 했다. 통일 후 신라의 신문왕도 즉위하자마자 자신의 장인을 포함한 통일전쟁의 공신들을 일거에 제거함으로써, 전후 정치제도의 정비와 삼국 통합작업을 순조롭게 진행할 수 있는 기초를 닦았다.

체계적인 추진력의 리더십을 보인 왕들도 있다. 신문왕은 먼저 공신 제거와 감은사 건축을 통해 왕의 권위를 세우고, 국학을 설립하여 관료 양성체제를 갖추었으며, 이어 여러 관청을 설치하여 체계적인 행정이 가능케 했다. 관료들을 경제적으로 뒷받침하기 위해 관료전을 설치하고 귀족들의 녹읍을 폐지하여 통치력을 강화하는 한편, 경제적 이득을 얻기도 했다. 아울러 9주 5소경제를 실시하여 삼국 통합을 뒷받침할 지방 지배체제를 갖추고 9서당 등 군제를 정비했다. 이 같은 통치과정은 실로 유기적으로 이루어지고 있는데, 정책의 선후를 확실히 가려서 체계적으로 추진한 것을 볼 수 있다.

후세에는 보기 어려운 영웅적 리더십도 보인다. 광개토대왕은 비려

(碑麗)와 동부여를 비롯해 수차에 걸친 대외 정벌을 지휘하여 큰 승리를 거두었다. 백제의 무령왕은 고구려의 침략으로 위기에 처했을 당시 친히 기병 3,000명을 거느리고 출전하여 대승을 거두었다. 최고 지도자가 최전선에 섰을 때 위기를 맞을 가능성도 무시할 수는 없지만, 자신을 버리는 모범을 보여야 할 국면에서 이 같은 영웅적 리더십을 발휘함으로써 큰 효과를 얻었던 것이다.

한국에서 여왕은 신라에만 있었다. 따라서 고대 국가에서는 고려나 조선에서는 볼 수 없는, 부드럽고 너그러운 여성적 리더십도 찾을 수 있다. 특히 선덕여왕은 너그럽고 인자하여 측근 신하들은 물론 많은 백성들로부터 사랑을 받았다. 실각한 진지왕의 손자인 김춘추나 가야계 김유신을 중용하여 최고의 정치가와 장군으로 만든 데는 그녀의 리더십이 큰 역할을 했다.

고구려의

유리왕 고유리

국가의 기틀을 다진 제2의 건국시조

내가 천도한 것은 백성을 평안히 하여
나라를 굳건히 하려 함이었다.

《삼국사기》 권13 고구려 유리명왕 본기

유리왕(瑠璃王) 고유리(高類利)

생몰 기원전 37년(?)~기원후 18년, 재위 기원전 19년~기원후 18년

기원전 19년(즉위 원년) 졸본으로 내려와 태자가 됨, 동명왕 사후 즉위

기원전 18년(재위 2년) 이복동생 온조가 백제 건국

3년(재위 22년) 국내성으로 천도

9년(재위 28년) 태자 해명 자결

12년(재위 31년) 왕망에 대한 저항운동을 주도하며 고구려 연맹장으로 자리함

14년(재위 33년) 현도군의 소재지인 고구려현 점령

참새를 잡으려고 쏜 화살에 동네 아낙의 물동이가 뚫리자, 화살 끝에 진흙을 묻혀 쏘아 다시 그 구멍을 메웠다는 설화의 주인공 유리(類利). 수수께끼를 풀고 마침내 상봉한 아버지는 곧 돌아가시고 이복동생 비류(沸流)와 온조(溫祚)의 양보로 졸본부여(卒本扶餘, 고구려의 전신)의 왕위에 올랐다. 그러나 유리왕은 왕비 화희(禾姬)의 투기에 지쳐 달아난 사랑하는 중국인 왕비 치희(雉姬)를 처가에 둔 채 혼자 돌아오다가, 나무 밑에 앉아 금실 좋은 꾀꼬리 한 쌍을 부러워하며 〈황조가(黃鳥歌)〉를 지어 부른 힘없는 외톨이였다.

이러한 그가 어떻게 선주(先住)세력을 누르고 왕권을 확립하여 국가다운 국가를 이룩할 수 있었던 것일까? 불리한 여건을 차분히 극복하며 국가의 기초를 놓은 진정한 의미의 고구려 건국자, 유리왕의 리더십이 거기에 있었다.

외톨이 왕

동부여 왕의 서자(庶子)로 보이는 주몽(朱蒙), 즉 동명왕은 기원전 37년에 졸본(지금의 만주 환인)에 이르렀다. 그곳에서 족장 연타발의 딸인 8

세 연상의 과부 소서노(召西奴)와 결혼했다. 그런데 주몽도 두 번째 결혼이었으니, 주몽의 본국 동부여에는 임신한 아내 예씨가 있었다. 예씨는 곧 아들을 낳았는데, 그가 유리이다. 부친을 닮아 활을 잘 쏘았던 유리는 곧잘 새를 잡으러 다니곤 했는데, 어느 날 그가 쏜 화살이 동네 아낙의 물동이에 구멍을 내고 말았다. 그런데 동네 아낙이 "아비 없는 자식이라 불량하구나!"라며 꾸지람을 하자 유리는 자신이 누구인지, 아버지가 누구인지 알고 싶어졌다.

아들의 물음에도 모친은 동부여 태자의 정치적 박해를 피해 달아난 남편의 처지를 생각하여 아버지가 누구인지 모른다고 답했다. 어머니의 대답에 자존심이 상한 유리는 자결하려 했고, 마침내 어머니는 진실을 이야기하고 말았다. 그 후 '일곱 모난 돌 위 소나무 밑', 즉 집의 주춧돌 위에 서 있는 소나무 기둥 밑에서 부친이 남긴 칼을 찾아 모친과 함께 졸본으로 달려갔다. 동명왕 19년인 기원전 19년의 일이다.

그런데 주몽과 소서노 사이에는 이미 비류(沸流)와 온조(溫祚) 두 아들이 있었다. 주몽과 예씨, 유리가 눈물겨운 상봉을 한 이후, 이 복잡한 가정에는 미묘한 기류가 형성되었다. 누구를 졸본부여의 태자로 삼는가 하는 문제가 현안으로 떠올랐다. 소서노의 큰아들 비류는 졸본부여가 자신의 외가(外家) 나라이니 당연히 자신들이 다스려야 한다고 말하고 다녔다.

주몽은 오랜만에 만난 장자이자 백발백중의 활 솜씨를 가진 유리를 후계자로 삼고자 했다. 만약 유리를 저대로 놔둔다면, 자신이 사망한 후 졸본과 인연이 없는 유리가 맞이할 처참한 미래가 염려되었다. 결국 주몽은 유리를 태자로 봉하였다. 이에 비류와 온조는 모친 소서노를 모시고 따르는 백성들과 함께 남으로 내려가 백제를 세웠다.

얼마 지나지 않아 동명왕이 죽고 유리는 고구려의 제2대 왕이 되었다(기원전 19). 비록 왕위에 올랐지만 유리는 든든한 후원 세력 하나 없는 외로운 신세였다. 재위 2년에 송양국 공주를 아내로 맞이했지만 다음 해 아이를 낳다가 죽고 말았다. 이에 두 명의 왕비를 다시 두었다. 졸본부여 계통인 화희와 중국계인 치희였다. 졸본부여는 중국 한(漢)나라의 현도군은 물론 요동군과도 교류하고 있었기에 인근의 중국인 미녀도 아내로 삼을 수 있었다.

유리왕은 자신과 처지가 비슷하고 미인인 외국인 치희를 더 사랑한 듯하다. 질투에 눈이 먼 화희가 왕이 사냥 나간 틈을 타 치희를 모욕하고 괴롭혔다. 분을 이기지 못한 치희는 친정으로 돌아가고 말았다. 사냥에서 돌아온 유리왕은 곧 치희의 집으로 달려가 그녀를 달래 데려오려 하였다. 그러나 마음이 크게 상한 치희는 돌아오기를 거부했고, 유리는 끝내 혼자서 돌아설 수밖에 없었다. 외로이 졸본으로 발길을 돌리던 유리왕이 잠시 쉬는 사이, 나무 위에 꾀꼬리 한 쌍이 짝을 지어 날고 있는 것이 보였다. 유리는 그들을 부러워하며 〈황조가〉를 지어 불렀다.

펄펄 나는 꾀꼬리는	翩翩黃鳥
암수 서로 놀건마는	雌雄相依
외로운 이 내 몸은	念我之獨
뉘와 함께 돌아갈꼬	誰其與歸

그런데 그 뒤에도 유리가 사랑하는 치희를 쫓아낸 화희를 처벌했다는 기록은 없다. 졸본 부근 유력 족장의 딸이었을 화희를 처벌하기에는 유리왕 자신의 처지가 곤궁했기 때문일 것이다. 아버지 동명왕의 충신들 몇몇이 그를 뒷받침해주고 있을 뿐이다.

극기와 인내의 세월

고려의 사가(史家) 김부식(金富軾)의 《삼국사기(三國史記)》를 보면, 유리왕은 즉위 이후 20여 년간 젊은 왕답지 않게 이렇다 할 치적을 세우지 못하고 있다. 당시 졸본부여는 지금의 지방 읍에도 못 미치는 세력이었을 것이므로 큰 움직임을 보일 형편은 아니었다. 더구나 온조 등이 상당수 주민을 데리고 남하하여 백제를 건국한 이상, 주민 수도 부족하고 타지 출신 왕에 대해 인근의 협조나 호응도 클 리 없었을 것이다.

유리왕은 비상하는 용이 되기를 고대하는 이무기같이 자신을 낮추고 때를 기다렸다. 그러다가 재위 11년에 신하인 부분노(扶芬奴)와 함께 그의 꾀대로 졸본부여를 괴롭혀온 이웃 선비족 마을을 응징하여 왕의 지략이 만만치 않음을 보이기도 했다. 그러나 그 뒤로는 별다른 움직임이 없었다.

20대 청년을 40대 중년으로 만든 20년은 결코 짧지 않은 세월이다. 그간 유리에게는 약간의 측근 세력이 생겼다. 그러나 그보다는 유리가 세월 속에서 자기를 잘 연단하며 더 큰 것을 얻기 위해 묵묵히 기다렸다는 인상을 지울 수 없다. 유리왕이 자신을 얼마나 잘 알고 다스릴 줄 알았는지는, 왕권이 비교적 안정기에 접어든 재위 후반에도 오만한 동부여나 인접국 황룡국 등에 여전히 자세를 낮추어 예를 다하면서 쓸데

없는 분란으로 국력을 소모하지 않은 데서도 알 수 있다.

비전과 결단의 국내성 천도

유리왕의 리더십은 재위 후반에 이르러 졸본에서 국내성으로 수도를 옮기는 일에서부터 두드러진다. 《삼국사기》 유리명왕 본기에 의하면, 유리왕 19년(기원전 1) 8월에 국가에서 하늘에 제사지내는 데 쓰일 제물인 돼지가 달아나서 문제가 되었다. 국가 제사의 제물이 달아났음은 무엇을 뜻하는 것일까? 그것은 곧 국가의 기초가 변동할 수 있음을 보여주는 사건이다. 달아난 돼지를 붙잡는 중에 칼로 돼지 다리의 근육을 자른 신하들이 처형되었고, 시름시름 앓던 왕이 무당의 권유로 처형당한 신하들의 원혼을 위로한 후에야 병이 나았다고 한다.

유리왕 21년(서기 2)에는 또다시 놓친 돼지가 졸본에서 100킬로미터도 더 떨어진 압록강가 국내성(國內城)에서 잡히는 사태가 발생했다. 그런데 돼지를 잡으러 그곳까지 간 신하 설지(薛支)가 그 지역이 나라를 옮길 만한 넓은 터전임을 알아보고 잡은 돼지를 그곳 민가에 맡기고 돌아와서는 왕에게 천도를 권한다. 이내 그곳을 찾은 유리왕은 농사와 사냥, 교통과 방어에도 유리한 지역임을 확인하고 천도를 결심하게 되었다.

그런데 2년 전에도 문제가 된 제물인 돼지를 몇백 리를 달아나도록 잡지 못하다가 국내성 인근에서 잡았다는 것은, 돼지를 일부러 싣고 가서 풀어준 뒤 잡지 않고서는 있기 어려운 일이다. 더구나 설지가 잡은 돼지를 졸본으로 데려오지 않고 국내성의 민가에 맡겨 기르도록 조치한 것을 보면, 이 일이 의도된 일임을 알 수 있다. 이는 졸본에서의 국가 경영의 한계를 깨닫고 천도를 통해 새로운 비전을 열어보려 한 유리왕과 설지 등의 측근들이, 제물이 스스로 옮겨간 것을 하늘(신)의 뜻으로 빙자하여 천도에 대한 반발을 무마하려고 세운 계략인 듯하다.

졸본부여는 압록강의 지류인 동가강가에 자리잡고 있었다. 그런데 그 강 유역에는 졸본부여 말고도 '송양(松讓)'이라는 나라가 먼저 터전을 닦고 있었다. 더욱이 멀지 않은 곳에 중국의 왕조가 다스리는 영토가 있어 동가강의 서쪽에 위치한 졸본부여로서는 그들의 침략을 받게 되면 방어에 애로가 있을 수밖에 없었다.

그에 비해 국내성은 수운이 편리하고 중국의 영토와도 거리가 제법 멀 뿐만 아니라 동가강의 훨씬 동쪽에 있어서 방어에 유리했다. 게다가 이 일대를 통틀어 가장 많은 부여계 주민이 살고 있는 곳이어서 중국 한(漢)에 의해 '고구려현'으로 만들어졌는데(기원전 107), 뒤에 한의 현도군과 대립하여 싸우다가 피폐해진 곳이었다. 따라서 그곳으로 수도를 옮긴다면 인근에는 경쟁국가도 없을뿐더러, 압록강 중류지방의 주민들을 모아 빠른 시간 내에 국력을 키울 수 있는 장래성 있는 터이기도 했다.

유리왕은 국제정세와 국가의 먼 미래까지 고려하여 돼지사건이 있은 다음 해인 재위 22년(서기 3)에 과감하게 천도를 단행했다. 이후 이 나라는 졸본에 있는 나라가 아닌 만큼 '졸본부여'라 하지 않고 옛 고구려현의 이름을 따서 '고구려'로 불리게 되었다고 여겨진다.

수도를 옮긴다고 해서 주민 모두를 새로운 수도로 이주시키는 것은 아니었지만, 졸본을 근거지로 삼아온 상당수의 유력자나 주민들이 이주를 꺼려 문제가 되었다. 유리왕의 태자인 해명(解明)도 그들 중 하나

졸본의 오녀산성

주몽이 졸본에 와서 도읍한 산성으로 천연의 요새이기도 하다.

였다. 고구려에는 결혼 후 아이를 낳아 그 아이가 장성할 때까지 아내의 집에서 기거하는 풍습이 있다. 오랜 시간 외가에서 성장하는 만큼, 아이들은 외가와 깊은 유대를 가질 수밖에 없다. 졸본부여의 유력 집안 출신 왕비에게서 난 해명태자도 외가의 후원 속에 살다가 문득 낯선 새 도읍에서 불편한 생활을 할 일이 꺼려졌던 듯하다. 물론 그 뒤에는 천도를 꺼리는 졸본의 토착세력인 외가의 사주가 있었을 것이다. 해명태자는 천도 후 무려 6년이 지나도록 졸본을 떠나지 않았고, 이는 유리왕의 심사를 괴롭히는 일이었을 뿐만 아니라 권위까지 해쳤다.

그러던 중 해명태자가 외교적인 결례를 범하는 사건이 발생한다. 이

집안 국내성 석벽
유리왕은 배산임수의 지세를 하고 있고 중국 군현에서도 멀리 떨어진 집안의 국내성으로 천도하여 국가 발전의 새로운 계기를 마련하였다.

와 관련된 내용은《삼국사기》유리명왕 본기에 비교적 자세히 나온다. 유리왕 27년(서기 8) 정월, 태자 해명이 아주 힘이 세고 용감하다는 소문을 들은 이웃 황룡국(黃龍國)의 왕이 아직 졸본에 기거하던 태자에게 강한 활을 선물하였다. 그런데 해명은 선물을 가져온 사신 앞에서 그 활을 당겨 부러뜨리고는 "내가 힘이 세서가 아니라 활이 약해 부러졌다"고 하였다. 이 소식을 들은 황룡국 왕은 모욕감을 느꼈고, 소문을 들은 유리왕은 크게 노하였다. 그리하여 황룡국 왕에게 "해명은 불효자이니 나를 위해 죽여주시오"라며 사과하였다. 황룡국 왕은 해명을 초대하여 죽이려 하지만 해명의 위엄에 눌려 실행하지 못하고 만다.

다음 해인 유리왕 28년(서기 9) 3월, 유리왕은 해명에게 사람을 보내 책망하였다. 그런데 유리왕이 당시 해명에게 전한 말 가운데 천도의 목적이 잘 드러나 있다. "내가 천도한 것은 백성을 안전케 하고 국가 경영을 확고히 하려 함인데, 네가 나를 따라오지 않고 오히려 힘을 믿고 이웃나라와 원수를 맺으니 아들 된 도리로 어찌 이럴 수 있느냐"가 그것이다. 그러면서 유리왕은 해명에게 칼을 내려 자결을 명하였다. 해명은 "황룡국이 강궁(强弓)을 보낸 것이 혹 이 나라를 가볍게 보아서가 아닐까 하여 활을 부러뜨렸을 뿐인데, 불행하게도 아버지가 나를 불효자라 하며 칼을 내리셨으니 죽지 않을 수 없다"며, 들판에 창을 거꾸로 꽂아두고 그곳으로 말을 달리다가 뛰어내려 자결하였다.

부자간 갈등이 지나친 감도 없지 않지만, 천도가 얼마나 어려운 일이며 유리왕의 천도가 얼마나 철저한 준비와 확실한 비전과 필요성에서 나온 것인지를 보여주는 일화다. 또한 유리왕이 국가 경영에 방해되는 경우 아들조차 단호히 처벌하는 확고한 결단력을 지닌 리더였음도 알려주는 사례이다.

국가 정체성을 세운 통찰력

천도에는 늘 반대가 드세게 마련이지만 왕자까지 반발하는 추세는 왕을 실로 당황하게 만들었을 것이다. 그러나 그는 오랜 세월 대비해온 지도자답게 꼭 해야 할 일들을 차분히 행했다. 주위의 유력 마을 우두머리들을 설득하여 성씨를 내리고 공주와 결혼시켰다.

그의 탁월한 통찰력은, 유력자에 대한 설득이나 무력정복 등 수고와 대가가 많이 소용되는 것보다는 손쉬우면서도 본질적인 방법을 사용

국동대혈

길림성 집안 소재. 이 크고 신비한 굴에 산다고 여긴 수신(굴의 신)을 고구려인들은 시조 주몽의 모친 유화로 여겨 숭배했다.

한 데서 잘 드러난다. 그것은 바로 새로운 지역의 기존 신앙을 국가적 제사에 수렴하는 일이었다. 고금을 막론하고 인간은 자신의 신앙을 지키려는 성향이 강하다. 유리왕은 새 도읍지인 국내성 일대의 토착신앙을 국가적 신앙체계에 받아들여 신 도읍 일대의 주민들로 하여금 자신들의 신을 섬기는 이 나라를 진정 자신들의 나라로 받아들일 수 있도록 조치한 것이다.

본래 부여족에게는 영고(迎鼓)라 하여 하늘신을 제사지내는 제천(祭天)의 신앙풍습이 있었다. 부여의 시조라는 '동명(東明)'도 바로 영고에서 제사지내는 천신의 아들로 모셔지고 있었다. 그런데 이제 부여, 나아가 졸본부여를 벗어나서 국내성 일대에 고구려국을 운영함에 이르러 유리왕은 영고의 신앙형태에 변화를 주었다. 즉, 본래부터 숭상한 하늘의 신인 천신과 새 수도 국내성 근처의 큰 굴 속에 산다는 지신(地神)인 수신(隧神, 굴의 신)을 부부라 하여, 이들 사이에서 태어난 천자가 바로 자신의 부친이기도 한 동명(주몽)이라는 시조신앙체계를 만들어 동맹(東盟)제에서 제사를 지내게 한 것이다.

이제 고구려는 단순히 졸본에 내려와 산 부여족 곧 졸본부여가 아니라, 별도의 어엿한 국가 '고구려'로서 국가신앙체계를 확립하게 되었다. 고구려 주몽신화의 내용이기도 한, 이 고구려 동맹제의 제례는 3세기 후반에 쓰인 중국의 《삼국지(三國志)》 동이전에도 분명히 기술되어 있다. 이러한 새로운 국가신앙체계의 확립과 이를 통한 고구려인의 일체감 정립이야말로 고구려 700년 역사의 핵심적 정체성(正體性)으로 작용했다. 기원 전후에 살면서 이같이 국가적 정체성을 새롭게 확립해 낸 유리왕의 통찰력이 실로 탁월함을 부인할 수 없다.

위기 속에 연맹장이 된 기회 포착능력

성공적인 천도와 더불어 새 도읍지의 수신을 동맹제의 제사 대상에 포함시킨 데서 보여준 유리왕의 탁월한 리더십은, 중국과의 대결이라는 변수에서도 기회를 놓치지 않고 연맹의 맹주가 됨으로써 다시 한 번 진가를 드러냈다.

유리왕 27년(서기 8) 중국 한(漢)나라 왕실의 외척인 왕망(王莽)이 새로이 신(新)나라를 세우고 왕이 되었다. 그런데 그는 흉노를 위시한 주위 이방종족들을 억압하고 깔보았다. 왕망은 반발하던 흉노를 정벌하기 위해 선비와 고구려에서도 군대를 징발하고자 했다(유리왕 31년). 선비족이나 고구려인들이 좋아할 리 없었지만, 당시 고구려 연맹의 연맹장이었던 송양국(소노부)의 왕은 그간 중국의 군현과 우호적인 교류를 나눠왔기에 적극적으로 저항할 수 없었다. 더구나 송양국은 동가강가에 있었기에 중국의 군현과 가까워 반발하면 피해를 입기 십상이었다. 결국 송양국 왕은 왕망의 요구를 거절하지 못하고 군대를 징발해주었다. 마지못해 끌려나간 고구려 군사들은 대다수가 전투를 피해 달아났다. 왕망의 군대가 그들을 쫓았고, 그러던 중 왕망의 휘하 장수가 고구려 군사의 손에 살해되었다.

고구려 연맹군의 이러한 저항은 그들을 뒤에서 받쳐주고 지휘하는 확실한 지도자 없이는 있을 수 없는 일이었다. 그 배후의 지휘자가 바로 유리왕이었다. 그는 왕망의 군대와 대결하는 위험을 감수하면서 고구려 연맹의 새로운 맹주가 될 수 있는 절호의 기회를 잡았던 것이다. 중국 군현에서는 전후 사실을 알고 유리왕을 죽이려고 했다. 그러나 유리왕의 부하 장수만 잡혀 죽임을 당하였을 뿐, 왕망에 대한 저항운동을 주도한 유리왕은 마침내 고구려 연맹의 실질적인 맹주로 떠오르게 되었다. 이에 재위 32년(서기 13) 동부여의 침략군을 크게 물리치고, 재위 33년에는 2만 명의 연맹군을 보내 왕망에 우호적인 양맥(梁貊)이라는 인접국을 멸망시키는 한편, 현도군의 소재지인 고구려현(高句麗縣)을 빼앗았다.

이렇게 해서 유리왕은 졸본의 마을국가 수준을 완전히 벗어나 중국 세력과 힘을 겨룰 만한 강력한 고대국가 건설로 가는 기본체제를 마련한 것이다.

유리왕의 통치, 그 이후

유리왕은 발전의 가능성이 없는 졸본을 떠나 그 가능성이 이미 역사적으로 검증된 압록강가 국내성으로 수도를 옮김으로써, 그 후 약 400년간 고구려가 대발전을 이루는 데 초석을 놓았다. 아울러 천도한 지역의 토착지신인 수신(隧神)을 국가 시조신앙체계에 수렴함으로써 새 수도 일대 주민들의 신앙적인 일체감까지 얻는 통찰력과 감수성을 보여주었다.

유리왕의 아들인 대무신왕(재위 18~44)도 부왕의 시책을 계승하여 재위 3년(20)에 동명왕묘(東明王廟), 즉 동명왕의 사당을 세움으로써 동명(주몽)을 국가 시조신의 위치에 올려놓았다. 그리하여 적어도 그 때부터 천신과 수신을 부모로 하는 시조신인 주몽에 관한 이야기, 즉 '주몽신화'가 기본체계를 갖추게 되었다.

나아가 대무신왕은 고구려의 정통성을 늘 시비해온 동부여를 멸망시킴으로써, 동부여 왕의 서자가 아니라 천신의 아들인 주몽이 세운 천손의 나라 고구려의 정체성을 대내외에 확인시켰다. 이후 주몽신앙은 고구려의 중심적인 신앙체계로서 국가 정체성의 근간이 되어 700년 고구려 왕국의 정신적 지주로 작용했다.

한편, 유리왕이 시행한 대중국 자주외교노선은 강력한 대국 고구려를 지켜내는 한 방편으로서 고구려 외교정책의 모범이 되었던 사실도 기억해야 할 것이다.

● 동맹제

고구려에서는 추수가 끝나고 초겨울에 들어서는 음력 10월에 동맹(東盟)이라는 국가적 제천을 행했다. '동맹'이란 이름은 축제에서 제사하는 고구려 시조신 동명(東明)에서 나왔다. 비슷한 모양의 글자인 '동명(東明)'을 '동맹(東盟)'으로 잘못 표기했거나, 아니면 그 당시에 '명(明)'과 '맹(盟)' 두 한자음이 비슷하여 그렇게 되었을 가능성이 있다.

3세기 후반에 편찬된 중국 사서인 《삼국지(三國志)》 동이전에 의하면 "10월에 하늘에 제사를 지내 나라 사람들이 크게 모였으니, 이름하여 동맹이라고 한다. (중략) 그 수도의 동쪽에는 큰 굴이 있는데, 수혈(隧穴)이라고 하였다. 10월에 나라 사람들이 크게 모일 때에 수신(隧神)을 맞이하여 수도의 동쪽 강가에 돌아와서 제사를 지내는데, 나무로 된 수신상(像)을 신의 자리에 놓았다"라고 하였다. 고구려 지배층의 원출신지인 부여에서 행한 영고(迎鼓)라는 제천행사에서는 천신과 그 아들인 동명만을 제사한 데 비해, 고구려의 동맹에서는 위에 보이는 수신, 곧 굴의 신을 받아들여 배로 싣고 와서 함께 제사를 지냈던 것을 알 수 있다. 천신(天神)이 남신인 데 비해 이 배로 모셔져 압록강을 오가던 수신(隧神)은 지신(地神)인 여신이었는데, 그 여신이 바로 주몽신화에 압록강에서 동생들과 헤엄을 치다가 천신인 해모수의 눈에 띄어 그의 아들을 갖게 된 주몽의 모친 유화(柳花)다. 매년 딱 한 번 배를 타고서 하류로 내려와 국내성의 동쪽에서 남편인 천신의 햇빛을 받고 임신하여 주몽을 낳는다는 이야기를 재현하는 동맹제가 계속되는 한, 주몽신화는 고구려인의 뇌리와 입에서 살아 있었다.

고구려의

광개토대왕 고담덕

드넓은 영토를 개척한 영웅

왕의 은택이 하늘까지 미쳤고
무력의 위엄은 사해에 떨쳤다.

<광개토대왕릉비문>

광개토대왕(廣開土大王) 고담덕(高談德)

생몰 374년~413년, 재위 391년~413년

393년(재위 3년) 평양에 9사(寺) 창건하여 불교 장려

395년(재위 5년) 패수에서 백제군 대파

396년(재위 6년) 백제의 58성 700촌락을 공파, 백제 아신왕의 항복 받음

400년(재위 10년) 보병과 기병 5만을 보내 신라를 침공한 왜(倭) 격퇴

413년(재위 23년) 39세로 사망. 왕자 거련(장수왕)이 왕위에 오름

영웅적 면모를 시원하게 펼쳐보인 고구려 제19대 왕 광개토대왕. 이름부터가 '넓은 영토를 개척한 대왕'이니, 큰 나라들과 비교하며 우리 땅이 좁다고 생각해온 한국인들에게 오직 한 사람의 호쾌한 영웅군주로 다가오는 인물이다.

광개토대왕은 18세의 패기 넘치는 나이에 왕위에 올랐다. 백부 소수림왕과 부왕인 고국양왕이 새롭게 정비한 국력을 기반으로 22년의 재위기간 동안 승리를 맛보며 살다가 39세의 나이에 세상을 떠났다. 그가 재위한 시절은 인접한 중국 북조(北朝)의 여러 나라가 흥망을 번갈아가며 자웅을 겨루고, 백제가 왜·가야와 손잡고 신라를 압박하며 낙랑·대방의 땅에 미련을 두고 고구려와 충돌한, 동아시아 역학관계 재편의 시기였다.

광개토대왕은 그는 중국 왕조들의 견제와 백제의 도전 속에서 고구려의 안정과 번영을 보장할 만한 넓은 영토와 주민을 확보해야 했으며, 국제적 영향력을 증대하여 차후의 외교적 대결에도 대비해야 했다.

웅대한 비전과 역사적 통찰력

광개토대왕은 전쟁의 달인으로 여겨질 만큼 뛰어난 용기와 군사적 지략을 지닌 인물이었다. 그러나 그가 고구려를 동북아의 대국으로 만들 수 있었던 것은 군사적 전술가를 넘어서는 큰 뜻과 통찰력을 갖추었기 때문이다.

《삼국사기》 광개토왕 본기에는 그를 일컬어 "태어나면서부터 체격이 매우 크고 꺾을 수 없는 높은 뜻을 지녔다"고 적혀 있다. 그가 태어난 374년 무렵은, 소수림왕(재위 371~384)이 부친인 고국원왕의 전사로 맞이한 위기를 타개하기 위해 전진(前秦)과 외교관계를 맺고 불교를 받아들이며 태학을 세우고 율령을 반포하는 등 부족적 국가체제를 중앙집권적 체제로 끌어올리려고 불철주야 노력하던 때이다. 이런 시기에 왕의 조카로 태어나 어린 시절을 보낸 담덕(談德, 광개토대왕의 이름)은 자연스럽게 당시의 시대적 과제이던 국가체제 정비 등 국사(國事)에 대한 안목을 갖게 되고 국가 발전을 위한 목표 지향의 인격을 형성할 수 있었다. 그래서 이미 어린 시절에 높은 뜻을 지녔다는 평이 나올 수 있었던 것이다.

소수림왕과 그 동생인 고국양왕(재위 384~391) 두 형제는 국가를 개혁하는 중에 고구려 정체성의 지주인 주몽신화를 크게 선양하여 국가적 일체감을 얻고 천손의 나라라는 긍지를 드높인 왕들이다. 이런 백부와 부왕 밑에서 성장한 담덕은 주몽신화에 보이는 천자인 주몽의 후손으로서 천손(天孫)이라는 자부심을 가져 웅대한 뜻을 한껏 키울 수 있었다.

18세의 담덕은 즉위하자마자 '영락(永樂)'이라는 연호로 건원(建元)

을 하여 영락대왕(永樂大王)으로 불렸다. 이 '영락'이란 연호의 뜻에서 그가 국가의 '영원한 복락', 즉 번영을 소망이자 통치목표로 설정하고 등극한 것을 알 수 있다. 담덕은 확실한 통치목표를 세우고 이를 실현하기 위해 불철주야 노력했으며, 신민들의 적극적인 호응을 받았다.

광개토대왕은 즉위시에 이미 당면한 국제관계의 진면목을 꿰뚫어 보고 이에 대처했다. 조부 고국원왕을 죽인 백제가 중국과의 교류에 유리하고 문화와 농업이 발전한 옛 낙랑·대방군 지역을 점령하려 한다는 사실을 알고 백제를 집중적으로 공략했다. 백제를 제압하지 못한다면 다시 과거와 같은 위기를 맞을 가능성이 있었기 때문이다. 백제와의 대결은 결국 백제를 지원하는 왜와 가야와의 대립으로 이어졌다. 광개토대왕은 군사적인 공격과 더불어, 이들에게 위협받고 있던 신라를 적극 후원함으로써 신라의 배후 협조를 받아 이들의 군사력을 견제하는 군사·외교적 감각을 보여주었다.

아울러 중국 땅에서 전진이 망한 후 여러 나라가 쟁패하는 상황이 발생하자, 이를 대중국 방면 영토 확장의 일대 기회로 삼았다. 중국의 후연(後燕) 등과 외교관계를 가지면서도 그들의 공격에는 강력히 대응하여 영토 확장을 위한 결연한 자세를 보였으며, 남연(南燕)과의 외교를 통해 후연을 견제하는 등 이이제이적 외교책을 구사했다. 광개토대왕은 고구려계로서 북연(北燕)의 왕위에 오른 모용운(慕容雲)에게도 사신을 보내 동족으로서 우의를 다지는 외교를 폈다(408). 한편으로 거란, 숙신, 부여 등 상대적 약체들을 큰 전란이 없는 시기에 원정하여 용이하게 정복하고 조공을 받거나 영토로 편성했다.

나아가 그는 평양의 경제·문화·역사적 중요성을 깊이 인식하는 통찰력을 보였다. 국토가 넓어지면서 부여·고구려계 주민뿐만 아니라 낙랑·대방지역에 살던 중국계, 나아가 고조선계나 삼한의 한(韓)족 등도 모두 국가 구성원으로 받아들여야 하는 만큼 확대된 국가의 수도로서 적합한 문화선진지역 '평양'의 가치를 알아본 것이다. 그리하여 영락 3년(393) 8월, 평양에 모두 9개의 사찰을 창건했다. 이는 평양에 살고 있던 중국 및 고조선계 주민들이 불교를 믿고 있었기에 나온 일로 보이지만, 결국 이곳을 고구려의 새로운 중심지로 구상한 데서 행한 일이었다.

기록에 따르면, 영락 19년(409)에 수도 동쪽에 6개의 성을 쌓고 평양의 민호(民戶)를 옮겼다고 하는데, 이 역시 평양으로 이주할 주민들을 위한 공간 확보차원의 사전조치였을 가능성이 크다. 그의 사후 아들 장수왕이 재위 15년(427)에 평양으로 천도를 단행한 것은 광개토대왕 이래의 구상이 실현된 것으로 보인다.

광개토대왕은 고구려가 이미 다종족국가로 나아가고 있는 이상, 여러 종족을 동일한 민(民)으로 대해야 한다는 사실도 깨달았다. 일상적 법제의 면에서는 소수림왕의 율령에 이미 반영되어 있었지만, 정신적인 면에서는 본 고구려 계통 주민의 선민의식과 더불어 타종족에 대한 차별이 강고하게 잔존했을 것이다.

왕은 자신의 치솟은 권위를 배경으로 국왕의 묘를 지키고 청소하며 제사지내는 수묘인(守墓人)을 선정하는 문제에서 종족 차별의식을 극복하는 조치를 취했다. 〈광개토대왕릉비문〉에 의하면, 대왕은 "선조왕들이 다만 원근에 사는 구민(舊民)만을 데려다가 무덤을 지키며 청소하게 했는데, 나는 이들 구민들이 점점 쇠잔해질 것이 염려된다. 내가

평양 대성산성

고구려가 평양으로 천도한 후 축성한 산성이다. 유사시에 대비하여 안학궁(평양성의 옛 이름)의 뒷산에 건립했다.

죽은 뒤 나의 무덤을 편안히 수묘하는 일은 내가 몸소 다니며 빼앗아온 한(韓)인과 예(穢)인에게 맡겨라"고 명했다. 과거에는 원고구려계, 즉 '구민'만이 담당해온 수묘를 자신이 정복하고 편입시킨 새로운 주민들에게 부담시키도록 명한 것이다. 국왕의 묘를 지키며 청소하고 제사지내는 일은 종교적 의미를 띤 일이었다. 이것을 새로 편입된 '신민(新民)'들에게 맡긴다는 것은 일견 '구민'에 대한 우대인 듯 보이지만, 실상은 앞으로 새롭게 편성될 주민들이 더욱 많아질 것이며 결국 그들을 차별없이 민으로 받아들여야 한다는 현실인식과 역사적 통찰력에서 행한 일이었다.

뛰어난 전략가의 면모

광개토대왕 재위 중에 다수 수행된 군사작전은 여러 면에서 특색이 있다.

먼저 대왕 스스로 전장에 나가 진두지휘한 경우가 많았다. 〈광개토대왕릉비문〉에 의하면, 영락 5년(395)의 비려(碑麗) 정벌, 영락 6년(396)의 백제 공격, 영락 14년(404)의 황해도지역 옛 대방 땅에서의 왜군과의 전쟁, 영락 20년(410)의 동부여 정벌 등은 모두 대왕이 친히 지휘하여 치러낸 전쟁이다. 왕이 직접 전투에 나서는 일이 바람직한 일만은 아니기에, 그 역시 휘하 장수들을 파견하여 치른 전쟁이 많았다. 하지만 동아시아세계에서 용맹이 널리 알려진 대왕의 진두지휘는 전쟁의 승리를 심리적으로 선점하는 면이 있었다. 이런 용기와 용맹함이 그의 리더십을 한결 드높여주었을 것은 달리 강조할 필요가 없다.

다음으로 필요에 따라 지속적으로 공격했다는 점이다. 즉위 초부터 백제에 적극적인 공세를 취하여 영락 2년(392)에 4만의 병력을 거느리고 석현성(황해도 개풍군 북면)을 비롯한 10개의 성을 빼앗고 이어 천연의 요새 관미성(강화 교동도)을 함락했다. 그 뒤에도 백제는 물론 거란과 숙신·후연·왜 그리고 영락 20년(410)의 동부여 토벌에 이르기까지 공격과 정벌을 쉬지 않았다. 그는 어쩌면 후대의 평화를 위해 재위기간을 온통 전쟁에 대비하고 전쟁을 치르면서 보낸 셈이다.

광개토대왕은 무엇보다 철저한 전략을 마련하여 작전에 임했다. 관미성은 고구려와 백제 두 나라 군대가 서로를 제압할 수 있는 매우 유리한 천혜의 고지여서 서로 혼신을 다해 공략했다. 그런데 광개토대왕은 섬에 자리하여 사방이 바다로 둘러싸인 채 가파르게 솟아 있는 관미성을 공략할 당시 군사를 일곱 길로 나누어 함락시켰다고 한다.

대왕의 군사작전에 보이는 또 다른 특색으로는 기병 위주의 기습전을 많이 구사하여 큰 효과를 보았다는 점이다. 영락 4년(394) 백제군을 공격하는 작전에서 정예 기병 5,000명을 이용해 기습적으로 반격하여 승리하고, 원거리작전에도 기병과 보병을 동시에 파견하여 기병에 의한 기습 및 선제공격의 효과를 노렸다.

수군(水軍)을 이용하여 이동시간을 단축하고 소음을 줄여 적의 허를 찌르기도 했다. 영락 6년(396)의 대대적인 백제 공격은 왕이 수군을 이끌고 공략하여 아신왕(阿莘王)의 항복을 받고 58곳의 성을 쳐부수는 대전과를 올렸다. 당시의 수군은 오늘날 해군의 의미는 아니지만, 연안 바닷길을 통한 군사의 이동과 상륙작전으로 대군을 기습적으로 투입하는 작전능력을 보여주었다.

대왕은 성을 쌓아 적의 침략에 대비하는 방어전략도 잊지 않았다. 영락 4년(394) 백제의 침략에 대비하여 남쪽 지방에 7개의 성을 쌓은 일과 영락 19년(409)에 독산성 등 6개의 성을 쌓은 일은 그가 공격만 일삼는 조급한 전쟁광이 아니라 사려 깊은 전략가였음을 보여준다.

이런 군사전략상의 특징들에서 전쟁을 실질적으로 결정하고 지휘한 대왕의 지략이 잘 드러난다. 즉, 각 전투의 필요와 조건에 따라서 다양한 방식으로 가장 효율적인 전쟁을 펼쳤던 것이니, 그의 뛰어난 작전능력은 결국 승리로 구현됨으로써 리더십을 더욱 굳건히 하였다. 더구나 당시의 주적은 백제와 중국의 후연(後燕)이었다. 두 방향에서 이런 강적들과 대결했음에도 불구하고 양 전선에서 다같이 승리 내지 방어에 성공한 것은 그의 침착하고 탁월한 판단력과 지략을 증명하는 일이라고 여겨진다.

고구려의 영광, 동아시아 평화의 초석

광개토대왕의 전쟁과 영토 확장사는 즉위 초 백제의 석현성, 관미성 함락을 필두로 시작되었다. 이후 백제의 반격과 고구려의 격퇴가 반복되다가, 영락 6년(396)에 한강 너머로 진격하여 58성 700촌락을 무찔렀을 뿐만 아니라 백제의 아신왕으로부터 많은 전리품과 영원히 노객(奴客)이 되겠다는 맹세를 받고 백제 왕의 동생과 대신들을 인질로 삼는 큰 전과로 이어졌다.

영락 9년(399)에는 백제가 왜를 내세워 고구려와 우호관계에 있던 신라를 공격했다. 그러나 고구려는 다음 해 5만 명의 보병과 기병을 신라에 파견하여 왜군을 물리치고 가야지역까지 추격하여 거의 전멸시켰다. 영락 14년(404)에는 왜가 대방(帶方)의 옛 땅을 침공해왔지만 왕이 군대를 친히 이끌고 나가 물리쳤다. 영락 17년(407)에도 백제를 공격하여 많은 전리품을 노획하고 6성을 쳐부수어 응징했다.

중국 방면으로도 활발히 영토 확장을 모색하여 요동지방을 확보하는 성과를 거두었다. 당시 고구려의 서쪽에는 선비족 모용씨가 세운 후연국(後燕國)이 있었는데, 영락 6년(396) 이래 평화적인 외교관계를 유지하였다. 그러나 영락 10년(400)에 후연이 소자하(蘇子河) 유역의 남소성(南蘇城)과 신성(新城)을 침공해옴으로써 양국 관계는 정면대결로 치달았다.

대왕은 후연에 대한 보복조치로 영락 12년(402)에 요하를 건너 평주(平州)의 중심지인 숙군성(宿軍城)을 공격했고, 영락 14년(404)에도 후연을 공격하여 요동성(지금의 요양)을 비롯한 요하 동쪽 지역을 차지했다. 중국 방면으로의 진출은 408년 후연을 멸망시키고 등장한 북연(北燕)과 우호관계를 맺음으로써 일단락되었다.

이밖에도 이미 즉위 초인 영락 2년(392)에 북으로 거란(契丹)을 정벌하여 남녀 500인을 사로잡고 거란에게 빼앗겼던 고구려인 1만 명을 데리고 돌아왔으며, 영락 5년(395)에는 비려를 친히 정벌하여 부락 600~700영(營)을 격파하고 많은 가축을 노획하여 개선하였다.

그리고 영락 8년(398)에는 소규모 군대를 파견, 숙신(肅愼)을 정벌하여 조공을 바치게 했으며, 영락 20년(410)에 동부여(東夫餘)를 친히 정벌하여 굴복시킴으로써 북쪽과 동쪽으로 영역 내지 세력권을 확장했다.

그의 비문에는 재위기간 중 64성과 1,400촌락을 공격·파괴했다는 내용이 새겨져 있다. 이에 따르면, 광개토대왕 때 고구려는 서로 요하, 북

집안 광개토대왕릉비

장수왕 2년(414)에 세운 비로, 비문의 내용과 추종을 불허하는 규모에서 광개토대왕의 업적과 그 영광을 웅변해주고 있다. 1915년《조선고적도보》에 실린 사진이다.

으로 개원(開原)~영안(寧安), 동으로 혼춘(琿春), 남으로 임진강 유역에 이르는 영토를 확보했다. 더불어 백제의 수도와 한강 유역 영토를 크게 유린하여 백제의 국력을 크게 약화시켰는데, 이는 차후 장수왕의 한강 유역 점령을 예비해준 일이기도 하다.《위서(魏書)》고구려전에는, 장수왕대에 "민호(民戶)가 전에 비해 3배이다"라고 하였는데, 그 상당수가 광개토대왕 재위시에 확보했거나 확보 가능성을 높여두었다가 뒤에 장수왕이 공략하여 차지한 곳들이다.

대왕은 영토의 확장과 더불어 내정의 정비에도 노력했다. 장사(長

史)·사마(司馬)·참군(參軍) 등의 중앙 관직을 신설했던 것으로 추정되며, 역대 왕릉의 보호를 위해 수묘인(守墓人)제도를 재정비했다. 393년에는 평양에 9사(寺)를 창건하여 불교를 장려했다. 〈광개토대왕릉비문〉에는 대왕의 재위시에 "나라가 부강하고 백성이 편안하였으며 오곡이 풍성하게 익었다"라고 기록되어 있다. 외치는 물론 내치에도 성공을 거두어 번영을 누렸던 것이다.

영락대왕은 사후에 '수도의 언덕에 묻힌 영토를 넓게 개척하여 평안케 한 훌륭하신 태왕'이란 뜻의 '국강상광개토경평안호태왕(國岡上廣開土境平安好太王)'이라는 시호를 갖게 되어 흔히 '광개토왕' 혹은 '광개토대왕'으로 불린다. 그는 무엇보다 국가의 기초인 영토를 비약적으로 확장하여 국력을 배가시킨 왕이다.

그에 대해 아들 장수왕은 물론, '모두루'라는 부여 계통 고구려의 중급 귀족은 소위 〈모두루 묘지〉에서 "하백(河泊)의 손자이며 일월(日月)의 아들인 추모(주몽)성왕은 본래 북부여 계통이시며 천하 사방이 이 나라가 최고 거룩한 곳임을 알지니(후략)"라고 하였고, 그 거룩한 추모왕의 후손인 광개토대왕은 '국강상대개토지호태성왕(國岡上大開土地好太聖王)'이라며 영토를 크게 넓힌 위대한 왕임을 감격적으로 찬양하고 있다.

또한 〈광개토대왕릉비문〉에 의하면, "영락 9년(399) 백제가 맹서를 어기고 왜와 화통하였다. 신라의 왕이 사신을 보내어 아뢰기를 '왜인이 국경에 가득 차 성지(城池)를 부수고 노객(奴客, 자신을 노복처럼 낮추어 부르는 말)을 왜의 민으로 삼으려 하니, 이에 왕께 귀의하여 구원을 요청합니다'라고 하니, 태왕이 은혜와 자애로써 신라 왕의 충성을 갸륵하

경주 호우총 출토 호우

신라인의 무덤에서 나온 고구려의 청동제 그릇으로, 광개토대왕을 기념하여 만든 것이라는 글이 새겨져 있어서 신라에 미친 고구려의 영향력을 확인할 수 있다.

게 여기사 신라 사신을 보내면서 계책을 주어 돌아가서 고하게 하였다" 라고 하여, 신라 왕과 광개토대왕 간의 위상 차이를 실감나게 보여준다. 다소의 과장이 섞여 있겠지만 비문에 보이는 백제 왕의 굴욕적인 항복과 신라의 군사·외교적 종속, 그리고 동부여 지배층들이 대거 투항하여 왕을 따른 점 등으로 볼 때, 실제 대왕의 위세와 업적이 만주를 비롯해 한반도지역 정치세력들에게 절대적인 것으로 받아들여졌음을 의심할 수 없다.

결과적으로 광개토대왕은 고구려를 동북아의 강국으로 자리잡게 함으로써 동북아시아에 평화체제가 정착되는 데 기여했다. 고구려의 대국화는 북조 국가들이 동이세계를 넘보지 못하게 했으며, 이로써 북조세계도 보다 빠르게 안정되어 역내 거대 세력으로 통합의 길을 간 면이 있다. 그리하여 북조의 북위(北魏), 남조의 왕조들, 그리고 몽골 일대의 유목제국인 유연(柔然)과 더불어 고구려는 6세기 중엽에 이르도록 100여 년간 동아시아의 평화체제를 유지했다. 이 평화기는 한반도에서 고구려의 득세와 남진정책에 의해 백제와 신라가 크게 수난을 겪은 때이기도 하지만, 그러한 수난은 두 나라가 정치·군사·문화적으로 크게 성장할 수 있는 동기가 되어 한국 고대 사회의 발전에 기여한 측면이 크다.

● 광개토대왕릉비

광개토대왕릉비는 장수왕 2년(414)에 세워졌다. 비는 현재 중국 길림성 집안현 태왕향(太王鄕)에 있다. 비의 서남쪽 약 200미터 되는 지점에는 광개토대왕의 능으로 추정되는 '태왕릉'이 있어서 이 비가 왕릉 축조 후 세워진 것임을 알려준다. 응회암으로 제작된 이 비는 거의 가공하지 않은 자연석 상태의 비면을 하고 있으며 높이만도 6.39미터에 달한다. 비의 4면에 1,775자로 추정되는 글자가 새겨져 있는데, 이 가운데 150여 자는 마모되어 읽을 수 없는 상태다.

비문의 제일 앞부분에는, 주몽신화의 일부 내용과 함께 추모(주몽)왕부터 광개토대왕에 이르는 고구려 왕실의 중요 계보가 간략하게 기록되어 있다. 이어 광개토대왕의 왕위 등극 및 사망기사와 장례, 비를 세우게 된 사실 등이 나온다.

다음으로는 그의 공적을 나열하여 구체적으로 적고 있다. 영락 5년의 비려 정벌, 임나일본부설과 관련하여 문제가 되고 있는 신묘년 기사, 영락 6년의 백제 정벌, 8년의 숙신 정벌, 9년과 10년의 신라 영토 내 왜군 토벌, 이어 19년의 토벌 기사, 20년의 동부여 정벌 기사가 이어진다.

마지막 부분에는 비를 세운 실무적 목적이기도 한 수묘인(守墓人)에 대한 내용이 구체적으로 적혀 있다.

과거 이 비는 임나일본부와 관련하여 소위 '신묘년 기사'를 둘러싼 논란의 주자료였는데, 근자에는 고구려의 수묘인제도나 지방제도 등을 연구하는 자료로 많이 이용되고 있다. 비의 규모만으로도 광개토대왕의 위업이 어느 정도이며, 당시 고구려를 위시한 동북아시아에서 그의 위엄이 어떠했는지를 짐작해볼 수 있다.

집안 광개토대왕릉비의 현재 모습

백제의

무령왕 부여사마

총체적 위기를 해결한 경륜의 준비된 지도자

인자하고 너그럽고 후덕하여
민심이 저절로 돌아왔다.

《삼국사기》 권26 백제 무령왕 본기

무령왕(武寧王) 부여사마(夫餘斯麻)

생몰 462년~523년, 재위 501년~523년

462년(개로왕 8년) 개로왕의 동생 곤지의 아들로 태어남

512년(재위 12년) 군사 3,000명을 직접 지휘하여 고구려군 대파

513년(재위 13년) 오경박사 단양이(段楊爾) 등을 왜에 파견

521년(재위 21년) 양(梁)으로부터 작호 받음

523년(성왕 1년) 무령왕 사망, 무령왕 지석 만듦

1971년 한국 고고학 발굴사상 최고의 사건으로 꼽힐 만한 무덤이 발굴되었다. 공주 송산리의 백제 제25대 왕인 무령왕 부부의 무덤이다. 이 무덤의 발굴은 부장품의 양과 질에서 백제사는 물론 동아시아 교류사 등을 보다 깊고 넓게 생각할 계기가 되었다. 도굴되지 않은 백제 왕릉으로 알려지면서 세간의 관심이 증폭되었지만, 발굴작업이 체계적으로 진행되지 않고 삽시간에 끝나 발굴에 참가한 이들이 두고두고 가슴을 칠 만큼 큰 문제를 남기기도 했다.

그런데 이 무덤의 주인공 무령왕의 일생은 무덤 속만큼 화려하거나 찬란하지만은 않다. 무령왕은 혈통상의 결함을 딛고 고구려의 남진에 희생된 백부 개로왕(재위 455~475) 이후 왕들의 시해가 빈발할 지경에 이른, 추락한 백제 왕의 권위를 바로 세워야 했다. 동시에 막강한 고구려의 침략을 막아 국가안보를 확고히 해야 할 긴급하고 어려운 사명을 부여받았다.

백제의 패배와 왕실의 위기

4세기 초 이래 중국 대륙을 휩쓴 5호 16국의 혼란은 5세기에 이르러 남조와 북조가 각각 하나의 왕국으로 정리되는 정세로 귀결되어갔다. 남북조의 안정과 번영은 동아시아에 새로운 평화를 낳는 계기가 되었다. 북조에 강력한 북위(北魏) 등이 자리하여 안정을 찾아가자 고구려의 서북 방면으로의 팽창도 한계를 맞았다. 이에 고구려 장수왕은 평양으로 천도하고(427) 남진정책을 추진했다. 고구려의 침략목표는 이제 인접한 강국이자 과거 고국원왕을 살해한 바 있는 백제가 될 수밖에 없었다. 결국 475년, 고구려군은 백제의 수도 한성을 함락하고 개로왕을 죽이기에 이르렀다.

개로왕이 죽은 후 새로이 왕이 된 개로왕의 동생 문주왕(재위 475~477)은 웅진(충남 공주)으로 수도를 옮겼다. 고구려의 침략 앞에 더 이상 한성지역을 사수할 수 없었던 것이다. 거의 500년간 수도로 기능해온 지역을 상실하고 적군에게 살해당하기까지 한 나라의 왕이 권위를 유지할 리 없었다. 문주왕은 병관좌평(국방장관)이었던 해구(解仇)가 보낸 도적의 손에 사냥터의 숙소에서 살해되었다. 이어 해구가 문주왕의 장자인 13세의 소년 왕자를 왕위(삼근왕, 재위 477~479)에 올렸지만, 해구의 반란과 그에 대한 토벌전으로 나라는 불안했다. 삼근왕도 결국 석연치 않게 재위 3년 만에 세상을 뜨고 말았다.

삼근왕에 이어 곤지(昆支)의 아들 모대(牟大)가 왕위에 올랐다. 이가 동성왕(재위 479~501)이다. 곤지는 개로왕과 문주왕의 동생으로, 오랫동안 왜에서 인질생활을 했다. 모대는 그곳에서 태어나 자란 곤지의 다섯 아들 중 둘째였다. 모대는 백발백중의 활 솜씨에다가 기백이 넘치는 영웅적 풍모를 지녔다고 한다. 곤지가 왜에 있을 당시 왜 왕이 모대의 총명함을 칭찬하기도 했다.

동성왕은 전통귀족들 외에도 웅진 일대의 지방귀족들을 적극 포섭하여 정권의 기반을 다졌고, 신라와 동맹을 강화하여 고구려의 남침을 방어했다. 그러나 그의 강한 성품에서 나온 전제통치는 그가 호화로운 임류각을 짓고 사치와 방종에 빠지면서 귀족들의 반발을 샀다. 아울러 구(舊)귀족세력들을 누르기 위해 등용한 새로운 지방 귀족세력들이 정치적으로 크게 성장하면서, 왕은 이들과도 갈등관계에 접어들었다. 결국 그들 중 하나인 백가(苩加)가 사람을 시켜 사비의 사냥터에서 왕을 시해했다. 백제 왕실의 권위 회복은 이처럼 어려운 일이었다.

위기에 요청된 새로운 리더십

왕실의 신성성에 대한 신민들의 감복(感服)은 고대 왕국의 핵심인 국왕의 권위를 받쳐주는 기초라고 할 수 있다. 그런데 당시 백제 왕실에 대한 신민들의 신뢰는 땅에 떨어져 있었다. 바로 이런 위기의 왕실과 왕국을 재건할 임무가 당시 백제 국왕에게 주어져 있었다. 극한 상황으로 역성(易姓)혁명이 일어날 정도였다면, 문제는 거칠지만 쉽게 해결될 소지도 있었을 것이다. 그러나 정치구조가 질적으로 크게 붕괴되지 않은 상태에서 위기에 놓인 왕국과 왕실을 재건하는 임무는 실로 막중하고도 수행하기가 어려운 일이었다.

무령왕의 이름은 섬〔嶋〕이란 뜻을 가진 사마(斯麻)인데, 그 출생 설화부터가 기이한 면이 있어 혈통에 대한 이견이 분분하다. 《일본서기》 웅략(雄略)천황 5년 기사에 무령왕의 탄생설화가 보인다. 이에 따르면, 개로왕은 외교적 필요에서 아우 곤지에게 왜에 가서 왜 왕을 섬기도록 명한다. 이에 곤지는 왕의 부인을 주면 가겠다고 하였다. 왕은 자신의 아이를 임신한 여인을 동생에게 내려주고는, 임부가 산달이 다 되었으니 가는 길에 아기를 낳으면 바로 배에 실어 보내라고 하였다. 왜로 항해하던 중 임부는 한 섬에서 아기를 낳았다. 그리하여 아기에게 섬이란 뜻의 이름을 붙이고 즉시 배에 실어 본국으로 보냈다. 이가 뒤에 무령왕이 되었다고 한다.

비록 정비는 아니었겠지만 어떻게 임신한 아내를 동생과 살게 하였는지, 실로 황당하다. 그러나 유목민족들은 물론, 백제와 같은 종족 계통인 고구려에도 형사처수(兄死妻嫂, 형이 죽으면 동생이 형수와 결혼함) 풍속이 있었다는 점과 연계해서 본다면 후대의 조작이라고 치부할 수만은 없다. 그런데 이 이야기 역시 설화이다. 설화의 내용이 모두 사실일 리 없다. 따라서 설화를 접한 이들은 설화가 진정 말하고자 하는 바에 귀를 기울일 필요가 있다.

무령왕의 부친이 누구인지 혼란스럽다거나 무령왕의 이름이 출생지에서 유래했다는 것이 이 사마왕 관련 설화의 핵심은 아니다. 설화는 그가 개로왕의 아들이라는 점을 말하고자 하는 것이다. 모친은 비록 곤지왕자의 아내였지만 부친은 곤지가 아니라 개로왕이라는 것이다. 즉, 정통 국왕의 아들로서 당당한 왕자라는 말이다. 무령왕이 만약 왕자 곤지의 아들이라면 왕위 계승권자로서 서열이 한층 떨어질 수밖에 없다. 그런데 곤지가 아닌 개로왕의 아들이라고 하면, 개로왕의 동생인 문주왕이나 곤지왕자의 아들들에 비해 왕위 계승권자로서 서열이 한층 높아진다.

그가 곤지의 아들인지 설화에서 강조하는 바대로 개로왕의 아들인지는 단정해 말할 수 없다. 그러나 적어도 개로왕의 아들로 회자되었다는 사실에 주목할 필요가 있다. 물론 구차한 탄생설화를 전하는 점으로 미루어 그의 혈통적 정통성에 문제가 있었고, 개로왕의 아들임을 강조하는 설화로 그것을 극복하려 했다고 추측해볼 수 있다.

그가 만약 개로왕의 아들이라면 그보다 나이 어린 모대, 즉 동성왕보다 먼저 왕위에 올랐어야 한다. 실제로 삼근왕이 죽고 곤지의 아들인 모대가 왕위에 오를 때에는 왕위 계승 여부가 문제되지 않았다. 이는 무령왕이 개로왕의 아들이 아님은 물론, 사실은 곤지의 서장자(庶長子)에 불과하기 때문으로 보인다. 《일본서기》에 의하면, 곤지는 왜에서 사는 동안 모두 5명의 아들을 낳았는데, 이들 중에는 정실 소생만이 아니라 후실 소생도 포함되어 있을 것이다. 왜에서 태어난 모대(동성왕)가 곤지의 제2자라고 하면서도 사마보다 먼저 왕위에 오른 것은 모대가 적자로서는 장자(長子)이기 때문인 듯하다. 부인을 여럿 둘 수 있는 고대의 왕족이나 귀족 집안에 정실 부인보다 먼저 아이를 낳은 첩실은 얼마든지 있었을 것이다.

개로왕 이래 백제의 왕들은 귀족들이 왕의 권위에 도전할 때마다 왕실 인척을 정치에 적극 활용했는데, 사마도 바로 이런 배경에서 동성왕의 측근 왕실세력으로 활동했을 것이다. 22년이라는 길다면 긴 동성왕의 재위기간도 왕의 서형(庶兄)인 사마가 정치·경제적 실력을 기르기에 비교적 충분한 기간이었던 듯하다.

《삼국사기》 무령왕 본기는 무령왕이 "8척의 키에 미목(眉目)이 그림같이 잘 생기고 인자관후(仁慈寬厚)하여 민심이 그에게 돌아와 쏠렸다"고 하였다. 그는 너그러운 성품으로 인심을 얻었고, 결국 혈통상의 하자를 극복하면서 왕위에 오를 수 있었던 것이다. 왕실의 적통 후계자들이 이렇다 할 능력을 발휘하지 못하던 당시에 적통은 아니지만 역시 왕실의 일원이자 경륜 있고 인심까지 얻은 그에게 왕이 될 기회가 주어졌던 것이다.

준비된 리더

다른 사람의 인생 이야기이니 쉽게 말하고 있지만, 한편으로 국왕의 서형(庶兄)이라는 미묘한 위치에 있었던 사마의 일생이 얼마나 위태했을는지는 두말할 나위 없다. 그러나 사마는 자신을 드러내지 않으며 실력을 길렀고 민심을 얻어 결국 동생에 이어 왕위에 올랐다.

그가 성실한 인간이었을 것은 달리 강조할 필요도 없다. 위태로운 시간을 잘 견뎌내고 실력을 기르며 기다렸다가 40세라는 비교적 많은 나이에 기회를 맞아 왕위에 올랐다고 볼 때, 그는 실로 극기(克己)에 성공한 자라고 말할 수 있다. '자신을 다스리는 자, 천하를 얻는다'는 말을 흔히 하지만, 그야말로 자신을 잘 다스려 통치자의 자리에까지 올랐던 것이다.

그러나 국왕 자리에 올랐다고 하여 모든 일이 저절로 이루어질 리 없다. 고구려의 침략을 막고 귀족과 백성들의 신뢰를 회복하여 국왕의 권위를 되찾고 국가를 안정·발전시켜야 하는 시급하고도 어려운 임무는 여전히 남아 있었다. 그는 경륜 있는 지도자답게 완급을 가려 정치·군사적 난제를 풀어 나갔다.

왕위에 오른 다음 해(502) 정월, 무령왕은 우선 동성왕을 죽이고 반란을 일으켜 저항하고 있던 좌평 백가(苩加)의 세력을 토벌하고 백가의 목을 잘라 백강에 던졌다. 왕을 시해한 자를 단호하게 처벌함으로써 새로운 국왕의 위엄을 분명하게 보인 것이다. 이어 고구려 침략의 예봉을 꺾기 위해 달솔(達率) 우영(優永)을 보내 고구려의 수곡성(水谷城)을 습격했다. 재위 3년(503)에는 마수책(馬首柵)을 태웠고 고구려의 사주를 받고 고목성(高木城)에 쳐들어온 말갈을 격퇴했다. 3년 뒤에 말갈이 다시 고목성에 쳐들어오자, 이듬해 고목성의 남쪽에 두 개의 책(柵)을 세우고 장령성(長嶺城)을 축조하여 침략에 대비했다.

이렇게 정치·군사상의 긴급한 현안을 처리한 후, 무령왕은 민생 안정에 주력했다. 재위 6년(506)에 기근으로 백성들이 굶주리자 창고를 열어 구제하고, 재위 10년(510)에는 제방을 쌓으라는 영을 내리는 한편, 농토를 잃고 유랑하는 자들을 귀농시켜 민생 안정을 도모하고 이를 통해 국가의 경제력을 튼튼히 했다. 위기 속에 갈 바를 모르던 신민의 마음이 경륜 있는 이 리더에게 돌아왔을 것은 당연하다.

고구려·말갈과의 싸움은 계속되어 재위 7년(507)에 고구려 장군 고노(高老)가 말갈과 합세하여 한성(漢城)을 치려고 횡악(橫岳) 방면으로 쳐들어오자 이를 격퇴했다. 재위 12년(512)에는 고구려가 가불성(加弗城)을 빼앗고 원산성(圓山城)을 공격했는데, 무령왕은 친히 3,000명의 기병을 이끌고 급습하여 크게 무찔렀다.

한편, 남동쪽으로 영토 확장에도 힘을 기울였다. 재위 12년(512) 한때 왜군이 주둔하던 사타(娑陀), 모루(牟婁) 등 섬진강 유역의 네 지방을 합병했다.

국가안위를 위한 무령왕의 노력은 재위 마지막 해까지 이어졌다. 재위 23년(523)에 좌평 인우(因友)와 달솔 사오(沙烏) 등에게 명하여 쌍현성(雙峴城)을 쌓게 했는데, 이를 독려하기 위해 친히 위험한 북방 영토인 한성에 행차했다. 이처럼 그는 국가의 안보문제를 솔선하여 해결함으로써 신민들의 안정을 바탕으로 국가적 일체감을 회복하고 왕에 대한 신뢰도 얻을 수 있었다.

세련된 국제감각

무령왕은 외교에도 많은 노력을 기울였다. 얼마간 왜에서 산 경험이 있으니, 자연스럽게 국제감각을 갖출 수 있었을 것이다. 먼저 고구려의 방해로 북조와의 교류가 어려워지자 중국 남조의 양(梁)과 외교관계를 강화하여 재위 12년(512)과 21년(521) 두 차례에 걸쳐 양나라에 사신을 보냈다. 그리하여 521년 양으로부터 '사지절도독백제제군사영동대장군(使持節都督百濟諸軍事寧東大將軍)'의 작호를 받았다. 이런 국제적 지위는 대내외적으로 그의 권위를 내세우는 데 효과적이었다. 특히 남조 양과의 교류를 통해 중국 문물을 적극적으로 수입한 일은 웅진 천도 후 침체된 백제의 귀족문화를 한결 세련되게 만드는 계기가 되었다.

무령왕대 백제는 자체 문화를 발전시키는 한편, 재위 13년(513) 왜에 오경박사 단양이(段楊爾)를 파견하고 이어 재위 16년(516)에 그와 교대할 인물로 고안무(高安茂)를 보내 왜의 고대문화 발전을 돕기도 했다. 이는 근초고왕 이래 지속된 문화 전파의 일환이었다. 백제는 이런 실질적인 지원을 통해 한반도의 심각한 군사적 대결구도 속에서 왜의 군사적 지원을 이끌어낼 수 있었다.

지정학적 한계로 인해 북위와는 우호적인 관계를 맺을 수 없었지만, 남조 및 왜와 우호적인 교류를 이어감으로써 이후 백제가 대외적으로 안정을 이루고 문화적으로 발전하는 데 큰 도움이 되었다. 특히 백제

부여 무령왕릉 현실

무령왕대 백제의 국력과 국제 교류의 흔적을 보여주는 많은 부장품들이 출토된 무령왕릉의 내부 모습이다.

유물의 보고(寶庫)라 할 수 있는 무령왕의 무덤과 부장품들을 보면, 남조 양나라 기술자들의 직·간접의 기술지원이 확인될 뿐만 아니라 일본산 소나무를 이용한 관목 등이 있어 국제감각을 가진 이 위대한 왕의 궤적을 증명해준다.

군사·문화 강국 백제

무령왕의 재위는 크게 성공적이었다고 할 수 있다. 안보를 다지고 왕권의 안정을 가져온 바탕 위에서 중국의 발달된 문물까지 받아들여 숙성시키고 이를 신라와 왜에 전달했으니, 동아시아 문화 발전에 큰 기여를 한 것이다. 중국의 《양서(梁書)》 권54 제이(諸夷) 백제전에 따르면 무령왕대에 고구려를 여러 번 쳐부수어 "다시 강국이 되었다〔更爲强國〕"고 한다. 그의 성공에 힘입어 아들인 성왕(재위 523~554)대에 백제는 사비성(충남 부여)으로 수도를 옮긴 후 문화를 꽃피우고 나아가 한성을 포함한 한강 유역을 고구려로부터 잠시나마 되찾는 기쁨을 누릴 수 있었다.

● 무령왕릉 지석

벽돌무덤인 무령왕릉에서는 많은 유물들이 나왔다. 그중에는 무덤 안에 놓아둔 간단한 비석이라고 할 수 있는 묘지석(墓誌石) 2개도 있다. 무령왕과 그의 왕비를 합장한 무덤이라 2개의 묘지석을 넣어둔 것이다.

2개의 지석은 모두 직사각형의 평평한 돌로 제작되었고 크기도 비슷하다. 이 가운데 무령왕의 지석은 가로 41.5센티미터, 세로 35센티미터, 두께 5센티미터이며 중앙에 지름 1.1센티미터의 구멍이 있다. 지석에는 앞면에 모두 52자를 새겼고, 뒷면에 방위를 나타내는 일종의 지적도를 표시해두었다. 특히 앞면에는 무령왕의 국제적 지위, 죽은 때와 그때의 나이, 그리고 시신을 매장한 날을 표시하여 무령왕의 생몰년을 정확히 알려줄 뿐만 아니라 기존 사료들의 신빙성을 점검하는 자료로서 중요한 기능을 한다. 그 내용을 옮겨보면 다음과 같다. 글의 행(行)이 바뀌는 데를 편의상 '/'을 넣어 표시했다.

> 영동대장군백제사/마왕 년육십이세 계/묘년오월병술삭칠/일임진붕 도을사년팔월/계유삭십이일갑신 안조/등관대묘 입지여좌(寧東大將軍百濟斯麻王 年六十二歲 癸卯年五月丙戌朔七日壬辰崩 到乙巳年八月癸酉朔十二日甲申 安厝 登冠大墓 立志如左)

이를 풀어보면 아래와 같다.

> 영동대장군인 백제 사마왕은 62세인 계묘년 병술일이 초하루인 5월 7일 임진일에 돌아가셨다. 을사년 계유일이 초하루인 8월 12일 갑신일에 안장

하여 대묘에 올려 모시며 기록하기를 이와 같이 한다.

여기서 특히 그가 죽은 해가 《삼국사기》의 기록과 같이 무령왕 23년인 계묘년(523)이라는 사실이 밝혀지면서, 《삼국사기》 연도 기록의 신빙성이 매우 높다는 사실이 입증되었다. 그의 죽음을 전하고 있는 중국 측 사서인 《양서》에는 그가 524년에 죽은 것으로 나와 있다. 아울러 그의 사망년도와 나이가 분명해지면서, 《일본서기》 무령왕 탄생설화에 보이는 그의 출생년도(461)는 착오이며 462년(개로왕 8년)이 맞다는 사실을 알게 되었다. 글의 맨 앞에 보이는 '영동대장군'은 무령왕 21년(521)에 중국 남조의 양(梁)나라에서 무령왕에게 준 작호 중 일부이다.

무령왕 지석(왼쪽)과 왕비의 지석(오른쪽)
무령왕릉에서 출토된 일종의 비석.
왕의 지석에는 겉면에 왕호와 향년, 사망과 장례일자 등이 음각되어 있으며,
뒷면에는 간지를 사용한 일종의 방위도가 새겨져 있다.

신라의

진흥왕 김삼맥종

삼국통일의 기반을 다진 믿음의 인재 경영

사방으로 영토를 개척하여
백성과 토지를 널리 획득하다.

〈황초령 진흥왕 순수비문〉

진흥왕(眞興王) 김삼맥종(金彡麥宗)

생몰 534년~576년, 재위 540년~576년

541년(재위 2년) 이사부를 병부령으로 임명

545년(재위 6년) 거칠부로 하여금 국사 편찬케 함

551년(재위 12년) 남한강 유역 고구려의 10개 군(郡) 장악

554년(재위 15년) 관산성 공격 중 백제 성왕 처단

562년(재위 23년) 대가야 정복

568년(재위 29년) 백제 및 고구려로부터 빼앗은 영토 순수

진흥왕은 백부이자 외조부인 법흥왕에 이어 불과 7세의 나이에 왕위에 올랐다. 법흥왕대에 신라는 율령 반포, 불교 공인 등을 통해 국가체제를 갖추고 가야의 일부까지 통합하여 융성기를 맞았다. 영토가 넓어지면서 주민이 늘어나고 중앙집권체제가 강화되면서 선진국 고구려·백제와 본격적인 영토 확장 및 보존을 위한 경쟁에 들어갔다.

그런데 법흥왕에게는 왕위를 계승할 왕자가 없었고, 동생인 사부지 갈문왕과 왕실 내 근친결혼을 한 공주 지몰시혜 사이에서 태어난 조카이자 외손자인 심맥부(深麥夫, 또는 삼맥종彡麥宗)가 있을 뿐이었다.

역사적으로 중요한 시점에 태후와 어린 심맥부, 곧 진흥왕이 국정을 담당한다는 것은 위태로운 일이었다. 그러나 신라는 이 진흥왕대에 영토를 비약적으로 넓히는 중에 한강 유역까지 장악하여 삼국통일의 기반을 마련하게 된다. 진흥왕에게 어떠한 리더십이 있어서 이런 놀라운 역사를 이루어냈을까 주목하지 않을 수 없다.

사려 깊은 성품과 통찰력

진흥왕은 성공한 왕이지만 비운의 왕이기도 하다. 어머니의 사망 연도에 대해서는 논란의 소지가 있으나, 부모가 다 그가 왕위에 오르기 전에 유명을 달리했을 가능성이 있다. 그는 7세에 태후의 수렴청정을 받으며 왕위에 올랐다. 조실부모(早失父母)에 더해 천진하게 뛰어놀 나이에 국가 경영의 짐을 지고 왕위를 지켜야 했기에 일찍부터 평범한 사람과는 다른 깊은 고독을 맛보았을 것이다. 고독한 사람은 생각이 깊게 마련이며, 깊은 사색은 자연히 철학적 태도를 갖게 하여 통찰력을 높여주기도 한다.

그가 사려 깊었다는 사실은, 우선 어린 나이에도 왕위를 무리 없이 지키면서 자연스럽게 친정(親政)으로 연착륙한 데서 알 수 있다. 그는 일찍부터 생각의 깊이가 만만치 않았다. 《삼국사기》 진흥왕 본기에 의하면, 11세 되던 재위 6년(545)에 병권을 위임받은 실권자인 이사부(異斯夫)가 "국사(國史)는 군신의 선악을 기록하여 포폄(褒貶, 칭찬하는 일과 비방하는 일)을 만대에 보이는 것이니, 사서를 편찬하지 않는다면 후대에 어떻게 볼 수 있겠습니까?" 하고 국사 편찬의 필요성을 이야기하자, "왕이 깊이 동감하였다[王深然之]"며 거칠부 등으로 하여금 국사를 편찬토록 했다.

여전히 태후가 수렴청정했을 가능성이 높지만, 그런 와중에도 11세의 소년 왕이 신라 역사상 최초로 국사를 편찬하자는 건의에 '깊이' 동감하여 아웃사이더가 아닌 적극적인 주체 내지 동조자가 되었던 것이다.

그의 통찰력은 차례로 백제와 고구려 영토였던 한강 유역을 차지한 일에서 극적으로 드러난다. 재위 11년(550) 백제와 고구려가 서로 상대국의 성인 도살성(道薩城)과 금현성(金峴城)을 공격하여 차지했는데, 진흥왕은 그 군사들이 지쳐 있는 틈을 타서 이사부에게 공격을 명하여 두 성을 모두 빼앗았다. 소위 나제동맹(羅濟同盟)이 이미 운영된 바 있지만, 백제와 신라 사이에는 여전히 자국의 이익을 위한 실리적 움직임이 저류를 이루고 있었던 것이 사실이다. 그런데 진흥왕은 국익을 위해 과감하게 군사작전을 펼쳐서 왕의 통찰력이 만만치 않음을 보여준 것이다.

재위 12년(551)에는 '개국(開國)'이라는 연호를 세워 드디어 자신의 시대가 도래했음을 알렸다. 바로 이 해에 신라는 백제와 연합하여 당시 고구려 땅이던 한강 유역을 공격하게 되는데, 왕은 거칠부 등에게 고구려군 공략을 명하여 남한강 유역 10개의 군(郡)을 차지하는, 영토 확장의 큰 걸음을 내디뎠다.

《삼국유사(三國遺事)》에 의하면, 백제가 신라에 함께 고구려를 칠 것을 건의하자 고구려의 국력을 의식한 진흥왕이 "나라의 흥망은 하늘에 있으니 하늘이 고구려를 미워하지 않는다면 내가 어찌 고구려의 멸망을 바라겠는가?" 하며 이 사실을 고구려에 알렸다고 한다. 고구려는 이를 고맙게 여겨 신라와 우호관계를 맺었는데, 백제가 이를 원망하여 554년에 신라를 침략했다고 한다.

여기서 고구려와 신라 간에 외교적 밀약(密約)이 있었음을 짐작할 수 있다. 고구려는 당시 돌궐의 침략을 받아 남쪽 국경인 한강 일대의 군대를 서북 국경으로 돌려야 하는 형편이었다. 이에 신라와 밀약을 맺고 큰 충돌을 피하며 남한강 유역을 신라가 차지하도록 하고, 백제군의 공격에 밀려 한강 하류지역을 백제에게 내주었다.

경기 당항성

경기도 화성시 소재. 본래 백제의 영토였으나 얼마간 고구려에게 점령당했다. 진흥왕대에 신라 영토로 편입된 후 대중국 항로로 크게 활용되었다.

그런데 밀약을 통해 고구려의 큰 저항 없이 남한강 유역을 차지한 신라는, 2년 뒤인 진흥왕 14년(553)에 별다른 대비도 없던 한강 하류의 백제군을 쳐서 서해안 지역까지 차지하는 대역사를 이루었다. 이런 신라의 배신에 분노한 백제의 성왕(聖王)은 다음 해(554) 신라를 보복 공격하다가 신라군에게 죽임을 당하고 만다.

이 일련의 사태는 비겁한 신라, 배신자 진흥왕이라는 비난을 불러일으켰다. 상대방은 자신을 우방으로 아는데 자신의 이익을 위해 그를 내치고 만 셈이기 때문이다. 그러나 나제동맹이라는 것은 항구적인 연맹체제가 아니었다. 두 나라가 각자의 이익을 위해 일시 뭉친 것에 불과했다. 백제 역시 혼자서는 대항할 수 없는 고구려를 치기 위해 신라의 힘을 필요로 했을 뿐이다. 앞의 진흥왕 11년에 있었던, 고구려와 백제가 차지한 두 성을 신라가 빼앗은 사실을 상기해본다면, 두 국가가 발전과 성장을 포기하지 않는 한 양국의 이익이 끝까지 공존할 수 없는 것이 현실이었다.

이쯤 해서 성왕을 위시한 백제 지도층의 안이한 국제관계 인식과 신라의 국력 성장에 대한 무감각을 비판하지 않을 수 없다. 백제로서는 고구려군이 신라군에 그렇게 쉽게 밀려 남한강 유역을 내놓은 데서 두 나라 간 밀약의 가능성을 읽었어야 한다. 거슬러 올라간다면 불과 100여 년 전까지만 해도 고구려와 신라는 백제-가야-왜의 침략에 대항하여 깊은 우호관계를 맺고 있었음을 유념했어야 한다.

여기서 한강 유역 장악과 그에 따른 대중국 교류의 항구 장악, 즉 서해안의 당항성(경기 남양) 확보가 갖는 의미에 주목할 필요가 있다. 한강 유역은 풍부한 수량과 편리한 수운, 인접 유역의 풍부한 농업 생산력, 삼국 간 접경지역으로서 정치·경제·군사적 중요성이 막중한 곳이다. 이를 장악함으로써 신라는 향후의 삼국 간 전쟁에서 밀리지 않고 버텨낼 수 있었고, 당(唐)과 원활히 교류할 수 있게 되어 고구려·백제와의 대결에서 당과 연합하여 두 나라를 물리쳤던 것이다.

인재 양성의 장, 화랑도를 세우다

18세의 젊은 왕에게 과연 동북아의 장래 정세까지 내다보는 역사적 통찰력이 있었을까? 단정적으로 말하기 어려운 이야기이다. 그러나 이사부를 비롯한 참모진이 장래의 정세를 예측하며 고구려와의 밀약과 같은 건의를 했어도, 최고 통치자가 받아들이지 않는다면 그런 식견도 비전도 사장되고 말았을 것은 당연하다. 그런데 진흥왕의 경우, 통찰력이 신하들을 능가했음을 보여주는 증거들이 더 있다.

신라의 화랑도는 진흥왕대에 제도화되었다. 다만 그 연도는 정확히 알 수 없는데, 왕이 25세가 된 재위 19년(558)에 화랑 사다함이 가야의 반란 평정에 공로를 세운 사실이 있어서, 왕의 재위 전반부에 제도화되었음을 알 수 있다. 《삼국유사》에 의하면, 처음에는 젊은 선비〔士〕들에게 효제충신(孝悌忠信)을 가르쳐 국가의 인재로 기르기 위해 두 여성 원화(原花)를 두어 사람을 모았다고 한다. 그런데 두 여성 원화가 서로를 시기하다 한 사람이 다른 한 사람을 술에 취하게 한 후 죽이는 사건이 벌어져 원화제도는 곧 폐지되고 말았다. 몇 년이 지나서 "진흥왕은 또한 생각하기를, 국가를 흥하게 하려면 반드시 먼저 풍월도(風月道)를 하여야 한다며 다시 양가의 남자로 덕행 있는 자를 뽑아서 화랑으로 하였다"는 기록이 있다.

풍월도의 내용을 제대로 알기는 어려우나, '자연과 함께하며 심신을 닦는 자연친화적 신선(神仙)의 도'라고 볼 수 있다. 주목할 점은 이렇다 할 학교도 없는 당시에, 급성장 중인 국가를 효율적으로 관리할 인재들이 부족한 상태에서 왕이 주체가 되어 풍월도의 수련을 통해 인재를 기르겠다고 생각한 사실이다. 자연이 인간에게 최고의 스승이라는 주장은 각박한 현대생활에서 더욱 설득력을 얻어가고 있다. 학문 전통이나 체계가 없어서 별다른 대책이 없는 중에, 진흥왕은 기왕에 존재한 전통 수련법의 가치와 효용을 알아보고 그것을 국가를 흥하게 할 방책으로 삼고자 한 것이다.

그리하여 다시 남자 화랑을 세워 인재 양성조직으로서 화랑도를 일으킨 것이다. 진흥왕의 국가 경영에 대한 깊은 열정과 연구, 무엇보다도 철인(哲人)의 경지에 이른 통찰력이 없었다면, 재정적 부담도 별로 없이 통일전쟁에서 큰 성과를 증명한 화랑도를 제도화한 이런 일은 쉽게 나올 수 없다.

그가 철인 혹은 구도자적 자세를 지닌 인물이라는 점은 말년에 승복을 입고 승려로서 살았다는 사실에서도 알 수 있다. 그가 승려가 된 데에는 아마도 재위 33년(572) 태자 동륜의 요절이 준 충격이 컸을 테지만, 평소의 성향이 그렇지 않았다면 가능하지 않았을 일이다. 로마의 오현제 중 하나인 마르쿠스 아우렐리우스를 언뜻 연상시키는 사려 깊은 왕 진흥왕은, 이처럼 현실을 중시하는 구도자적 태도에다가 국가의 장래까지 대비하는 역사적 통찰력을 갖춘 인물이었다.

통치의 목표와 삼국통일의 비전 제시

성공적인 리더십의 요건은 많다. 그것들 중 전근대 왕정시대에 구체적으로 드러나기 어려운 것 중 하나가 바로 통치의 목표와 비전의 제시다. 왕위가 세습되는 데다가 귀족들이 대대로 득세하고 있는 상황에서 그것들을 새롭게 제시해야 할 필요성이 크지 않기 때문이다.

그런데 진흥왕은 국태민안(國泰民安)의 전통적 통치이념을 보다 분명하게 제시했다. 특별히 그의 재위기에만 세워진 단양 적성비 · 창녕비 · 북한산비 · 황초령비 · 마운령비 등 여러 돌비에는 진흥왕의 통치이념이 구절마다 새겨져 있다.

그가 제시한 통치의 목표는 신민(臣民)들로부터 공감을 얻어 국가 성

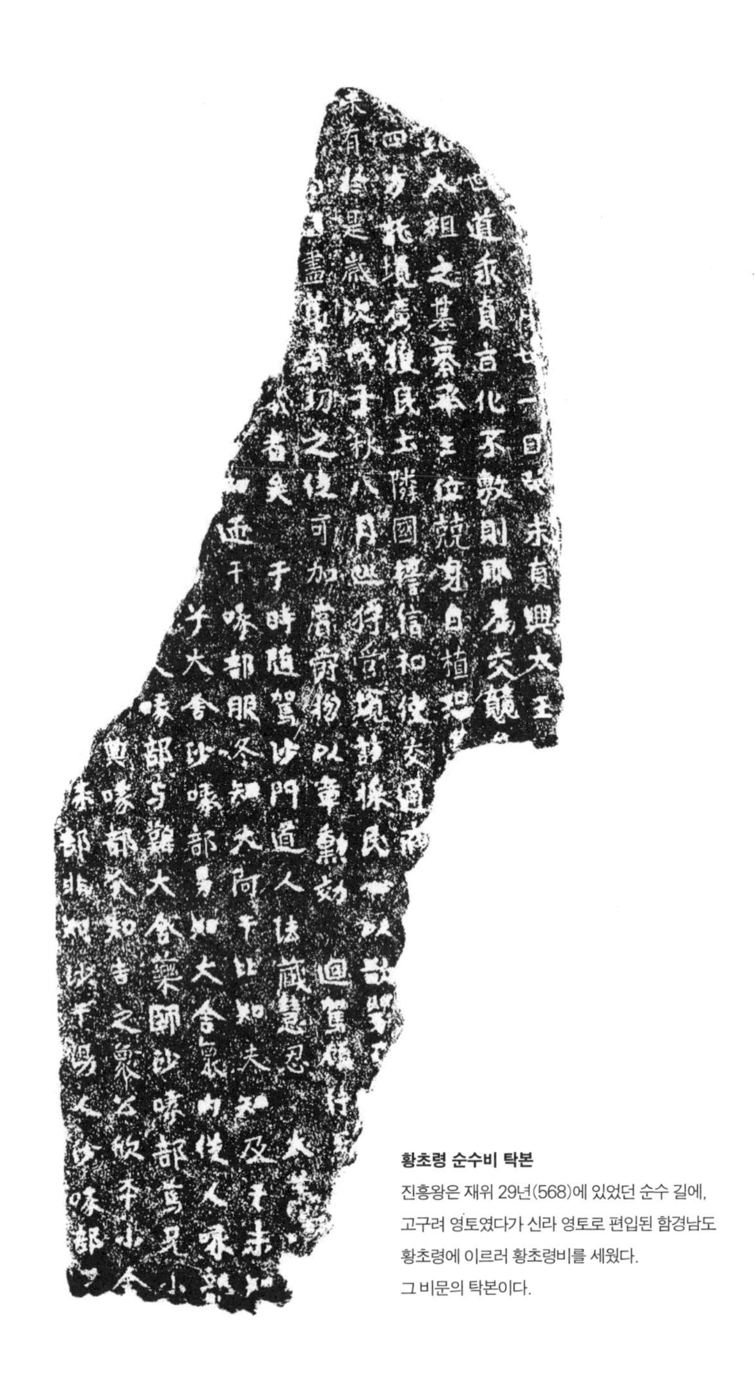

황초령 순수비 탁본

진흥왕은 재위 29년(568)에 있었던 순수 길에, 고구려 영토였다가 신라 영토로 편입된 함경남도 황초령에 이르러 황초령비를 세웠다. 그 비문의 탁본이다.

장을 위한 동력의 하나로 작용했다. 《삼국유사》의 화랑도 관련 사실에서 "국가를 흥하게 하기 위해 풍월도를 먼저 하여야 한다"고 한 데서 이미 통치목표의 존재를 확인할 수 있다. 나아가 재위 29년(568)에 세운 황초령 순수비(함흥)에는 "세상의 도리가 진실에 어긋나고 그윽한 덕화(德化)가 펴지지 아니하면 사악함이 서로 다툰다. 고로 제왕은 연호를 세우고 스스로 닦아 백성을 편안케 하지 않음이 없다"라고 하였다. 군주로서 바른 도리를 세우고 수양하여 국가와 백성을 평안케 한다는, 평범하면서도 실현하기 어려운 통치의 목표를 명심하고 있었던 것이다. 이러한 목표는, 그의 재위 12년, 29년, 33년에 내세운 개국(開國, 나라를 엶)·대창(大昌, 크게 번창함)·홍제(鴻濟, 큰 다스림)라는 연호 명의 변화에서 신민들의 적극적인 협조로 어느 정도 실현되어갔음을 확인할 수 있다.

진흥왕은 또한 삼국 통합의 국가 비전을 제시하여 신라의 진로를 설정했다. 상대적 후진국이던 신라로서는 삼국 간 경쟁구도에서 잠깐의 어부지리에 만족하며 안주하는 한, 국가를 보존할 가능성조차 낮았다. 이를 알아차린 진흥왕은 천하를 불법(佛法)으로 통일했다는 불교의 전륜성왕(轉輪聖王) 이데올로기를 받아들여, 자기 아들들의 이름을 동륜(銅輪)·사륜(舍輪) 등 전륜성왕의 이름으로 명명하여 장차 동이(東夷)세계를 통일하고자 했다. 그가 창녕은 물론 북한산, 나아가 황초령, 마운령 등 북방 영토까지 수레를 몰며 순수(巡狩)하고, 기념비를 세워 자신의 철학과 신민을 포상·위로하는 내용을 새긴 것도, 바로 가야인을 적극 포용하고 백제와 고구려 영토를 통합하고야 말겠다는 비전에서 나온 것이라 보아야 한다.

성공적인 인간 경영

사람을 잘 다루는 리더는 결국 성공하게 마련이다. 진흥왕은 광개토대왕같이 진두지휘하는 용맹한 영웅은 아니었다. 그렇다고 간교한 공포정치를 펴는 술수의 통치자도 아니었다. 그는 깊은 통찰력을 바탕으로 국정의 현실목표와 장래의 비전을 제시하여 신민들의 공감을 얻은 왕이었다. 거기에 인재를 귀히 여기고 끝까지 신뢰·후원하여 신하들의 헌신적인 성원을 받았고, 이를 바탕으로 큰 성공을 거두었다.

진흥왕은 무엇보다 인재(人才)를 중시하고 잘 활용했다. 여러 순수비에는 그와 함께한 귀족들과 중소 관료, 지방 촌주에 이르기까지 다양한 사람들의 이름이 적혀 있다. 그의 인재 관리와 활용에는 몇 가지 평가할 점들이 있다.

우선, 인재의 기용이 포용적이었다. 그가 등용한 인재들의 면면을 보면, 무엇보다 출신이 다양하다. 이사부나 거칠부 등 전통 진골귀족들을 널리 등용함은 물론, 김유신의 조부인 가야계 김무력을 중용했고, 고구려에서 귀화한 승려 혜량을 우대하여 승려의 우두머리인 승통(僧統)으로 삼았다. 가야 출신 우륵의 음악을 높이 사서 그를 우대하고 수준 높은 가야음악을 받아들여 신라의 음악 수준을 한 단계 높였다.

둘째, 진흥왕은 인재의 양성과 발탁을 제도화했다. 화랑도를 조직하여 소년들을 모아 자연 속에서 호연지기(浩然之氣)를 기르게 하고, 능력과 덕망 있는 자를 찾아내 기용했다.

셋째, 신하들에 대한 보상에 후하고 철저했다. 본인의 간곡한 사양에도 불구하고, 가야 토벌에 공을 세운 화랑 사다함에게 200명의 포로와 넓은 토지를 내린 일을 보면, 다른 귀족관료들에 대한 포상이야 말할 필요가 없다. 황초령 순수비와 마운령 순수비에는 "충성·신의·정성을 갖추고 나라에 충절을 다하여 공을 세운 자들에게 벼슬과 상품으로 표창하고자 한다"라고 하여, 충분한 보상을 통해 충성심을 한껏 돋우었음을 알 수 있다. 이 점은 성을 쌓다가 순직한 지방인 야이차(也尒次)의 유가족을 포상하는 내용을 새긴 단양 적성비(551년경)에서도 확인된다.

무엇보다도, 그는 신하들을 끝까지 신뢰했다. 그의 신하들 중에는 노년에 이르도록 크게 활약하여 역사적으로 저명해진 이들이 적지 않다. 이사부는 진흥왕 2년에 병부령이 된 이래 20여 년간 군사 책임자로 있으면서 왕을 지근거리에서 보필했다. 거칠부는《국사》를 편찬했고 이사부에 이어 정치·군사의 책임자가 되었는데, 진흥왕 사후에 왕의 아들인 진지왕의 후견인 역할을 할 만큼 끝까지 신임을 받았다. 금관가야 왕자로서 귀화인에 불과하던 김무력도 한강 유역을 차지하는 데 큰 공을 세웠고, 그의 부하들은 백제군을 물리치고 성왕을 죽였다. 차후 그의 집안은 신라의 새로운 권세가문으로 자리를 잡았다.

이사부, 거칠부 그리고 김무력

진흥왕대에는 왕을 크게 돕거나 왕의 지우(知遇)를 받아 그 시대를 번영과 발전의 시대로 만드는 데 공헌한 인물들이 적지 않다.《삼국사기》는 물론 단양 적성비를 비롯한 진흥왕 순수비에는 진흥왕대에 활약한 인물들이 많이 기록되어 있다. 그중 대표적인 인물이 이사부, 거칠부, 김무력이다.

이사부(異斯夫)는 내물왕의 4대손으로 신라 왕실의 일원이며, 지증왕 이래 법흥왕·진흥왕대까지 활약한 대표적인 장군이자 정치가이다. 이미 지증왕 6년(505)에 신라에서 최초로 설치한 주(州)인 실직주(悉直州)의 군주가 되었다. 그리고 지증왕 13년(512)에는 군사를 이끌고 바다를 건너 지금의 울릉도인 우산국을 점령했다. 이사부는 신라에 귀복하기를 거부해온 우산국으로 향하면서, 나무 사자(獅子)를 많이 만들어 전선에 싣고 섬의 해안을 돌면서 항복하지 않으면 맹수를 풀어 죽이겠다고 위협하여 항복을 받아냈다고 한다. 그의 지모가 돋보이는 대목이다.

태후가 섭정 중이던 진흥왕 2년(541), 이사부는 국방장관 격인 병부령(兵部令)이 되었다. 왕실의 어른으로서 왕과 태후를 보필하는 군사, 나아가 정치의 실권자가 되었으며, 어린 진흥왕에게 국가 경영을 가르치는 스승과도 같은 역할을 했다. 진흥왕 6년(545)에는 앞서 본 대로 왕에게 국사 편찬의 필요성을 역설했고, 진흥왕 11년(550)에는 백제와 고구려가 도살성과 금현성을 두고 점령전을 펴는 중에 이 두 성을 공략하여 점령한 뒤 성을 증축해 1,000명의 군사를 주둔시켰다.

단양 적성비는 진흥왕 12년(551)경에 이찬 이사부가 신라의 신하와 장군들을 지휘하여 한강 상류지방을 경략(經略)하고 삼국통일의 교두보를 구축하는 데 큰 공헌을 하였다고 적고 있다. 진흥왕 23년(562) 9월 대가야가 최후의 저항을 시도하자, 이사부는 왕명을 받고 출정, 그 왕성을 공격하여 대가야를 멸망시키고 신라 영토로 통합했다.

이사부에 이어 거칠부(居柒夫, 502~579)가 중신으로서 왕을 보필하였다. 그는 내물마립간의 5대손으로 역시 왕실의 일원이었다. 어려서부터 큰 뜻을 품고 승려가 되어 사방을 유람하다가 결국 고구려에 몰래

들어가 정탐을 하는 범상치 않은 행동을 보였다. 고구려에 잠입했을 당시 거칠부는 승려 혜량(惠亮)의 강설을 듣고 큰 감명을 받은 일이 있었는데, 진흥왕 12년(551)에 고구려 국경 안으로 진격했을 때 혜량을 왕에게 소개하여 결국 혜량은 승통(僧統)이 되었다.

거칠부는 진흥왕 6년(545)에 왕명을 받아 《국사》를 편찬했고, 왕 12년(551)에는 장군의 한 사람으로 출정하여 죽령 이북 고현(高峴) 이내 고구려의 10군을 탈취했다. 진흥왕 순수비들에도 당연히 그의 이름이 기록되어 있으며, 진흥왕 때 이사부에 버금가는 영향력 있는 인물이었다. 576년 진흥왕이 죽자 아들인 진지왕이 뒤를 이었는데, 거칠부는 진지왕의 후원자로서 상대등에 임명되기도 했다.

앞의 두 사람과는 다른 면에서 주목해볼 만한 인물이 있다. 법흥왕대에 신라에 투항한 금관가야 왕의 아들인 김무력(金武力)이다. 그는 투항인이라는 신분적 한계를 딛고 신라 지배층으로 뿌리를 내린 인물이다. 여기에는 그가 타고난 군사적 자질과 충성심으로 대외전쟁에 두각을 나타낸 것이 큰 몫을 하였다.

진흥왕이 백제와 연합하여 고구려를 한강 유역에서 축출하고 다시 백제의 점령지까지 탈취하여 한성(漢城)을 중심으로 신주(新州)를 설치할 때, 그는 큰 공을 세워 신주의 군주(軍主)가 되었다. 이후 백제의 성왕이 직접 군사를 거느리고 관산성(管山城, 지금의 충북 옥천)을 공격해 왔을 때 김무력은 주병(州兵)을 이끌고 교전하여 성왕을 죽이고 백제의 좌평 4명과 사졸 2만 9,600명을 전멸시키는 대승을 거두었다. 이런 공로가 쌓이면서 진흥왕의 큰 신임을 얻어 최고 관등인 각간(角干)에 이르렀다.

이들을 통해 진흥왕이 이사부 등 신하들의 도움을 받으면서도 뛰어난 리더십으로 그들의 처지와 능력을 십분 인정하여 원활한 군신관계를 이루어낸 것을 알 수 있다. 더구나 김무력과 같은 가야계 투항인을 적극 등용함으로써 가야인들의 충성심을 유발하여 삼국통일의 한 동력으로 삼은 점은 평가받아 마땅하다.

삼국통일의 기반 마련

진흥왕은 태후의 수렴청정으로 국정을 시작했으나 결국 의미 있고 괄목할 만한 국가 발전을 이룩했다. 신라는 진흥왕대에 대가야를 통합하고 한강 유역 및 대중국 교류의 항구인 서해안의 당항성과 함경도 일부까지 영토를 넓혀, 고구려·백제와 더불어 당당한 삼국시대의 주역으로 성장했다. 아울러 법흥왕대에 공인된 불교신앙을 더욱 권장하여 국가 주관 하에 거대한 황룡사를 지었고, 승통을 두어 승려들을 통솔, 불교신앙의 기반을 마련했다. 나아가 전통사상을 계승하여 화랑도를 조직함으로써 인재 양성과 국가에 대한 충성심을 한층 고양하는 효과를 가져왔다.

진흥왕은 불교의 전륜성왕 이념을 이용하여, 신라 왕은 곧 동이세계의 전륜성왕으로서 이 세계를 통일할 사명과 능력을 가졌음을 자부하였다. 이는 향후 신라가 통일의 주역이 되는 이념적 기초를 제시한 것이나 다름없었다.

끝으로 진흥왕은 전통귀족을 비롯한 다양한 인재들을 널리 포용하여 한결같은 신뢰를 보냈다. 이는 신하들이 능력을 충분히 발휘하게 만들었고, 그 결과 놀라운 성공을 거두는 군주제 내 수평적 통치의 모범이 되었다. 이는 신라 후대 왕들로 하여금 전제정치의 유혹에도 불구하고 화백제 등의 협의적 정치풍토를 유지케 하는 데도 일조했다. 이런 정치풍토에서 신민들은 화합하고 단결하여 국난을 극복하고 삼국 간 경쟁에서 승자가 되는 영광을 맛볼 수 있었다.

● 한강 유역을 둘러싼 고구려와 신라의 밀약

고구려는 돌궐의 침략을 막기 위해 결국 한강 유역을 백제와 신라에게 내어주고 만 셈이 되었다(551). 이와 관련하여 《삼국유사》는, 백제가 신라에 함께 고구려를 칠 것을 청하나 진흥왕이 고구려를 두려워해 이 사실을 고구려에 알렸고, 고구려가 이를 고맙게 여겨 서로 우호관계를 가졌다고 하여, 양국 간에 밀약이 존재했을 가능성을 보여준다. 이것은 642년 고구려 보장왕이 백제의 공격에 시달리다 못해 도움을 청하러 온 김춘추에게, 본래 자국의 영토였던 남한강 유역인 조령·죽령 일대의 땅을 내어놓으라고 한 사실로 미루어 보다 분명해진다. 고구려가 옛 영토를 돌려달라고 한 것은 진흥왕 때 이 땅을 신라에게 내어준 사실이 있기 때문인 것이다.

신라와 밀약을 맺은 고구려는 우호적인 약소국 신라에 대해서는 손쉽게 남한강 유역을 내어주고, 숙적 백제에 대해서는 치열하게 싸우던 끝에 결국 한강 하류를 빼앗기고 만 것이다. 그러니 신라에 내준 영토는 쉽게 수복할 수 있으리란 생각이 들었을 테고, 더불어 신라에게 백제를 견제해달라고 요구했을 것이다.

그러나 이는 고구려의 지도층이 신라의 국력과 발전 가능성을 과소 평가한 것이었다. 허약한 우방국이라 여겨 땅을 쉽게 내어주었으나, 그 중대한 선택의 대가를 가까이는 백제 성왕의 죽음과 백제의 쇠약, 멀리는 백제는 물론 고구려 자신의 멸망으로 치러야 했던 것이다.

울주 천전리 서석

법흥왕대에 신라 왕실 유람 행차의 전말을 새긴 바위. 진흥왕도 어린 시절 이곳에 놀러왔었다.

신라의

선덕여왕 김덕만

너그럽고 현명하고 센스 있는 여왕의 리더십

왕의 성품은 너그럽고 인자하고
현명하고 센스가 있었다.

《삼국사기》 권5 신라 선덕왕 본기

선덕여왕(善德女王) 김덕만(金德曼)

생몰 ?~647년, 재위 632년~647년

634년(재위 3년) 연호를 인평(仁平)으로 바꿈, 분황사 완공

636년(재위 5년) 옥문곡에 숨어 있던 백제군 전멸시킴

642년(재위 11년) 신라 서쪽 40여 개 성을 백제군에게 빼앗김

643년(재위 12년) 당 태종, 신라 사신에게 신라 국란의 원인으로 여왕 재위 문제 제기

645년(재위 14년) 황룡사 9층 목탑 완성

여성 장관이 이채롭기만 하던 시절도 지나고, 여성 국가 최고 지도자의 출현이 현실화될 때가 다가온 듯도 하다. 근력보다는 차분한 두뇌와 섬세한 감성, 예리한 손놀림이 세상을 움직이는 큰 힘으로 작용하는 시대인 만큼, 상대적으로 여성들이 두각을 나타낼 날이 온 것이다.

진평왕에게는 왕자가 없었을뿐더러 왕이 될 수 있는 성골신분의 부마도 없었다. 그래서 왕은 장녀인 덕만(德曼)공주로 하여금 왕위를 계승토록 했는데, 이가 곧 신라 제27대 선덕여왕이다. 여성 국왕은 전례가 없던 일인 만큼 그녀는 국내외의 질시 속에서 국왕의 책무를 수행하여야 했다. 아울러 그 시기에는 백제 의자왕이 고구려와 화친을 맺고 맹렬한 공격을 가해와 국가안보를 크게 위협하였다. 현대와는 다른 배경에서 등장했지만, 우리 역사상 최초의 여성 왕으로서 국내외의 어려움 속에서도 나름의 리더십을 발휘한 그녀가 다시 주목받고 있는 것도 사실이다.

여왕 즉위 전야

고구려와 밀약을 맺고 한강 유역 확보를 위해 펼친 두 차례의 군사작전

(551, 553)을 통해 제 실력 이상으로 커버린 신라는, 진평왕(재위 579~632) 통치 후반기에 위기를 맞았다. 고구려가 귀족 간 대립을 마무리짓고 귀족연립정권을 세워 체제를 안정시켰고, 백제도 무왕(재위 600~641)대에 이르러 호남지방의 농업 생산력을 제고하여 국력을 회복하고 복수전을 준비했기 때문이다.

선덕여왕의 부친인 진평왕은 53년간 재위했다. 그는 재위 초에 여러 행정기관을 설치하여 지배체제를 정리하고, 왕실이 석가모니 집안이라는 자부심을 갖고 소위 진종설(眞種說)을 정치 이데올로기로 내세웠다. 이 이념은 당시 신라에서 왕실의 신성함을 보장해주는 효과적인 것이었다.

진평왕의 이름은 백정(白淨), 두 동생의 이름은 각각 백반(伯飯)과 국반(國飯)이었는데, 이는 석가모니의 부친과 두 숙부의 이름이다. 나아가 왕비 이름인 마야(摩耶)부인도 석가모니 모친의 이름이다. 석가모니의 부친과 모친 사이에서 날 아이는 당연히 석가모니가 될 것으로 생각한 것이다. 그런데 왕실의 간절한 바람과 달리 그만 딸을 낳고 말았으니, 그가 곧 덕만공주(선덕여왕)다.

진평왕은 끝내 왕자를 두지 못했고, 왕위 계승권자인 왕자가 없다는 사실은 고구려, 백제의 압박 증대와 더불어 왕국의 안정과 미래를 위협하는 요소가 되었다.

신라에서는 왕자가 없으면 공주의 남편, 즉 왕의 부마가 왕위를 계승하기도 했는데, 탈해이사금이나 미추이사금이 바로 왕의 사위로서 왕이 된 이들이다. 부마마저 없을 경우에는 화백회의를 열어 고위 귀족 가운데 능력과 덕망이 뛰어난 자를 선출하여 왕으로 삼았다. 그런데 진평왕의 경우 자신의 왕실은 진골(眞骨)귀족과 달리 성골(聖骨)이라는 별도의 거룩한 신분임을 주장하며 왕실 내에서 근친혼을 해왔다. 문제는 당시 왕자는 물론 사위로 삼을 만한 성골 남자가 거의 없었다는 사실이다.

단정할 수는 없지만, 선덕여왕은 끝내 결혼을 하지 못했거나 결혼을 했어도 그 남편이 일찍 죽은 후 재혼할 상대가 없었던 것으로 보인다. 진평왕이 노년에 이르자 귀족들은 화백회의를 열어 진골귀족 중에서 다음 왕을 선출하고자 했다. 그러나 왕은 자신의 장녀 덕만공주를 왕으로 세우고 싶어했다.

진평왕은 공주도 왕이 될 수 있다는 논리와 근거를 제시하여야 했을 텐데, 당시 왜에 스이코(推古)라는 여왕이 있다는 사실을 알고 있었던 만큼 이를 좋은 사례로 거론하며 주장을 폈을 법하다. 덕만공주는 여자이지만 언젠가는 부처가 되기로 약속되어 있다는 논리를 계발하기도 했다. 또한 진평왕은 경주 남산에 덕만공주를 모델로 한 불상을 은밀히 조성하여 하늘이 공주를 부처로 인정하고 있음을 보여주려 한 듯하다. 지금도 그 불상이 경주 남산에 남아 있어 여왕의 기품과 뛰어난 자태를 전해준다. 불교국가에서는 왕을 부처와 동격으로 보기도 하는데, 이 '왕즉불(王卽佛)사상'을 빌려 공주의 여왕됨이 하늘의 뜻이라고 전파하려 한 것이다.

이렇게 되자 귀족인 칠숙과 석품이 주모하여 진평왕 53년(631)에 반란을 일으켰다. 그러나 반란은 곧 평정되었고, 주모자들은 사형에 처해졌다.

왕의 능력 과시

진평왕 사망 후 왕위를 계승한 덕만공주는 전에 없는 '여성' 왕임을 의식하며 성공한 통치자가 되기 위해 노력했다.

왕은 즉위와 더불어 대사찰 건축공사를 벌였다. 고금을 막론하고 지배자들은 웅장한 건축물을 지어 자신의 능력과 존재를 과시하는데, 여왕도 다르지 않았다.

본래 신라 왕실의 대사찰인 황룡사가 있었으나, 여왕은 즉위하자마자 꽤 규모가 큰 분황사(芬皇寺)를 그 곁에 건축했다. '분황(芬皇)'은 '향기로운 임금'이라는 뜻이다. '향기로운 임금의 절'이라는 분황사는 곧 향기나는 여왕 선덕여왕의 절인 것이다. 40대에 왕위에 오른 여왕을 두고 신라 내부는 물론 중국 당(唐)나라에서까지 나이 든 공주의 즉위를 고깝게 보는 분위기 속에서 자신의 능력과 활력을 과시하면서 절의 이름 또한 이렇게 의미 있게 지은 것이다.

여왕은 영묘사(靈廟寺)라는 큰 절을 짓는 데도 적극 시주하며 도왔다. 영묘사 건축에는 조각에 뛰어나고 괴짜라고 소문난 '양지'라는 승려도 참여하고 있었는데, 이 절과 승려는 선덕여왕과 관련된 설화에 자주 등장한다.

무엇보다 당시의 국제정세는 신라에게 매우 불리한 방향으로 전개되고 있었다. 특히 백제의 의자왕(재위 641~660)이 즉위와 더불어 드센 침략을 거듭하며 신라를 궁지로 몰았다. 642년 의자왕이 직접 지휘한 백제의 대군이 신라를 침공하여 40여 성을 빼앗고, 이어 대백제 방면의 요충지로서 김춘추의 사위인 김품석이 성주로 있던 대야성을 쳐서 성주 내외를 위시한 많은 사람을 죽이고 성을 차지했다. 백제는 대

경주 분황사터 석탑

선덕여왕 3년(634)에 세워진 분황사 내에 벽돌 모양의 돌로 쌓은 탑. 본래는 9층이었다고 여겨지나 현재는 3층만 남아 있다.

중국 교류의 창구인 당항성을 포함한 한강 유역의 땅을 되찾기 위해 고구려의 연개소문 정권과 우호관계를 맺었다. 신라는 이 사태에 아연 긴장을 했다.

이에 신라는 김춘추를 고구려에 파견하여 고구려와 신라의 옛 관계를 상기시키면서 도움을 청한다. 그러나 고구려는 이때를 틈타 과거 진흥왕대에 거저 주다시피 한 남한강 유역의 영토를 돌려달라고 요구한다. 실리(實利)에 따라 움직이는 국제관계를 역사에서 확인할 수 있는 대목이다. 643년, 결국 신라는 당나라로 도움을 청하러 가게 되었다.

《삼국사기》 선덕왕 본기 12년조를 보면, 당시 신라 사신을 맞은 당

경주 황룡사 9층 목탑터
중앙에 무게가 약 30톤에 달하는 심초석이 놓여 있다. 당시 목탑의 높이가 80미터에 이르렀을 것으로 추정되는데, 분지구조인 경주에서는 사방 어디에서나 이 목탑을 바라볼 수 있었을 것이다.

태종은 “너희 나라는 부인을 임금으로 삼아 주위 나라들이 무시하는 것인데, 이는 임금 없이 적을 맞이하는 것과 같아 한 해도 편할 수 없다. 내가 나의 종친 한 사람을 보내 신라 왕을 삼되 혼자 가서 왕 노릇할 수는 없는 것이니 마땅히 군사를 보내 보호하고 그대 나라가 안정된 다음에야 스스로 지키게 함이 어떠한가?” 하며 신라 지배야욕을 드러냈다. 이에 놀란 신라 조정에서는 곧 대책을 논의했고, 이때 당에서 급히 귀환한 자장법사의 건의에 따라 황룡사에 9층 목탑을 건설했다. 상륜부를 포함하면 현대의 20여 층 높이의 건물과도 맞먹는다는 이 거대한 탑의 기초석들은 지금도 경주에 남아 있다. 현대 건축술로도 세우기 어려운 이 거대한 목제 탑을 건설함으로써 여왕은 대내외에 자신의 건재를 과시한 것이다.

그러나 이런 노력에도 불구하고 당 태종의 여왕에 대한 언급은 여왕 반대세력을 자극했으며, 그들은 세를 모아 마침내 봉기하기에 이르렀다. 탑이 완성된 다음 해(647) 정월 초, 상대등 비담이 많은 귀족의 호응을 받으며 "여왕〔女主〕은 정치를 잘 못한다!"라며 반란을 일으켰다. 김유신과 김춘추 등이 적극 진압에 나서서 겨우 평정을 했지만 초반에는 반란군의 기세가 왕실 군대를 크게 위협하는 형편이었다. 그리고 그 반란의 와중에 쓰러진 여왕은 정월 초여드렛날 반월성에서 숨을 거두고 말았다.

관인명민의 리더십

선덕여왕은 능력 있는 신하를 거느린 행운의 군주였다. 그녀는 훌륭한 인재를 적재적소에 배치하여 국정을 비교적 원활히 수행했다. 능력 있는 대신들을 믿고 중용하여 통치상의 부담과 여성 왕에 대한 시비를 비껴갔다. 즉위 초에는 을제(乙祭)라는 대신에게 국정을 맡겼고, 자신의 당숙이자 제부(弟夫)인 용춘에게 자문을 구하며 국정을 안정적으로 운영해 나갔다. 여기에 김춘추나 김유신 등을 등용하여 외교와 군사상의 문제를 풀어갔다.

왕이 대외·군사적인 면에서 수세에 몰렸던 것은 사실이다. 그러나 그것은 왕이 여성이기 때문은 아니었다. 옛 영토에 대한 욕심을 버리지 않은 고구려와, 국력을 꾸준히 기르며 성왕의 복수를 별러온 백제가 호시탐탐 기회를 노리고 있는 한, 누구라도 그들의 침략을 쉽게 막아낼 수 없었다. 이 문제를 두고 여성 왕에 대한 시비가 은연중에 살아 움직인 것은 사실이지만, 왕이 여자이기 때문에 이런 국제정세가 펼쳐졌다고는 볼 수 없다.

오히려 여성이기에 보여줄 수 있는 리더십의 양상이 있었다. 《삼국사기》 선덕왕 본기는 그녀를 "관인명민(寬仁明敏)하다"고 평하고 있다. 이런 평가는 《삼국유사》 등의 관련 기록들을 보아도 온당하다고 여겨진다. '너그럽고 인자하고 현명하고 센스 있다'라는 뜻의 '관인명민', 이것이야말로 이 여성 왕의 성품과 리더십을 단적으로 표현하는 말이다.

'너그럽고 인자함'을 남성의 전유물로 생각하는 이도 있을지 모르겠다. 그러나 관인명민은 성공한 여성 리더들에게서 흔히 볼 수 있는 성품이다. 절대적으로 남성들이 국사를 담당한 고대 사회에서 뛰어난 남성 신하들을 너그러움과 인자함으로 대한 여왕의 리더십은 그들에게 좋은 토양이 되어주었다. 신라사를 통해 가장 훌륭한 인재들로 꼽을 수 있는 김춘추(602~661)와 김유신(595~673)이 정치·군사적 실력자로 입지를 확보해간 시기가 바로 이 선덕여왕대이다.

김춘추는 폐위된 진지왕(재위 576~579)의 손자였지만 지혜와 화술, 국제감각까지 갖추어서 당은 물론 일본에도 알려졌다. 그런데 강력한 카리스마를 가진 남성이나 위약한 남성이 왕위에 있었더라면, 이 잠재적인 왕위 위협자를 그냥 놓아두었을 리 없다. 가야계라는 한계를 지닌 김유신도 배제나 견제를 받아 어중간한 인물에 머무르거나 앙앙불락(怏怏不樂, 마음에 차지 않아 즐거워하지 않음)하는 골치 아픈 존재가 되었을지도 모른다.

자애로운 여성 왕의 리더십은 그들을 견제의 대상으로 보지 않고 가까이 받아들임으로써, 문무 양면에서 동아시아의 뛰어난 영웅들로 만들어낼 수 있었다. 승려인 자장법사도 국가의 위기를 감지하고는 불원만리(不遠萬里)하고 당에서 돌아와 여왕의 안위를 염려하며 방책을 강구했다. 이는 여왕이 보여준 '관인(寬仁)'의 리더십이 미친 결과로 보아도 틀리지 않다.

그녀의 너그러움은 《삼국유사》와 《대동운부군옥(大東韻府群玉)》에 나오는, 불귀신 설화에서도 볼 수 있다. 여왕은 자신의 미모를 흠모하다 못해 상사병이 든 지귀(志鬼)라는 역졸의 사정을 전해 듣고 그 마음을 헤아려 영묘사에서 그와 만나주려 했다. 김유신이 김춘추와 관계를 가진 여동생 문희를 불태워 죽이려 했을 때에도, 김춘추를 그녀와 결혼시켜 문희를 죽음의 위기에서 구해주었다.

명민함도 그녀의 리더십에서 빼놓을 수 없는 요소다. 리더의 뛰어난 판단력과 예지, 센스는 부하들을 감복시키고, 거기서 온 신뢰감은 지도력의 힘을 배가시키게 마련이다. 선덕여왕의 지혜와 센스는 《삼국유사》에 전하는 유명한 '선덕왕 지기삼사(知幾三事)'를 통해 잘 알려져 있다. '지기삼사'란 '기미(낌새)를 알아차린 세 가지 일'이라는 뜻이다. 여왕은 당에서 보낸 모란꽃 그림에 벌과 나비가 없는 것을 보고 꽃에 향기가 없다는 것을 알았고, 영묘사 옥문지에 개구리가 울자 백제 군사가 여근곡에 쳐들어온 것을 알았다. 또, 본인이 언제 죽을지 미리 알고 도리천(忉利天)에 묻어달라고 말하기도 했다. 이 세 이야기 역시 설화들이라 그대로 믿을 수는 없지만, 사실성 여부를 넘어 그녀의 신비한 수

경주 남산 불곡 석불좌상

7세기 초에 조성된 불상으로 특이하게 여인의 모습을 하고 있어 선덕여왕을 모델로 만들었다는 주장이 제기되었다.

준의 지혜와 감수성이 상당수 사람들 사이에서 믿어지고 있었던 정황을 보여준다.

뛰어난 미모도 그녀의 리더십을 배가하는 주요한 요소였다. 사람들은 대개 미인을 질투하면서도 미인의 부탁을 곧잘 들어주곤 하는 병통을 지니고 있다. 그녀의 아름다움은 그녀의 미모를 흠모한 끝에 상사병에 걸려 불귀신이 되고 말았다는 지귀 이야기에서 잘 드러난다. 그녀를 모델로 삼아 만들었다고 보이는 경주 남산 불곡 석불좌상을 보아도, 그녀의 아름다움이 얼마나 당시인들을 휘어잡는 매력이 되었을 것인지 짐작할 수 있다.

종교 중심적 사고와 현실 인식 부족

'관인명민'의 긍정적인 자질을 가졌다 해도 그녀의 리더십이 전체적으로 성공적이었는지에 대해서는 회의적이다. 탁월한 능력과 자질을 지녔음에도 속 좁은 남성들이 흠잡아 협조하지 않고 반발하여 어려움을 겪었을 뿐이라고 할 수는 없다. 리더는 자신이 처한 조건과 상황이 아무리 열악할지라도 이를 극복하여 상황을 유리하게 이끌어낼 때 성공적인 리더십을 발휘했다고 말할 수 있기 때문이다. 결과적으로, 그녀는 재위 중에 반란을 맞았고 그 와중에 임종한 만큼, 성공적인 리더였다고만은 볼 수 없다.

그 리더십의 한계는 무엇일까?

우선, 그녀는 지나치리만큼 불교에 치우친 종교 중심적 사고와 행태를 보였다. 자신이 진종(眞種)이라는 성골의식을 지녔고, 부처와 같은 존재이며 죽어서도 다시 도리천에 천자로 태어나겠다는 생각에서 여러 절을 짓고 첨성대를 쌓는 등 종교에 심취했다. 《삼국유사》 선덕왕 지기삼사조에는 "왕이 병이 없었을 때 여러 신하에게 말하였다. '나는 모년 모월 모일에 죽을 것이니, 나를 도리천에 장사지내주오.' 여러 신하가 그곳을 알지 못해 '그곳이 어디입니까?' 하고 여쭈었다. 왕은 '낭산의 남쪽이다'라고 하였다. 그달 그날에 왕이 과연 세상을 떠났으므로 신하들은 왕을 낭산 남쪽에 장사지냈다"라는 기사가 있다. 기사는 선덕여왕이 죽을 날을 미리 알았다는 사실을 강조하여 그녀의 뛰어난 지혜를 칭송하고 있다. 그러나 도리천에 묻어달라는 등 종교에 지나치게 몰입한 언행은 신하들을 적잖이 당황시켰을 것이다. 지도자가 종교에 심취하면, 현실 인식이 투철하지 못할 것도 뻔한 일이다.

종교적이고 현실에 투철하지 못한 지도자에게서 적극적인 비전이 나올 수는 없는 법이다. 따라서 국정은 뚜렷한 방향을 잡지 못하고 외적의 침략에 당황해하며 이를 막기에 급급한 양상을 보였다. 성골의 단절에 의한 자신의 후계 계승문제 등이 당면한 국정문제 중 하나였지만 이렇다 할 대처를 하지 못한 것도 종교세계에 빠져 현실을 직시하지 못한 비전 부재의 상태를 보여준다.

현실 인식 부족과 비전의 부재는 결국 측근 위주의 통치행태를 낳았다. 여왕은 용춘은 물론 김춘추·김유신·알천·자장 등에게 크게 의존하였다. 자신의 등극에 반대하거나 주저하던 많은 귀족을 적극 포용하지 못함으로써 지속적으로 여성이란 점을 꼬투리로 잡히는 한계를 보였다. 이런 점들은 국제문제와 더불어 그녀의 치세기간을 불안정하게 만드는 요인이 되었다.

결국 그녀는 남성 우월주의자들인 반대자들을 포용하거나 나아가 압도하는 강력한 리더십을 구축하지 못했다. 그리하여 감정·종교적으로 그녀를 숭앙하거나 정치이익이나 혈연유대에서 그녀를 추종하는 이들의 지지 속에 가까스로 왕위를 유지했다.

용춘과 김춘추 그리고 김유신

선덕여왕이 여성 왕으로서 권위와 리더십에 한계를 가진 중에도 국정을 원만하게 운영할 수 있었던 데는, 용춘·김춘추 부자와 더불어 김유신의 역할이 컸다.

용춘은 폐위된 진지왕의 아들로서 성골이 아니었기에 왕위에 오를 수 없었는데, 소년 시절에 이미 인망을 얻어 화랑으로 활동했으며, 사람을 잘 다루었고 건축에도 타고난 감각이 있었다. 《삼국유사》의 도화녀 비형랑조에 의하면, 용춘은 귀신을 데리고 노는 신비한 존재이자, 귀신을 부려 신원사 북쪽 개울에 귀교(鬼橋), 곧 귀신다리를 놓은 것으로 전해질 만큼 토목과 건축에 남다른 재주가 있었다. 그리하여 사촌형인 진평왕의 인정을 받아 궁궐의 살림을 맡게 되었고, 진평왕의 둘째 딸인 천명공주와 결혼하여 왕의 부마가 되었다.

장성하여서는 크게 확대된 궁궐의 살림을 총책임지는 내성사신이라는 장관직을 맡았다. 이 직책은 왕의 측근 귀족이 맡는 자리로서 국방장관 격인 세 명의 병부령 중 한 자리를 겸직하는 실세 요직이었다.

드러나지는 않지만, 진평왕이 귀족들의 반대에도 불구하고 선덕여왕을 왕위 계승자로 삼을 수 있었던 데는 용춘의 공로가 지대했을 것이다. 선덕여왕 재위 4년 겨울에는 용춘이 지방을 순시하며 민심을 추스르는 역할을 했는데, 선덕여왕 재위시 그의 정치적 영향력이 막강했음을 보여주는 대목이다.

그는 노년에도 선덕여왕을 충심으로 보좌했는데, 당 태종이 여왕의 재위를 문제 삼아 건축하게 된 황룡사 9층 목탑을 세우는 일에 총책임을 지기도 했다. 그는 이 공사에 신라의 장인(匠人) 200명을 참여시켰고, 이웃 백제에서 아비지(阿非知)라는 뛰어난 장인을 초청하여 탑을 건축하는 데 활용을 했다.

선덕여왕의 조카이자 용춘의 아들인 김춘추도 자연스럽게 부친을 이어 권력의 중추가 되었다. 그는 용모와 화술, 친화력 나아가 담력까지 갖춘 타고난 정치가이자 외교가였다. 국가의 위기를 타개하기 위해 목숨을 걸고 고구려와 당을 오가며 외교전선에서 동분서주하였다.《삼국유사》 태종 춘추공조에 의하면, "그가 고구려를 치기 위해 당나라에 군사를 청하는 사신으로 갔다. 당나라 황제(태종)가 그의 풍채를 보고 칭찬하여 '신성한 사람이다' 하고는 머무르게 하여 자신 곁에 시위(侍衛)로 살게 했으나 굳이 청하여 돌아왔다"고 한다. 처음 대면한 당 태종으로부터 인물됨을 인정받아 '신성한 사람', 곧 '왕이 될 수 있는 사람'이란 의미심장한 평가를 받은 것이다.

《일본서기》 효덕천황 대화 3년조에도 "신라가 고관인 대아찬 김춘추 등을 사신으로 보냈다. (중략) 춘추는 아름다운 용모에 담소를 잘 하였다"라고 하여, 그의 외교적 자질이 드러나 있다. 이런 김춘추를 조카로 둔 여왕은 외교는 물론 내치에서도 그에게 크게 의존하는 형세를 보였다.

김유신은 법흥왕대에 신라에 투항한 금관가야 왕의 후예이다. 그의 조부 김무력은 진흥왕 순수비에 왕의 핵심 신하로 등장하고 있는데, 백

김유신의 묘

경주 소재. 문무왕 13년(674)에 축성되었다. 봉분 주위에 묘를 지키는 호석을 세워 12지신상을 조각하는 등 무덤 양식이 왕릉과 다를 바 없다.

제 성왕의 침략을 막아내고 부하가 성왕을 죽여 대승을 거둔 명장으로서 신라 사회에서 당당한 지위를 점한 바 있다. 그러나 전통 신라 귀족 사회에서 김무력의 집안은 가야계 귀화인으로서 태생적 한계를 가질 수밖에 없었다. 김유신의 부친인 김서현은 바로 이런 한계를 극복하기 위해 극적인 연애사건을 일으켜 진흥왕의 동생인 숙흘종의 딸 만명과 결혼을 했다. 김유신 역시 가야계라는 한계를 극복하기 위해 왕실 측과 연을 맺어야 했다. 그가 공차기 놀이를 하다가 의도적으로 춘추의 옷고름을 밟아 떨어뜨리고는 그것을 여동생 문희에게 달라고 하여 결국 두 남녀를 이어준 사건은 유명하다. 그 결과 문희는 훗날 태종무열왕의 왕비이자 문무왕의 모후가 되었다. 가야계로서 태생적 한계를 지닌 김유신이 성공하는 길은 국왕에게 충성하여 확실한 고위직을 얻고, 그것을 발판으로 삼아 왕실과 혼인관계를 유지하는 길밖에 없었다. 여기에 무인 자질을 타고나 결국 그는 충성스럽고 용맹스런 대장군으로 성장했다.

《삼국사기》 선덕왕 본기 14년 정월조에는 "김유신이 백제를 치고 돌아와 아직 왕을 뵙지 못한 때에, 백제 대군이 또 변경을 침략하게 됨에 왕이 그에게 막도록 했다. 그는 집에 들르지도 못하고 곧 가서 이를 쳐부숴 적 2,000명을 죽였다. 아직 집에 돌아오지 못할 즈음에 또 백제 침략의 급보가 있었다. 왕은 일이 급한 까닭에 유신에게 말하되, '나라의 존망이 공의 한 몸에 달렸으니 수고롭더라도 가서 도모하기를 바란다' 라고 하였다. 유신이 또 집에 들르지 못하고 주야로 병사를 훈련시켜 서쪽으로 행할 때에 자기 집 앞을 지나게 되었다. 집안의 남녀들이 바라보고 눈물을 흘렸으나 그는 돌아보지도 않고 갔다"라고 하여 그의 군사상의 비중과 충성심을 짐작하게 만든다. 특히 '나라의 존망이 공의 한 몸에 달렸으니'라는 선덕여왕의 말에서, 그녀가 군사적인 면에서 유신에게 절대적으로 의지하고 있었음을 알 수 있다.

선덕여왕의 통치가 남긴 것

《삼국사기》 선덕왕 본기를 보면, 통치기간 16년 동안 그녀가 허겁지겁 달려간 듯한 인상을 받을 수 있다. 그러나 실제 그 기간 그녀는 여느 남성 왕 못지않은 국정 운영을 펼쳤다. 외교 면에서도 당과 적극적인 외교를 벌여 장차 나당연합군이 태동하는 외교적 계기를 만들어놓았다.

그녀는 최고 지배층이 되기에 신분적 하자가 있는 김춘추와 김유신을 중용하여 삼국통일의 동량으로 양성했다. 여성 왕이라는 파격은 약간의 약점이 되었다고 볼 수도 있으나 예외적인 이들도 받아들일 수 있는 여지를 주었다고 보이는데, 결국 그녀의 재위는 신라가 통일의 주역으로 성장하는 배경이 되어 한국사의 전개에 의미 있게 작용했다.

무엇보다 그녀의 재위는 새 시대에 등장할 여성 리더들에게 역사적 실험으로 큰 의의를 가진다고 볼 수 있으며, 이 변화를 지켜보게 될 남성들의 시각을 보다 너그럽게 확장시킬 역사 속 사례라는 점에서도 중요한 의미를 갖는다.

● 첨성대

《삼국유사》에는 선덕여왕대에 돌을 다듬어 첨성대를 만들었다는 기록이 있다. 첨성대의 돌은 모두 31단인데, 기초석 2단과 몸통부 27단, 맨 위 정자석 2단이다. 종래에는 이 첨성대가 천문관측대로서 당시의 천문지식이나 관념을 반영한다고 보았다. 기초석을 제외하고 정자석 2단을 1단으로 보면, 몸통부 27단과 합쳐 28단이라고 볼 수 있어 동양의 전통적 별자리 수 28수(宿)를 상징한다고 보는 의견이다.

그러나 몸통부는 그대로 단을 세고 정자석은 2단을 1단으로 본다든지, 기초석 2단을 제외하고 셈하는 방법은 석연치 않다. 첨성대의 돌단 수는 28수와 관련이 없는 것이다. 첨성대는 당시 신라 왕궁에 세워진 데다가 그 건축에 선덕여왕의 명이 있었던 것이기에 여왕이 재위한 7세기 전반 신라인들의 세계관이나 신앙을 반영했을 가능성이 있다. 특히 왕정시대이니만큼 여왕의 세계관이나 소망을 반영했을 가능성이 크다.

선덕여왕은 여성이라는 이유로 등극과정에서 반란을 겪었고, 재위 중에도 시비가 끊이지 않았다. 그러다가 마침내는 여왕이라서 정치를 잘 못한다는 이유로 상대등 비담이 반란을 일으켜 저항하는 중에 타계하였다. 이로 미루어 불교의 윤회전생사상을 믿었을 그녀가 남자로 태어나기를 희망했을 가능성이 크다고 볼 수 있는데, 이 점과 첨성대의 돌단 수가 상관성이 있을 수 있다.

당시 선덕여왕은 부왕인 진평왕에 이어 불교에서 신앙하는 도리천(33천)의 하느님인 제석(帝釋)을 깊이 받들었다. 그런데 불교설화에는 여성의 몸으로 신앙을 돈독히 하여 도리천에 제석의 아들로 다시 태어난 이들의 이야기가 적지 않다. 여왕 역시 이를 알고 도리천 제석의 아들로 태어나기를

경주 첨성대

현재 전하는 동양 최고의 천문관측대로, 선덕여왕의 도리천 사상을 우물 모양으로 형상화한 것이다.

염원했을 것이다. 《삼국유사》 선덕왕 지기삼사조에 자신의 타계 후에 도리천에 묻어달라고 유언한 사실을 보면, 그녀의 소망을 잘 알 수 있다.

첨성대의 생김새를 관찰하다 보면, 우물 모양인 걸 알 수 있다. 우물은 신라의 초대 왕 박혁거세와 그 왕비 알영이 나온 곳으로, 신라인들의 관념상 지하세계와 지상세계 두 세계를 연결하는 통로이다. 따라서 여왕은 우물을 지상으로 올려 이 땅과 저 하늘을 연결하려고 한 것이다.

그런데 첨성대는 31단으로, 그녀의 33천 신앙과는 맞지 않는 듯도 하다. 그러나 자연과 인간을 하나로 보는 고대인의 천진한 시각으로 보면 이 괴리도 풀린다. 기초석 2단+몸통부 27단+정자석 2단 = 31단 외에 정자석 위에 있는 하늘 1단, 그리고 기초석을 받치고 있는 땅 1단을 더해보면 모두 33층으로 33천의 세계가 완성되는 것이다. 첨성대는 천문을 살펴보는 관측대이지만, 거기에는 선덕여왕의 33천 신앙과 하늘과 연결되려는 소망이 담겨 있다. 첨성대는 하늘을 향한 인간의 욕구에서 나온 우주우물로서 고대 수메르인들의 지구라트와 같은 것이다.

백제의

의자왕 부여의자

망국을 재촉한 성취욕과 자만심

어버이 섬기기를 효도로써 하고 형제 간에
우애가 있어 해동의 증자라고 일컬어졌다.

《삼국사기》 권28 백제 의자왕 본기

의자왕(義慈王) 부여의자(夫餘義慈)

생몰 ?~660년(?), 재위 641년~660년

642년(재위 2년) 신라 40여 성 장악

645년(재위 5년) 당의 고구려 공격을 틈타 신라의 서쪽 7성 장악

656년(재위 16년) 좌평 성충(成忠) 옥사, 임종시 신라와 당의 침략 가능성 제기하며 대비 당부

657년(재위 17년) 왕의 서자 41인에게 좌평직 주고 식읍 내림

660년(재위 20년) 나당연합군 백제 공격, 백제 멸망

황산벌에 선 계백 장군, 그는 이미 죽이고 온 자신의 자녀들을 떠올리며 붙잡혀온 신라의 용감한 화랑 관창을 살려 보내곤 했다. 그러나 사비성은 함락되고 백마강가 바위 위에는 궁녀들이 몰려 꽃잎처럼 떨어졌다. 부흥군의 외침이 울렸지만, 짓밟힌 백제가 다시 꽃을 피울 수는 없었다.

허무한 백제 멸망사와 함께 우리는 또 한 사람을 떠올리게 된다. 우리의 생각과는 관계없이 '의롭고 인자한 왕'이라는 뜻의 의자왕(義慈王)이 바로 그 사람이다.

의자왕의 부왕인 무왕은 신라의 서쪽 영토를 공격·점령하고 중국의 통일왕조 수(隋)나라와 고구려 사이에서 중립외교를 펼쳐 국력을 크게 신장시켰다. 또한 사비성을 중수하고 미륵사를 창건하는 등 강력해진 왕권을 과시하기도 했다. 의자왕에게는 부왕이 지향한 왕권 전제화의 욕구를 어느 선에서 조절할 것인지, 무엇보다 당과 고구려를 주축으로 전개되고 있는 두 세력 간의 대결에서 어떤 외교정책을 취할 것인지가 과제였다.

훌륭한 제왕의 자질

홍미로운 서동설화의 주인공이기도 한 의자왕의 아버지 무왕(武王, 재위 600~641)은, 41년간 재위하면서 대내외정책의 성공을 배경으로 귀족들을 제압하여 불안했던 백제 왕권을 안정시켰다. 안정된 국력을 바탕으로 630년에는 왕궁인 사비궁을 중수했으며, 634년 왕궁 남쪽에 인공호수와 함께 그 안에 섬을 조성했는데, 신선이 산다는 방장선산(方丈仙山)을 방불케 했다고 한다. 그리고 같은 해에 과거 법왕(재위 599~600)이 공사에 착수한 이래 완공을 보지 못한 왕흥사를 30여 년 만에 마무리지었다. 권력을 둘러싼 귀족 내부의 분쟁이 근본적으로 해결된 것은 아니었지만, 강력해진 왕권에 가려 갈등이 표면화되지는 않았다. 대왕포(大王浦)에서 왕과 신하들이 어우러져 즐겼다는 기사가 전해지는데, 이것은 왕권을 중심으로 태평한 시절을 보내던 백제 지배층의 당시 상황을 보여준다.

무왕은 강화된 왕권에 힘입어 재위 후반기에 익산지역에 별도(別都)를 경영하고, 나아가 천도할 계획까지 세웠다. 그리하여 그 지역에 왕궁평성(王宮坪城)과 제석사(帝釋寺)를 창건했으며, 동방 최대 규모의 절 미륵사를 지었다. 천도는 끝내 성사되지 못했지만, 무왕 때 크게 회복된 백제의 왕권과 국력은 아들인 의자왕이 즉위 초반 간단한 정치적 정리작업만으로 전제왕권을 재구축할 수 있는 기반이 되었다.

무왕은 재위 말년(640)에 당나라의 국학에 인재들을 보내 유학(儒學)을 공부하게 할 만큼, 유학적 정치철학에 근거하여 국가를 운영하고자 했다. 귀족들의 득세나 도전을 막기 위해서라도, 충효이념을 바탕으로 한 가부장적 전제왕권을 수립하여야 했던 것이다.

이런 그가 왕자들에게 유교 교육을 시키려 했을 것은 당연하다. 의자왕이 태자 자리에 있을 당시 '해동의 증자(曾子)'로 불렸다는 사실이 이런 정황을 보여준다. 증자는 공자의 제자로서《효경(孝經)》의 저자로 알려질 만큼 효사상과 관련이 깊은 인물이다. 효사상은 가부장제를 뒷받침하는 이념이기도 한데, 효사상이 지지하는 가부장제가 국가적으로 확대되면 자연스레 왕권의 전제화를 뒷받침할 것이기 때문이다. 무왕의 아들인 의자왕이 증자로 불렸다는 것은 무왕이 효사상을 통해 왕권의 전제화를 희망했고, 그런 방향으로 자녀를 훈육하려 했음을 보여준다. 그런 가운데 성장한 의자왕이 전제적 성향의 정치관을 갖게 되었을 것은 짐작하기 어렵지 않다.

의자왕은 효와 우애를 다한 반듯한 사람으로 평가받았다. 그는 왕자의 이름을 '효(孝)'라고 지을 만큼 효사상에 투철한 면을 보였다. 아울러《삼국사기》의자왕 본기에는, "크게 용감하고 담력과 결단력이 있었다"고 하여, 의자왕이 영웅적인 기상을 가졌음을 전해주고 있다. 이렇게 효사상에 투철한 데다 용감하고, 담력과 결단력까지 갖추었으니, 의자왕은 고대의 제왕으로서 일단 성공할 만한 자질을 갖추었다고 볼 수 있다.

성급한 성취욕과 자만

그런데 효나 용기, 담력이나 결단력 등은 이성보다는 감성에 가깝다. 대결할 대상이 한 나라에 한정되어 있다면, 이런 성품과 자질을 가진 이가 성공적인 국왕이 될 가능성이 높다. 그러나 국내 정치세력 간 갈등의 골이 깊거나 풀기 어려운 국제적인 문제들이 있는 경우라면, 그와는 반대의 결과가 올 가능성도 적지 않다.

적어도 40대에 들어서 왕위에 오른 의자왕은, 오랜 기다림 끝에 왕위에 올라서인지 아니면 충분한 준비가 되어 있어서인지, 즉위하자마자 적극적으로 정치·군사적 이니셔티브를 취했다. 왕위에 오른 다음 해, 종래 무왕의 주위에서 권력을 크게 행사해온 왕실 및 귀족세력을 축출하여 왕권의 장애요소를 제거했다. 《일본서기》에 의하면, 재위 2년(642)에 조카인 교기(翹岐)를 비롯하여 질녀 4인과 내좌평(內佐平) 기미(岐味) 등 고위급 인사들 40여 명을 섬으로 추방했다. 그 결과 귀족세력에 대한 왕의 통제력이 보다 강화되었다.

이같이 권력체제를 정비한 그는, 같은 해에 무왕 이래 잘 훈련된 군사들을 친히 이끌고 신라를 공격했다. 이때의 공격에서 백제군은 신라 서부 옛 가야의 성 40여 곳을 빼앗는 대승을 거두었다. 40여 개의 성은 실로 옛 가야의 많은 부분에 해당하는 넓은 영토였다. 그리고 한 달 뒤에는 장군 윤충(允忠)에게 1만의 군사를 주어 대야성을 공격하게 하였다. 대야성은 신라의 요충지로서 당시 신라의 실세인 김춘추의 사위 김품석이 성주로 있었다. 윤충이 지휘한 백제군은 이 공격에서 큰 승리를 거두었다.

그런데 백제군이 김품석 내외 등 신라군의 항복을 받고도 성민들을 죽이자 김품석 내외가 자결하고 마는 일이 벌어졌다. 백제가 숨 쉴 틈 없이 공격해오는 가운데 속수무책 패배를 당하다가 김품석 내외마저 처참하게 죽자, 신라는 국가존립의 위기를 느끼고 김춘추를 고구려로 보내 구원 요청을 하게 된다.

재위 초 권력 재편의 성공과 부왕 이래 다져온 국력을 바탕으로 일거에 대승을 거둔 의자왕의 기쁨은 이루 다 말할 수 없었다. 과거에 진흥왕과 동맹을 맺고 한강 유역을 차지했다가 신라의 배신으로 오히려 죽임을 당한 성왕(聖王)의 원한을 갚아야 한다는 숙원을 가진 백제로서는, 통쾌한 복수전에 성공한 것이나 다름없었다. 즉위 초 그의 이런 연속된 대승은 백성들을 일체화시켰고, 그에 따라 왕권은 더욱 강력해질 수 있었다.

승리에 더욱 자신감을 얻은 의자왕은 서해안에 자리한 신라의 국제항인 당항성(党項城, 경기 남양)까지 빼앗아 신라와 당의 교류를 차단하려 했다. 그리하여 연개소문이 새로운 실권자로 등장한 고구려와 화친을 맺고 당항성을 노렸다. 이 사실을 알아차린 신라는 곧 당에 사신을 보내 알렸는데, 당의 개입을 꺼린 의자왕은 작전을 중단하게 된다. 이처럼 국제관계를 과소평가하며 상대국 신라를 봉쇄하려는 극단적인 작전을 즉위 초부터 추진한 데서 그의 조급한 성취욕을 읽을 수 있다.

의자왕 재위 초 신속한 권력체제 정비와 신라에 대한 맹공은, 권력전환기의 이점을 잘 이용한 통찰력과 결단력이 돋보이는 대목이다. 그러나 부왕 이래 왕권의 전제화가 강화되고 있는 중에다 즉위 초에 큰 성공을 거둠으로써 백제 왕권의 전제화는 너무 앞서 나간 감이 없지 않다. 이것이 오히려 원활한 국정 운영에 부정적인 영향을 미치기 시작한 것이다.

용감하고 담력 있고 결단력 있는 의자왕으로서는 초반의 강력한 시책들이 성공하게 될 때 자연스럽게 자만에 빠져 전제적인 국정 운영으로 달려갈 소지가 컸다. 왕권의 강화가 국정 운영에 반드시 나쁠 까닭은 없지만, 그것이 지나치다 보면 왕의 자의성과 측근들의 도를 넘는 충성경쟁 때문에라도 합리적이고 신중한 신하들의 국정 참여를 막을 것이 자명하다.

백제는 고구려의 남진에 따른 공주 및 부여로의 천도 이후, 8대성(大姓) 등 귀족들이 국가 권력구조상 중요한 변수로 자리하고 있었다. 왕권이 크게 회복된 7세기에도 이런 상황이 근본적으로 바뀌지는 않았다. 그런데 이런 와중에 펼쳐진 의자왕의 전제적 통치 경향은 적잖은 힘을 가지고 있는 귀족들의 국가 운영에 대한 참여 여지를 줄여갔다. 재위 후반기에 이르면 충신들까지도 왕의 가족이나 간신이라는 인적 장벽에 가로막혀 왕과의 연결통로가 차단되는 지경에 이른다.

재위 후반기로 갈수록 누구도 제지할 수 없는 왕권이 행사되면서 왕은 향락의 늪에 빠져들었다. 재위 15년(655)에 태자궁을 극히 화려하게 수리하고 왕궁의 남쪽에 망해정을 세웠다. 당시 의자왕은 궁인들과 더불어 주색에 빠져 연일 음주연회를 베풀었다고 한다. 그리하여《일본서기》에 보이는 대로, 후궁의 하나였을 군대부인(君大夫人)에게 국정을 농락당하기에 이르렀다.

왕권 전제화의 폐해가 두드러지면서, 전통적으로 지방에 근거지를 두고 왕권에 대한 견제력을 발휘해온 귀족세력, 그중에서도 국가의 운명을 크게 염려해온 충성스런 좌평(佐平) 성충(成忠)이 이 문제를 짚고 나섰다. 옥중에서도 보인 변함없는 충성심과 '충성을 이룬다'는 뜻의 이름으로 보아, 성충은 무왕대 혹은 그 이전부터 유교적 소양을 길러온 귀족가문 출신으로 보인다. 따라서 왕이나 성충은 다같이 국왕권의 전제화를 지향하는 입장에 있었을 법하다.

그러나 의자왕이 추구한 왕권의 전제화가 사적인 방종으로 흐르자,

국가의 안정과 발전을 위한 엄정한 공기로서의 왕권을 바란 성충으로서는 왕과의 충돌이 불가피했다. 《삼국사기》 의자왕 본기에 의하면, 좌평 성충이 이 일을 크게 간하였으나 결국 옥에 갇혀 굶어죽고 말았다(656)고 한다. 목숨을 내놓고 간한 신하의 진심을 왕이 끝내 받아들이지 않고 오히려 옥에 가두어 굶겨 죽였을 때 이미 백제 조정 내 정상적 군신관계는 끝난 것이나 다름없었다. 같은 책은 또 성충을 옥에 가두자 "이 일로 인하여 감히 왕에게 바른 말 하는 자가 없었다"고 하는데, 이는 언로가 막힌 정황을 전해준다.

이 일이 있은 다음 해(657) 의자왕은 41명의 왕자에게 좌평의 벼슬을 내리고 식읍(食邑)을 주었는데, 자국의 운명은 뒷전에 둔 채 가족잔치만 벌이는 꼴이었다.

멸망을 재촉한 근시안적 국제감각

행적과 시책으로 볼 때, 의자왕은 상당한 자제력을 가진 데다가 결단력과 추진력까지 갖춘 인물이었으나, 넓은 시야나 장래에 대한 비전이 없는 '근시안적 사고'에 빠져 있었음을 알 수 있다. 더구나 재위 초반에 성공이 쌓이면서 자만에 빠져 점점 주위 사람들과의 교감을 잃어갔으며, 국제관계에서도 폭넓은 인식을 갖지 못한 채 결국 망국(亡國)을 맞이했다.

내치에서의 자만과 아집, 독재는 대외적으로 안목과 전망이 부재한 근시안적 외교를 낳았다. 즉위 초 의자왕은 고구려에서 막 쿠데타에 성공한 연개소문과 화친을 맺고 신라에 대한 공세를 늦추지 않았는데, 이후에도 당 태종의 공격을 물리친 고구려의 힘을 과대평가하고 당과의 외교관계를 소홀히 했으며, 결국 고구려를 중심으로 일본과의 우호관계를 덧붙이는 데 그쳤다. 이는 부친인 무왕이 보인 중립외교에도 미치지 못하는 것이다.

그가 이렇게 고구려와의 우호관계를 중시한 것은 신라 공격 성공이 그의 국내 지위를 절대화해주었기 때문이다. 그는 백제 멸망 1년 전인 재위 19년(659)에도 신라의 두 성을 공격했는데, 그에 앞선 재위 15년(655)에는 고구려와 함께 공동작전을 펴서 신라의 30여 개 성을 쳐부수는 대승을 거두었다. 신라를 공격하여 승리를 거두는 데 고구려의 협력이 큰 도움이 된 만큼, 당장의 현실이익에 취해 멀리 있는 큰 정치세력인 당의 동태에 무감각해진 것이다.

삼국 간 힘의 관계는 각국의 국력만으로 결정되는 일이 아니었다. 삼국 상호간의 외교관계는 물론, 중국이나 일본과의 관계도 중요한 변수였다. 당시에는 중국의 통일왕조인 당의 국력이 막강했는데, 의자왕은 고구려의 국력을 지나치게 높이 평가한 데다가 눈앞의 이익에 사로잡혀 신라를 멸망의 입구까지 몰아붙였고, 결국 신라로 하여금 당을 끌어들이게 하는 결과를 가져왔던 것이다. 의자왕 즉위 초에 백제의 맹공에 시달리다가 고구려와 당으로 원병을 청하러 갔던 신라의 김춘추가 이제 신라의 국왕으로서, 30여 개의 성을 고구려와 백제군에 빼앗긴 655년, 당에 사신을 보내 고구려와 백제의 침략을 규탄하면서 원군의 파병을 재촉하게 된다.

《삼국사기》 의자왕 본기 16년조에는 왕에게 극간하다 옥에 갇힌 좌평 성충이 죽음에 임해 왕에게 올린 상소가 있다.

부여 백마강가 낙화암
백제의 멸망과 함께 떨어지는 꽃잎처럼 죽음을 택한 3천 궁녀의 전설이 서려 있다.

> 신이 항상 세상이 돌아가는 것을 살펴왔는데, 반드시 전쟁이 있을 것입니다. 무릇 용병(用兵)은 반드시 그 지리를 살펴 택할 것이니 상류에 처해 적을 길게 늘어뜨려 놓은 연후에야 보전할 수 있습니다. 만일 타국의 군대가 쳐들어오면, 육로에서는 침현(沈峴)을 넘지 못하게 하고 수군은 기벌포(伎伐浦) 연안에 들어오지 못하게 하소서. 이런 험한 곳에 의거하여 적을 막아야 방어가 가능합니다.

이처럼 백제의 일부 지성들은 멸망이 오기 수년 전에 이미 자국의 운명과 나·당의 연결 가능성 등 국제정세를 읽고 있었다. 그러나 의자왕의 근시안적이고 닫힌 지도력으로는 그것을 알 수 없었고 나아가 듣고도 깨닫지 못한 것이다.

백제 멸망과 관련하여 의자왕에게 책임을 엄정하게 묻는 데 비판적인 견해를 가질 수도 있다. 당시 국제정세의 변동에서 당나라가 고구려를 향해 쏜 유탄을 맞고 백제가 망했다고 볼 수도 있고, 국가구조의 노후화나 국론과 국력의 분열이 백제 멸망의 원인이라고 보기도 할 것이다. 그러나 의자왕이 신라에 취한 지나친 공격정책과 고구려 중심의 외교정책은, 전제군주인 그가 판단하고 결심하는 데에 따라 완급과 정도를 조절할 수 있는 부분이었다. 더구나 귀족들의 분열에 대해서도 리더인 그의 책임이 가장 큰 것을 부인할 수 없다.

660년 나당연합군이 몰려오고 있는 와중에도, 의자왕은 방어할 바를 몰라 우왕좌왕했다. 그러다가 귀양 중에 있던 전(前) 좌평 흥수(興首)에게 방어책을 물었는데, 흥수는 과거에 성충이 말한 방법을 다시 올렸다. 그러나 반대파들이 흥수가 원망하는 마음으로 그런 방법을 건의하는 것이라고 하자, 결국 이를 포기하고 접전 끝에 패전을 맞았다. 이 마지막 장면에서도 그의 판단력과 리더십이 마비되고 중심을 상실한 상황을 확인할 수 있다.

작은 성공에 취해 국제정세의 큰 변화를 깨닫지 못한 채 700년 역사의 종말을 재촉한 의자왕의 실패에서, 역사의 대세 속에서도 각 사회와 시대를 이끄는 지도자의 리더십이 갖는 중요성이 얼마나 큰지를 알 수 있다.

● 서동설화

《삼국유사》에는 의자왕의 부친인 무왕에 관한 설화가 전한다. 내용은 다음과 같다.

> 제30대 무왕의 이름은 장(璋)이다. 어머니는 과부로 수도의 남쪽 연못가에 집을 짓고 살았는데, 못에 사는 용과 관계하여 그를 낳았다. 어려서 이름은 서동(薯童, 마동)인데 사람의 그릇이 커서 헤아리기 어려웠다. 늘 마를 캐서 팔아 생활하였으므로 사람들이 그를 (서동이라) 일컬었다. 서동은 신라 진평왕의 셋째 딸 선화공주가 견줄 이 없는 미인이라는 소문을 듣고, 머리를 깎고 신라의 서울로 들어갔다. 동리 아이들에게 마를 주어 먹이니, 아이들이 친해져 따랐다. 이에 그는 동요를 지어 아이들을 꾀어 부르게 하였는데, 그 노래는 이렇다.
>
> '선화공주님은, 남몰래 사귀어 두고, 서동의 방을 밤에 뭘 안고 간다.'
>
> 동요가 서울에 퍼져 대궐까지 이르니, 백관들이 임금에게 극력 간하여 공주를 먼 곳으로 귀양 보내게 하였다. 떠날 때 왕후는 순금 한 말을 노자로 주었다. 공주가 귀양지로 가려는데, 서동이 도중에 나와 절하면서 모시고 가겠다고 하였다. 공주는 비록 그가 어디서 온지는 알지 못하였으나 절로 믿고 좋아하였다. 이로 말미암아 서동을 따라갔으며 서동과 몰래 관계하였다. 그런 후에야 서동의 이름을 알았으며 동요의 효과를 믿게 되었다.
>
> 함께 백제에 이르러 공주가 모후가 준 금을 내어 생계를 꾸리려 하니 서동은 크게 웃으면서 물었다. "이것이 무엇입니까?" 공주는 말하였다. "이것은 황금입니다. 한평생 쓸 수 있는 부가 될 만합니다." 서동은 "나는 어릴 때부터 마를 캐던 곳에 이것을 흙처럼 쌓아두었습니다." 공주는 이 말을

> 듣고 크게 놀라 말하였다. "이것은 천하의 진귀한 보배이니 당신이 지금 그 금이 있는 곳을 알면 그 보물을 부모님의 궁전에 보내는 것이 어떻겠습니까?" 서동은 말하였다. "좋습니다." 이에 금을 모아 언덕처럼 많이 쌓아 놓고 용화산 사자사의 지명법사에게 가서 금을 옮길 계책을 물으니, 법사가 말하였다. "내가 신통한 힘으로 보낼 수 있으니 금을 가져오시오." 공주는 편지를 써서 금과 함께 사자사 앞에 가져다놓으니 법사는 신통한 힘으로 하룻밤 사이에 금을 신라 궁중으로 보냈다. 진평왕은 그 신기한 조화를 기이하게 여겨 더욱 존경해서 늘 편지를 보내어 안부를 물었다. 서동은 이로 말미암아 인심을 얻어 왕위에 올랐다. (후략)

생략된 부분에는 무왕 부부가 용화산 근처를 지나다가 큰 못에 미륵삼존이 나타난 것을 보고 경배한 후 그곳에 미륵사를 짓게 하였다는 이야기가 나온다.

이 설화는 전체적으로 황당하여 사실성이 떨어진다. 특히 진평왕과 무왕 대는 신라와 백제가 매우 적대적인 시기라서 백제 왕이 신라 공주를 아내로 맞을 분위기가 아니었다. 물론 적국과 원수 간에도 정략결혼이 있을 수 있지만, 이 매우 중대한 내용에 대해 《삼국사기》 등 다른 사료에는 전혀 언급이 없어 그 신빙성이 떨어진다. 2009년에 출토된 미륵사지 석탑 사리봉안기에도 미륵사를 세울 때 무왕의 비가 백제의 전통 명문 귀족인 사택적덕(沙宅積德)의 딸이라 명기되어 있다. 서동과 선화공주의 결혼 설화는 기본적으로 온달과 평강공주 이야기와 같은 유형으로, 이는 동아시아에 널리 유포되어 있던 이야기 형식이다. 따라서 서동설화는 신라와의 오랜 전란 속에서 평화를 갈망하던 백제인들이 이러한 이야기 구조를 차용해 두 왕실의 혼인을 통한 평화 실현의 이야기를 지어낸 것일 가능성이 크다.

그런데 이 설화는 적어도 서동이라고 불리기도 했을 법한 무왕이 익산

익산 미륵사터 석탑

의자왕의 부친인 무왕대에 익산 미륵사에 건립한 탑으로, 현존하는 가장 오래된 석탑이다.

근처에 외가를 두었거나 아니면 그 지역의 장관인 담로(擔魯)로 있었던 이유로 그곳과 인연을 맺게 되었을 가능성을 보여준다. 무왕이 익산으로 천도하려고 한 것은 잘 알려진 사실이다. 익산은 대 신라 군사작전에서 매우 중요한 전략적 요지였기에 수도 건설의 중요한 이유가 되었겠지만, 이러한 무왕의 개인적인 연고도 천도 결심을 하는 데 영향을 미쳤을 것이다.

한편, 무왕은 왕위 등극이 순탄치 않았던 듯하다. 용(龍)의 아들임을 강조하는 탄생설화가 필요했던 것으로 보아 그는 부왕인 법왕의 적장자이기보다 비빈의 아들이었을 가능성이 높다. 용은 왕을 상징하기 때문에 모친의 신분이 다소 문제가 있을지라도 그는 분명 용의 아들이므로 백제의 왕위를 계승할 자격이 있음을 말하고 있다.

마지막 부분에 보이는 미륵사 창건설화는 규모가 매우 컸던 미륵사가 무왕에 의해 창건되었음을 전하고 있다.

통일신라의

신문왕 김정명

통합을 위한 통찰력, 결단, 추진력

과인은 식음을 잊고 잠을 줄여 충성된
신하들과 더불어 국가를 편안히 하고자 했다.

《삼국사기》 권8 신라 신문왕 본기

신문왕(神文王) 김정명(金政明)

생몰 ?~692년, 재위 681년~692년

682년(재위 2년) 국학 설립, 감은사 완공

685년(재위 5년) 9주 5소경 완비

686년(재위 6년) 군현 설치 및 정비

687년(재위 7년) 문무관료전제 실시

689년(재위 9년) 녹읍 폐지하고 세조(歲租)를 줌, 달구벌(대구)로 천도 시도

692년(재위 12년) 당 중종이 태종무열왕의 묘호가 당 태종과 중복된다는 이유로 개칭 요구

당의 군대까지 물리쳐 오랜 전쟁에 종지부를 찍은(676) 신라의 문무왕은 전공을 세운 귀족과 관리, 백성들을 포상하고 그들의 욕구를 채워줘야 했으며, 고구려와 백제의 주민들도 마음을 붙이고 살 수 있도록 만들어야 했다. 그러나 그는 곧 타계하였고(681), 새로 왕위에 오른 신문왕이 역사적 유산을 정리하는 한편, 확대된 영토와 주민들을 다스릴 임무를 맡게 되었다.

과거를 극복하는 과정에서는 기성 기득권세력과의 충돌을 피할 수 없는 법이다. 신문왕에게는 피를 동반한 결단이 요청되었다. 삼국 통합을 마무리하고 큰 나라를 능률적으로 운영하기 위해 보다 체계적인 국가체제로 나아가야 했다. 이 역사적 요청을 제대로 실현하지 못한다면, 신라는 귀족과 지방세력에 의해 분열되어 통치 불능의 사태를 맞을 수도 있었다.

새 시대를 위한 과감한 구세력 청산

문무왕의 장자 정명(政明, 신문왕)은 백제 멸망 후 당과의 신경전이 깊어지는 한편, 여전히 고구려 공격을 준비하던 시기에 신라의 태자가 되었다(664). 용춘-무열왕-문무왕으로 이어지는, 총명함과 지도력을 갖춘 조상을 둔 그는 유전적으로도 훌륭한 지도자의 자질을 가졌을 법하다. 거기에 동맹국 당과의 대립과 전쟁은 국제정치에 대한 인식을 높여주었을 것이고, 전시에 비대해진 귀족들의 권력과 경제력, 피폐해진 백성들의 삶은 자연히 귀족들에 대한 경계심을 높여주었을 것이다.

문무왕은 당군을 물리치고 불과 5년여를 살면서 전공포상과 녹봉(祿俸)체계의 정리 등 긴급한 전후 처리를 실행했지만, 전후 복구와 세 나라 통합에 따른 새로운 국가의 틀을 만드는 막중한 임무는 신문왕에게 남겼다.

리더로서 신문왕의 통찰력과 결단력을 보여주는 상황은 문무왕이 죽은 다음 달에 있은 그의 즉위와 동시에 전개되었다. 신문왕은 진복(眞福)을 상대등으로 임명한 직후 자신의 장인이자 통일전쟁의 명장인 김흠돌(金欽突) 등 다수의 귀족들을 반란 모의혐의로 처단했다. 곧이어 병부령인 김군관(金軍官)도 처형했는데, 반란의 낌새를 알고도 이를 알리지 않았다는 것이 이유였다. 이로써 신문왕은 장래의 통치에 부담이 될 수 있는 통일전쟁기의 대공신들을 대부분 숙청한 셈이었다.

이 모반사건을 처리하고 내린 교서의 내용을 보면, 이 일은 신문왕이 새로운 통치를 실현하기 위해 결행한 일임을 알 수 있다. 《삼국사기》 신문왕 본기 원년조에 전하는 교서를 보자.

> 보잘것없는 과인이 왕위를 계승하여 식사도 폐하고 잊으며 신하들과 더불어 국가를 편안케 하고자 하는 바인데, 상중에 난이 수도에서 일어날 줄을 누가 생각하였겠는가. 괴수인 흠돌·흥원·진공 등은 그 벼

> 슬이 재능으로 높아진 것도 아니고 왕의 은혜를 입어 그리된 것이지만, 능히 끝까지 삼가거나 부귀를 보전치 못하고 이에 불인(不仁)과 불의(不義)로써 은혜를 베풀거나 위협하여 복종시키며 관리들을 멸시하고 상하를 속여 삼가지 않는 뜻을 드러내고 포학(暴虐)한 마음을 펼쳐서 흉악한 무리를 불러 받아들이고 (후략)

이 글은 이제 막 왕위에 오른 신문왕이 효율적인 통치를 위해 궁구(窮究)와 고뇌 끝에 전쟁의 공신세력을 청산해야 한다는 결론을 얻고 이를 인사문제 등에 대한 불만을 고리로 처결했음을 보여준다. 김흠돌이 처형된 후 그 딸인 왕비는 죽이지 않고 다만 출궁시켰는데, 왕비에 대한 왕의 애틋한 배려도 있었겠지만, 이는 실제 귀족들의 모반이 적극적인 것이 아니었음을 드러내는 증거라 볼 수 있다.

또한, 이는 신문왕이 공신세력의 득세를 인정하고 그들과 타협하여 안주하는 현상 유지의 손쉬운 통치를 버리고, 삼국 통합의 새로운 대국면을 능동적으로 헤쳐 나갈 유교적 이념에 바탕을 둔 관료제의 강화라는 진취적인 방법을 선택한 데서 나온 조치였다. 앞으로 전개될 역사에 대한 통찰력과 비전이 드러나는 부분이다. 김흠돌 등 진골귀족들의 추종세력이나 군사력이 얼마나 강했는지는 달리 말할 필요가 없을 것인데, 그들과의 공존이 국가와 백성들에게 끼칠 폐해를 깨닫고 일거에 제거한 그의 리더로서의 자질은 긍정적으로 평가받아야 마땅하다.

그의 이러한 통찰력과 결단력을 자의적이며 전제적인 성격으로 이해해서는 안 된다. 《삼국사기》 설총 열전에 의하면, 설총(薛聰)이 할미꽃의 입을 빌려 왕에게 아첨배를 주의할 것을 말하는 화왕계(花王戒)

를 언급하자, "왕은 안색을 바르게 하며 '그대의 우화에 진실로 깊은 의미가 있다. 글로 써서 왕 된 자의 경계로 삼게 하라' 하였다"고 하며, 곧 설총을 발탁하여 높은 벼슬을 주었다고 한다. 신하의 풍자적 고언을 달갑게 받아들일 줄 아는 도량 넓은 포용력이 그의 자질을 뒷받침한 것이다.

왕실의 정통성 확보

신문왕의 통치는 자의적이거나 즉흥적인 게 아니라 체계를 갖추어 제도를 통해 이루어졌다는 데 특징이 있다. 11년간에 걸친 통치를 검토해 보면, 신문왕은 통합된 대국을 운영하기 위한 새로운 제도들을 필요한 시점에 적절한 순서에 따라 마련하고 있다.

그의 개혁조치들은 법흥왕-진흥왕-진평왕-선덕여왕 등이 강조한 불교적 성골의 이데올로기를 지양하는 가운데, 무열왕 이후 채용되어 온 유교적 이념에 바탕을 두고 현실과 조화를 이루며 실현되었다. 그즈음 당과의 교류를 통해 신라의 왕실이나 지식인들의 유학에 대한 이해가 날로 깊어지고 있었는데, 강수(强首)나 설총 등의 한학자들이 배출되고 있는 상황으로 보아 유학을 정치이념으로 적용할 만한 기초가 마련되어 있었다고 보여진다.

신문왕대에 이루어진 개혁의 양과 질은 심대하다. 비교적 짧은 재위기간에 이루어진 대개혁은 밝혀지지 않은 여러 신하들의 아이디어와 노고가 바탕이 되었겠지만, 왕정시대인 당시로서는 최고 리더인 신문왕 자신의 의욕과 유기적인 사고를 전제로 하지 않으면 있을 수 없는 일이다.

신문왕은 모반사건을 처리한 후 곧바로 정신과 정치제도 양면에서 지배체제의 정비와 구축에 나섰다.

정신적인 면에서는 통일과업을 수행하며 신민(臣民)들로부터 높이 추앙받은 부친 문무왕을 위시한 조상들의 권위를 적극 이용하였다. 신문왕이 속한 무열왕계는 무열왕의 조부인 진지왕(재위 576~579)이 폐위된 사실이 있어 왕실로서 정통성에 흠이 있었다. 요행히 선덕과 진덕 두 여왕 이후 성골왕계가 단절되면서 김춘추가 정치적 능력과 김유신의 군사적 후원에 힘입어 왕위에 오를 수 있었다. 게다가 국가 존망의 위기를 책임진 무열왕(김춘추) 이하 문무왕은 통치자로서 책무를 훌륭히 수행하여 국민의 신망을 얻었다. 신문왕은 백제와 고구려를 멸망시키고 당군을 축출한 조·부왕의 엄청난 위업을 이용하여 잠복해 있던 왕실 정통성 문제를 해결하고 왕권을 확고히 했다. 거기에는 문무왕의 외숙이자 국가적 영웅인 명장 김유신에 대한 국민적 신망도 십분 원용되었다.

신문왕은 부친 문무왕이 일본의 침략을 막아내겠다는 의도로 짓기 시작한 절을 재위 2년(682)에 완성하여 감은사(感恩寺)라 칭하고 부왕의 애국과 애민의 노심초사를 선양했다. 문무왕이 말년까지도 이 절을 지어 왜군의 침략을 방비하려 했다는 것만으로도 백성들의 감복을 이끌어내기 충분했을 터이지만, 신문왕은 이 절을 완성함으로써 위대한 부왕의 계승자로서 권위를 더욱 확고히 할 수 있었다.

감은사와 관련된 만파식적(萬波息笛)설화를 통해 우리는 감은사 건축이 애국애민과 효의 부·자왕 상을 만들어 국가적 공감 속에 신문왕의 왕권 강화를 크게 도와주었음을 알 수 있다. 《삼국유사》 만파식적조에 의하면, 이 '모든 풍파를 잔잔하게 할 수 있는 피리'인 만파식적은

경주 감은사터 석탑

문무왕이 건립을 시작하여 아들인 신문왕이 완성한 감은사터에 남은 동탑과 서탑으로 예술성을 높이 평가받고 있다.

감은사 앞 동해에 있는 용이 동해에 떠다니는 신비한 섬에서 잘라다 바친 대나무로 만든 것으로, 왕실의 보물이 되었다. 신문왕에게 대나무를 바친 용은 동해의 대용이 되신 문무왕과 도리천(33천) 천자의 하나인 김유신이 보내서 왔다고 한다. 두 통일 영웅의 후광을 빌려 신문왕은 호국의 용들이 후원하는 '모든 파란을 잔잔케 할 수 있는' 권위 있고 능력 있는 왕임을 주장하여 인정받았던 것이다.

한편, 신문왕은 유교적 이념을 정치적으로 수용하면서도 국가적으로 널리 신앙된 불교를 적극 후원했다. 그리하여 불교계는 물론 백성들의 신앙적인 공감과 지원을 얻어냈다. 감은사를 지어 부왕 숭배운동을 전개한 것은 물론, 재위 5년(685)에는 봉성사와 망덕사를 준공하여 불교에 대한 후원도 돈독히 하였다.

왕실의 권위가 확고해지면서 마침내 왕실 직계 조상들에 대한 국가적 제사체계가 마련되기에 이르렀다. 재위 7년(687)에 조상인 태조대왕(太祖大王), 진지대왕(眞智大王), 문흥대왕(文興大王, 용춘), 태종대왕(太宗大王), 문무대왕(文武大王)의 신령에게 제사를 지냄으로써 태종무열왕계 신라 중대 왕실의 정통성을 수립하는 5묘제(廟制)를 확립했다. 이는 중국의 제후국이 설치한 5묘제를 적용한 것이기도 한데, 무열왕계의 깊은 상처와도 같은 존재인 폐위된 진지왕까지도 훌륭한 후손을 낳아 통일의 대업을 달성케 한 왕으로 숭앙함으로써 왕실의 정통성을 정립했다.

체계적인 제도 정비

이를 통해 정신적인 면에서 왕실의 권위를 확고히 한 신문왕은, 삼국통일에 의해 야기된 국가행정업무 증대에 맞춰 행정·군사, 나아가 정치적인 면에서의 제도들도 마련해 나갔다.

우선 관료제적 행정을 효과적으로 펼치기 위한 정책들을 유기적으로 실시했다. 재위 2년(682) 4월에 관리의 인사를 담당하는 위화부(位和府)의 장관급인 금하신(衿荷臣) 2명을 두었다. 이어 같은 해 6월에 정치 이데올로기로서의 기능이 크게 강화된 유학(儒學)적 소양을 체계적으로 가르쳐 관리를 양성하기 위한 국립대학인 국학(國學)을 설립하고 그 책임자로 경(卿) 1인을 두었다. 또한 공장부감(工匠府監)과 채전감(彩典監) 각각 1인을 두었다. 재위 5년(685)에는 중요한 각 관부에 실질적인 행정실무를 담당하는 사지(舍知)의 직급을 설치함으로써, 문무왕대에 설치된 말단 행정 담당자인 사(史)와 아울러 영(令)·경(卿)·대사(大舍)·사지(舍知)·사(史)의 5단계 직급체계를 완성하여 국가행정을 체계화했다. 재위 6년(686)에도 예작부경(例作府卿) 2인을 두었고, 7년(687)에 음성서장(音聲署長)을 경(卿)으로 올렸다. 특히 재위 7년(687) 5월에는 문무관료들에게 관료전(官僚田)을 지급하여 관료의 경제적 기반을 확립해줌으로써 관료제를 원활히 운영할 수 있는 경제적 기초를 마련했다. 재위 8년(688)에는 선부경(船府卿) 1인을 더 두어 늘어난 업무를 효율적으로 처리할 수 있도록 조치했다.

이렇듯 국왕의 중앙집권적 통치 실현이라는 비전에 의해 설치된 많은 관리들은 행정을 원활하게 처리했을 뿐만 아니라, 전통귀족을 대신하여 왕의 명에 따라 일사분란하게 움직이며 국가 운영과 신문왕 개혁의 수족 역할을 다했다.

왕권을 뒷받침하기 위한 군사조직의 개편도 단행했다. 즉위 원년 김흠돌 등의 역모를 처결한 직후 국왕의 경호업무를 담당하는 시위부(侍衛府)를 강화하여 그 책임자로 6명의 장군을 두었다. 한편, 진평왕 때 서당(誓幢)이란 중앙 군대가 설치된 이후 꾸준히 증치(增置)되어왔는데, 신문왕은 집중적으로 이 부대를 증설했다. 특히 신라인 위주의 편성을 지양하여 고구려인과 백제인, 나아가 말갈인과 보덕국(報德國)인에 이르는 피통합민들까지 편성 대상으로 삼았다. 이를 통해 피통합민들을 같은 백성으로 인식하고 있음을 드러내며 그들의 충성을 받아내고자 했다. 이제 9개로 늘어난 서당이란 중앙 군대는 왕권을 수호하는 강력한 군사기반이 되었다.

국왕을 정점으로 한 일원적 지배를 강화하기 위해서는 무엇보다 왕권에 대한 잠재적 도전세력을 약화시킬 필요가 있었다. 이에 신문왕은 고구려 유민들로 구성된 신라 영역 내 별도의 국가인 보덕국을 해체·흡수하는 정책을 실시했다. 재위 3년(683) 10월에 보덕국왕 안승을 경주로 불러들여 그에게 김씨 성(姓)을 내리고 소판(蘇判)의 관등을 주어 수도에 머물러 살도록 집과 토지를 내려주었다. 당과의 전쟁이 끝나 외교적 명분용으로 존속시켜온 보덕국이 별다른 소용이 없게 되자 독자성을 인정할 필요가 없어졌기 때문이다. 그러자 다음 해(684) 11월에 금마저에 살고 있던 보덕국인들이 반란을 일으켰다. 그들의 강렬한 저항 속에 한때 신라군이 고전했으나, 결국 평정하여 주민들을 남부지방으로 이주시키고 그곳을 금마군으로 삼았다.

신문왕은 귀족세력들을 억압하기 위한 정책도 실시했다. 즉위년의 공신 제거 이후 재위 9년(689)에 이르러 귀족들이 받아온 경제적 특권인 녹읍(祿邑)을 폐지했다. 녹읍이란 귀족들에게 일정 행정구역 내 세금을 거둘 수 있는 권리, 즉 수취권(收取權)을 준 것으로, 그간 귀족들에게는 엄청난 경제적 이익이 되어왔다. 그러던 녹읍을 관료제 강화와 관료전 지급 후에 폐지한 것이다. 물론 녹읍에서 받을 수 있었던 조세의 양만큼 세조(歲租, 연봉)로 지급함으로써, 극단적인 반발을 방지하면서도 백성들에 대한 귀족들의 지배력을 빼앗는 효과를 거두었다. 녹읍은 그간 귀족들의 경제·군사적 기반이 되어 잠재적으로 왕권에 대한 도전적 요소로 작용할 가능성이 있었다.

국토에 대한 일원적이고 관료제적인 지배는 전 국토를 9주 5소경으로 편성함으로써 전국적인 지배체계를 갖추게 되었다. 먼저 신문왕 5년

(685)에 9주제를 완성하였다. 9주제는 전국을 9개의 주(州)로 나누어 다스리고자 한 것인데, 옛 신라와 고구려, 백제지역에 각각 3개씩 주를 설치하여 삼국 통합의 의미를 드러냈다. 이 해에는 서원소경과 남원소경을 두어 5소경제 또한 완비했다. 수도 경주가 한반도의 동남부에 치우쳐 있어 확대된 영토를 원활히 통치하는 데 어려움이 있었기에 전국의 주요 거점에 5개의 소경(小京)을 두어 정치와 문화의 지방거점으로 삼아 전 국토에 대한 지배를 효율적으로 한 것이다.

신문왕의 전 국토에 대한 효율적인 지배 의도는 결국 재위 9년(689) 달구벌(대구) 천도 시도에까지 이르렀다. 그러나 이는 경주에 터전을 둔 귀족들의 불만 내지 미온적인 대응, 무엇보다 의욕을 가진 왕이 3년 후에 타계하고 말아 실현되지 못하였다.

국내 지지기반이 확고해짐으로써 신문왕은 당의 외교적 압력조차 막아낼 수 있었다. 재위 말년인 재위 12년(692)에 당으로부터 무열왕의 묘호(廟號)인 태종(太宗)이 당의 태종과 중복되니 바꾸어야 한다는 항의가 있었으나, 무열왕의 업적에 따른 불가피한 것임을 논해 이를 해결했다.

중세적 지배체제의 원형 제시

신문왕의 통치는 질과 양 양면에서 뛰어났다. 그는 리더로서 시대가 요구하는 일을 제대로 파악하는 통찰력과, 이를 적합한 시점에 과감하게 실행하는 추진력을 보여주었다. 아울러 일시적이고 즉흥적인 대처에 머물지 않고 제도화시켜 통치의 의도를 종합적이고 장기적으로 관철시키는, 유기적인 사고력과 체계적인 실천력을 보여주었다. 물론 신문왕의 짧은 11년간의 통치가 끝나고 나이 어린 태자가 효소왕으로 즉위하면서 어쩔 수 없이 리더십의 동요가 있었으나, 이는 곧 극복되었다. 그 후 신문왕이 발휘한 리더십은 무열왕계가 지배한 신라 중대가 에밀레종과 불국사, 석굴암으로 대표되는 신라 최고의 번영기를 이루는 데 정신뿐 아니라 제도적인 면에서 기본 장치가 되었다.

신문왕은 무엇보다 삼국의 통합을 마무리하면서, 고대 국가 형성기에 왕과 함께 군장으로 출발하여, 주민에 대한 직접 지배를 선호하던 진골귀족들을 억압하여 관료로서 위치시키고, 전 국토의 행정구역화를 실현했다. 이로써 한국의 정치체제는 유교적 이념을 바탕으로 한 중앙집권적 봉건관료국가라 할 수 있는 중앙집권적 군현제(郡縣制)로 일대 전환을 이루게 되었다.

● 만파식적

'모든 파도를 잠재우는 피리'라는 뜻의 '만파식적'은 하멜른의 요술 피리와는 달리 천하를 화평하게 할 수 있는 피리였다. 《삼국유사》 만파식적조는 다음과 같이 전한다.

> 제31대 신문대왕의 이름은 정명이요, 성은 김씨이다. 개요(開耀) 원년 신사년(681) 7월 7일에 왕위에 올랐다. 부친 문무대왕을 위해 동해가에 감은사(感恩寺)를 지었다. 이듬해 임오년 오월 초하루에 해관(海官)인 파진찬 박숙청이 왕께 아뢰었다. "동해안에 있는 작은 산이 떠서 감은사를 향해 오는데 물결을 따라 왔다갔다 합니다." 왕은 이를 이상하게 여겨 일관(日官) 김춘질에게 점을 쳐보게 하니, 그가 아뢰었다. "대왕의 아버님께서 지금 바다의 용이 되시어 삼한을 지켜 보호하시고 김유신 공도 33천의 한 아들로서 인간으로 내려와서 대신이 되셨던 것입니다. 두 성인이 덕을 같이 하여 성(城) 지키는 보물을 내려주시려 하니, 만약 폐하께서 해변에 행차하시면 반드시 값을 매길 수 없는 큰 보물을 얻을 것입니다." 왕은 기뻐하여 그달 7일에 이현대(利見臺)에 가서 그 산을 바라보고 사자를 보내 살펴보게 하였다. 산의 형세는 거북 머리와 같은데, 위에는 한 줄기 대나무가 있어 낮에는 둘이 되고 밤에는 합하여 하나가 되었다(혹자는 '산도 또한 대나무처럼 낮에는 벌어지고 밤에는 합해진다'라고 해석한다). 사자가 돌아와서 사실대로 말하니, 왕이 감은사에 가서 유숙하였다. 이튿날 오(午)시에 대나무가 합해져 하나가 되자, 천지가 진동하고 비바람이 일어나 컴컴해지더니 7일 동안 계속되었다. 그달 16일에 이르러서야 바람이 자고 물결이 평온해졌다. 왕은 바다에 배를 띄워 그 산에 들어가니 용이 검은 옥대

대왕암

문무왕의 수중릉 여부로 논란이 되어왔으며, 신문왕대 만파식적설화 발생의 단초가 되었다.

> (玉帶)를 받들어 왕에게 바쳤다. 왕은 맞아 앉아서 물었다. "이 산과 대나무가 혹은 갈라지기도 하고 합해지기도 하니 무슨 이유인가?" "비유해 말한다면 한 손으로 치면 소리가 나지 않고 두 손으로 치면 소리가 나는 것과 같습니다. 대나무란 물건은 합쳐야만 소리가 나게 되므로 거룩한 왕께서 소리로써 천하를 다스리게 될 상서로운 징조입니다. 왕께서 이 대를 가지고 피리를 만들어 불면 천하가 화평해질 것입니다. 지금 왕의 아버님께서는 바다 속의 큰 용이 되셨고 김유신은 다시 천신이 되셔서 두 성인이 마음을 같이하여 이러한 값을 칠 수 없는 큰 보물을 저에게 주시어 저로 하여금 그것을 왕께 바치게 한 것입니다." 왕은 몹시 놀라고 기뻐하여 오색 비단과 금과 옥을 용에게 주고 사자를 시켜 대나무를 베어 가지고 바다에서 나왔다. 그때 산과 용은 문득 없어지고 보이지 않았다. (중략) 왕은 돌아와서 그 대나무로 피리를 만들어 월성(月城)의 천존고(天尊庫)에 간직해두었다. 이 피리를 불면 적병이 물러나고 질병이 낫고 가물 때는 비가 오고 비 올 때는 비가 개이고 바람이 잔잔해지고 물결은 평온해졌다. 이 피리를 만파식적(萬波息笛)이라 부르고 국보로 삼았다. 효소왕 때에 이르러 천수 4년 계사년(693)에 부례랑이 살아 돌아온 기이한 일로 인하여 다시 만만파파식적(萬萬波波息笛)이라 이름하였다.

이 이야기의 주내용은, 온 신라인이 숭앙하는 통일의 두 주역인 문무왕과 김유신이 천하를 평온케 할 수 있는 '만파식적'이라는 보물을 신문왕에게 내려주었다는 것이다. 그 보물은 문무왕을 화장한 재를 바다에 뿌린 대왕암과 신문왕이 부친을 위해 지은 감은사가 있는 감포 앞 바다를 무대로 상정되기 시작한 것도 알 수 있다.

동해의 큰 용이 된 문무왕과 천신이 된 김유신이 보낸 용에게서 신비한 대나무를 받아 화평을 가져올 수 있는 피리를 만들었으니, 신문왕의 정통

대왕암 일출

성과 권위가 더욱 높아진 것이다. '만파식적'은 무열왕계에 앞선 중고기 성골 왕실의 권위의 상징인 삼보(三寶)를 의식하여 나온 것으로, 삼보 중 하늘의 제석신이 천사를 통해 진평왕에게 내렸다는, 왕의 허리에 두르는 옥띠인 천사옥대(天賜玉帶)와 매우 유사한 모티브를 갖고 있다. 신라 삼보는 진흥왕이 조성한 황룡사 장육존상, 진평왕이 받은 천사옥대, 그리고 선덕여왕이 세운 황룡사 9층 목탑이다.

2부 고려의 제왕

천자,
왕실의 대표자,
정치집단의 수장

- **도입글** 삼한 통일에 기초한 고려 황제국 체제의 왕들
- **태조 왕건** 포용력과 균형감각을 지닌 통합군주
- **성종 왕치** 고려 왕조의 기초를 세운 군주
- **숙종 왕옹** 난국 돌파를 위한 부국강병의 그림자
- **의종 왕현** 왕권의 신성성을 추구한 비운의 국왕
- **충선왕 왕장** 내치에 어두운 실패한 이상군주
- **공민왕 왕전** 현실에서 실패한 미완의 개혁가

삼한 통일에 기초한
고려 황제국 체제의 왕들

고려 국왕의 정치적 위상

고려 국왕의 특성을 꼽는다면, 먼저 국왕권 자체를 초월적 지위로 보장받지 못했다는 점을 들 수 있다. 원래 국왕은 '천명지(天命之)', 즉 하늘이 명령하여 그 자리에 오른 존재로, 일반 관료와는 다른 이른바 유교의 천명(天命)사상에 의해 왕권의 신성성(神聖性)을 보장받은 초월적인 존재이다. 이는 유교 정치이념의 발달과 밀접한 관계가 있다. 그러나 고려 초기의 국왕은 현실적으로 초월적인 지위를 인정받지 못했다.

고려 왕조를 건국한 태조 왕건은 개경지역의 해상세력 출신으로서 지방세력의 하나였다. 왕건은 왕조 건국에 협조한 여러 지방세력을 대표하는 수장(首長)의 자격으로 왕위에 올랐다. 이는 족장세력의 대표로서 화백회의 등에 참여하여 또 다른 족장세력의 대표인 귀족과 함께 국정을 논의한, 군신공치(君臣共治) 고대 국왕의 위상을 계승하는 측면이다. 이와 함께 왕실집단을 유지하기 위해 근친혼과 같은 폐쇄적인 혼인풍습을 유지하고, 장처전(莊處田)과 내장전(內庄田)을 관리하거나 요물고(料物庫)·내고(內庫) 등 독자의 왕실 재정기구를 운영한 사실도 고려 초기 왕실이 초월적인 존재라기보다는 하나의 독립된 정치세력 단위였음을 알려주는 예이다.

천자로서의 국왕

고려는 대외적으로는 주변 송나라와 거란국의 천자를 인정하고 그들의 책봉을 받는 제후국의 형식을 갖추었으나, 대내적으로는 천자국의 위상에 걸맞은 제도와 격식을 갖추고 있었다. 고려의 정치체제는 중서성(中書省)·문하성(門下省)·상서성(尙書省)의 3성과 이(吏)·호(戶)·예(禮)·병(兵)·형(刑)·공(工)부의 6부(六部)체제였는데, '성'이나 '부' 같은 호칭은 천자국의 관직용어로 제후국에서는 사용할 수 없었다.

고려는 또한 제후국 국왕이 명령을 내릴 때 사용하는 '교서(敎書)'라는 용어 대신 천자의 용어인 '조서(詔書)'·'제서(制書)'·'칙서(勅書)'라는 용어를 사용했고, 국왕을 '짐(朕)'이라 칭했다. 이처럼 대내적으로 황제국 체제를 갖추어 국왕이 천자로서 행세한 점은 중국에 대해 제후국으로 자처한, 조선과는 다른 고려 왕조의 특성이다.

고려 왕조는 왜 황제국 체제를 유지했을까? 건국 초기에 국왕은 초월적인 존재로 인정받지도, 강고한 권력기반을 갖지도 못해 황제국 체제를 통해 천자로서 국왕의 위상을 강화하려 한 정치적인 측면이 없지 않다. 그러나 보다 근본적인 원인은 약 반 세기 동안 지속된 후삼국 통합전쟁에서 승리하여 분열된 민심과 지역을 마침내 통합하고 천하를 통일했다는, 강한 자부심에 있다. 즉, 고려는 후삼국 통합전쟁을 수행할 이념적 명분으로 삼한(三韓)을 하나로 통일한다는 일통의식(一統意識)을 내세웠다. 삼한일통의식이 바로 고려의 국가체제를 황제국 체제로 나아가게 한 원동력이었다. 다양한 성향의 지방세력을 아울러 후삼국 통합전쟁에서 승리함으로써, 협조한 지방세력을 제후로 간주하고 국왕은 이들 위에 군림하는 천자로 자처한 것이다.

측근정치와 정국 운영

고려 국왕은 조선 국왕에 비해 정책 결정이나 정치 개입에서 상대적으로 자유로웠다. 유교의 천명사상으로 초월성·전제성을 보장받은 조선시대 국왕이 정책 결정에서 훨씬 큰 재량권을 가졌을 것처럼 생각되지만, 실제로는 고려 국왕이 정책 결정이나 정치 개입에 있어서 훨씬 더 자율적이었다. 이는 정치집단의 수장이라는 고려 국왕의 정치적 위상과도 관련이 있다.

조선시대 개혁정치의 주체는 대체로 신하들이었다. 정도전(鄭道傳)과 조광조(趙光祖)의 개혁, 후기 실학자(實學者)들의 활동에서 이를 알 수 있다. 그러나 고려는 광종의 과거제 실시와 노비제 개혁, 성종의 관제 개혁, 원 간섭기 충선왕·충숙왕·충목왕의 개혁, 공민왕의 개혁에서 보이는 것처럼 국왕들이 개혁을 주도했다. 이는 정치 개입이나 정책 결정에서 상대적으로 국왕의 재량권이 컸다는 사실을 뒷받침한다.

개혁정치와 함께 측근정치(側近政治) 또한 고려 국왕의 정치적인 위상을 알려주는 예이다. 고려시대에는 국왕의 정치를 뒷받침하는 내시(內侍)라는 기구가 있었다. 거세된 사람인 '환관(宦官)'을 뜻한 조선시대의 내시와 달리, 고려의 내시는 양반 자제들이나 과거에 합격한 신진기예들로 충당되었다. 이들은 내시기구에 별도로 편입되어, 왕의 정책을 조언하고 정책 결정에 중요한 역할을 했다. 고려 국왕의 개혁정치도 이들이 뒷받침했다. 고려의 정치형태를 흔히 측근정치라고 설명하는 것도 바로 이 때문이다.

측근정치의 전형적인 형태는 원 간섭기 고려 국왕의 정치에서 잘 드러난다. 당시 국왕은 대체로 원에서 성장하며 제왕교육을 받은 후 국왕으로 임명받아 고려에 왔기 때문에 국내에 정치기반이 없었다. 따라서 원에 있을 때 함께 지낸 시종(侍從) 신료(臣僚)들을 측근으로 삼아 정치를 했다. 거슬러 올라가 12세기 숙종이나 예종과 같은 국왕들도 문벌정치의 폐해를 제거하기 위해 내시기구에 소속된 신진유학자들을 측근으로 임명해 정치를 주도한 바 있다. 숙종의 경우 윤관과 대각국사 의천, 예종의 경우 한안인 세력, 인종의 경우 김부식, 의종은 정습명과 김돈중 등이 대표적인 측근정치인이었다.

개혁정치나 측근정치는 초월적·상징적인 존재로 인정받지 못한 고려 국왕이 자신의 정치력 신장을 위해 측근을 통해 정치에 깊이 개입함으로써 이루어졌다. 이러한 측근정치는 정책 결정에서 신속성과 효율성을 갖는 장점이 있지만, 공론(公論)보다는 측근이나 특정집단의 이해관계에 따라 정책이 결정되기 쉬워 정책의 투명성·공정성에서 한계를 가진다.

고려 국왕들의 다양한 리더십

이제 고려 국왕의 리더십이 어떤 형태로 나타났는가를 보자. 그것은 성공한 군주와 실패한 군주를 가름하는 하나의 잣대가 된다. 이 책에서 다룬 6명의 고려 국왕을 일률적으로 성공한 군주나 실패한 군주로 규정할 수는 없다. 역사행위에 긍정적인 요인과 부정적인 요인이 공존하듯이, 국왕의 통치행위에도 그러한 양면성이 있기 때문이다. 따라서 성공과 실패를 떠나 국왕의 통치행위를 통해 드러난 리더십에서 공통의 유형을 정리하고, 이를 기준으로 각 국왕이 발휘한 리더십의 특징을 총체적으로 살펴보고자 한다.

고려 국왕의 리더십을 평가하는 데 고려해야 할 요소 가운데 하나는 결단력이다. 국왕은 정치집단의 수장이자 왕실의 대표자로서, 정국을 주도하는 정치가이자 신민(臣民)을 대표하는 왕조 최고의 통치자라는 위상을 지닌다. 그러나 국왕의 중요한 덕목은 여러 집단이나 공동체의 복잡한 이해관계를 조절하여 왕조 전체의 안정과 번영을 추구하는 것이다. 왕조의 안정과 번영을 위해 무엇이 바람직한 정책인가를 판단하고 선택하는 데 필요한 결단력이야말로 리더십의 성패를 가름하는 요인이다.

숙종은 인주 이씨 등 당시 정국을 압도한 문벌세력을 제압하기 위해 남경 천도와 여진 정벌 등 무리한 정책을 단행했다. 천도와 정벌에 따른 과중한 수취로 극도로 생활이 곤궁해진 민(民)들이 주거지를 벗어나 도망함으로써, 전국적인 규모의 유망(流亡)현상을 불러일으켰다. 여기에다가 지배층의 대립과 갈등이 확대되면서 왕조의 쇠망을 예고하는 각종 비기(秘記)와 참언(讖言)이 유행하는 등 사회 전반에 위기의식이 팽배했다. 문벌세력을 정치적으로 거세하기 위해 전쟁과 천도를 강행한 무리한 결단력이 왕조의 안정과 평화를 깨뜨리는 결과를 낳은 것이다. 반면, 공민왕은 과감한 내정 개혁을 통한 왕조의 안정을 위해 자신의 즉위를 도운 부원(附元)세력을 제거하는 등 과감한 반원개혁을 실행하는 결단력의 리더십을 발휘했다.

다양한 인재를 적재적소에 배치하여 훌륭한 치적을 쌓은 조화와 통합의 리더십은 고려 국왕의 통치행위에서 드러나는 또 다른 특징이다. 인재의 적절한 등용뿐만 아니라 다양한 집단에서 표출되는 의견의 편차를 조절하고 통합하여 왕조의 공동선을 추구하는 리더십이 바로 조화와 통합의 리더십이다.

광종은 왕조의 창업공신을 대대적으로 숙청하는 등 과감한 개혁정치를 단행했으나, '남북용인(南北庸人)'으로 표현되는, 검증되지 않은 측근에 의존하면서 소외된 관료집단의 반발을 받아 개혁에 실패했다.

성종은 광종의 리더십을 거울 삼아 최승로 등 중국의 선진문물에 밝은 유교 관료집단만이 아니라 서희, 이지백 등 전통을 중시하는 인물들도 다양하게 등용했다. 법과 제도에 입각한 개혁을 추진하는 데 바탕이 될 새로운 기준을 마련하기 위해 유교 관료집단의 의견을 적극 수용했으며, 광종 개혁정치의 후유증과 민심의 수습을 위해 서희와 이지백 등 전통을 중시하는 관료집단의 건의를 받아들여 팔관회와 연등회 등 전통적인 문화와 의례를 시행했다.

성종은 이처럼 신구세력의 조화, 전통과 외래문화의 적절한 조화를 통해 관료집단 내부의 갈등과 민심을 수습, 사회 통합을 이룩하여 왕조의 안정적인 기틀을 마련했다. 재위 말년에 거란의 침입을 성공적으로 막아낼 수 있었던 것도 적재적소에 인재를 등용한 조화와 통합의 리더십 덕분이다.

왕실과 왕권의 권위 회복과 신성성(神聖性)을 강조한 의종과 원나라의 법과 제도에 입각해 내정 개혁을 단행한 충선왕은 좋은 취지에도 불구하고 소수 측근세력에 의지하여 개혁을 추진함으로써 관료집단의 반발을 받아 실패했다.

전투에서는 졌으나 전쟁에서 이긴 장수는 많다. 눈앞의 작은 이익에 급급해하기보다는 시대의 대세를 읽고 시대가 요구하는 과제를 정확하게 인식하는 장기적인 안목을 지닌 통찰력이야말로 고려 국왕이 발휘한 리더십의 또 다른 특징이다.

통합전쟁의 와중에서 고통받은 민의 처지를 개선하는 한편, 삼한을 통합하여 분열된 지역과 민심을 수습해야 한다는 시대과제를 정확하게 읽은 태조 왕건의 통찰력은 성공한 군주가 지녀야 할 리더십의 덕목이다. 각각 자신을 저버린 신라에 대한 철저한 복수와 백제 부흥이라는 명분을 앞세워 왕권 유지에 급급해한 궁예와 견훤은 결국 민심의 외면을 받아 실패했다.

지나치게 감성적인 품성으로 비참한 말년을 맞이함으로써 당대에는 실패한 개혁으로 평가받았으나 반원개혁과 토지개혁을 시대과제로 설정한 공민왕의 개혁 모델은, 수십 년이 지난 고려 말 신흥사대부에게 계승되어 성공적인 개혁으로 마무리되었다.

태조 왕건

포용력과 균형감각을 지닌 통합군주

태조 왕건의 포부와 도량은 중국에서 태어났더라도
송 태조에게 뒤떨어지지 않았을 것이다.

《고려사》 권2

태조(太祖) 왕건(王建)

생몰 877년~943년, 재위 918년~943년

1918년(즉위 원년) 궁예를 내쫓고 고려 건국
919년(재위 2년) 도읍을 송악으로 옮김
930년(재위 13년) 고창군 전투에서 견훤군 대파
935년(재위 18년) 신라, 고려에 항복
936년(재위 19년) 후백제의 신검 격파, 후삼국 통합
940년(재위 23년) 전국의 군현 개편, 본관제 시행
943년(재위 26년) 〈훈요십조〉 작성

역사는 자신과 자신이 몸담고 있는 사회를 비추어보는 거울과 같다. 새로운 왕조 탄생의 주역인 고려 태조 왕건은 분열된 지역과 민족의 통합을 위해 새로운 리더십을 갈망하는 우리들에게 또 하나의 거울로 인식되고 있다.

통일신라가 쇠하자 후고구려와 후백제가 일어나면서 세 나라가 각축을 벌인 10세기 초반 후삼국시대는 걸출한 인물들이 앞다투어 새로운 역사를 열어간 시대이다. 뛰어난 지혜와 재능, 빼어난 무용과 담력으로 보통 사람이 하기 불가능한 일을 하여 대중으로부터 열광적인 존경을 받는 사람을 영웅이라 부를 수 있다.

고려 중기의 문장가 이규보(李奎報)는 《동명왕편》에서 고구려를 건국한 주몽의 활동을 서사시로 엮어 한국사에서 영웅군주의 모습을 성공적으로 그려냈다. 후삼국시대에도 고구려의 주몽 못지않은 영웅들이 있었다. 궁예, 견훤, 왕건이 그들이다.

그러나 후세의 역사가들은 왕건을 제외한 나머지 두 인물을 영웅이기보다는 군주와 왕조를 저버린 극악한 패륜아로 그렸다. 대표적인 예가 고려 중기 역사가 김부식이 편찬한 《삼국사기》의 다음과 같은 내용이다.

> 신라는 그 운이 끝나고 도의가 땅에 떨어지자 온갖 도적들이 고슴도치의 털과 같이 일어났다. 가장 심한 자가 궁예와 견훤 두 사람이다. 궁예는 신라의 왕자이면서 신라를 원수로 여겨 반란을 일으켰다. 견훤은 신라의 백성으로 신라의 녹을 먹으면서 모반의 마음을 품고 도읍에 쳐들어가 임금과 신하 베기를 짐승 죽이듯 풀 베듯 하였다. 두 사람은 천하에 극악한 사람이다. 궁예는 신하에게 버림을 받았고, 견훤은 아들에게 화를 입었는데, 그것은 스스로 자초한 짓이다. (중략) 흉악한 두 사람이 어찌 왕건에게 항거할 수 있겠는가? 그들은 태조를 위해 백성을 몰아다준 사람일 뿐이다.

후삼국의 영웅군주들

김부식은 궁예와 견훤을 신라 왕조에 대해 복수와 모반을 일삼은 패륜아로서, 영웅 왕건의 탄생을 위한 조역으로 묘사했다. 김부식의 평가는 이후 편찬된 모든 역사서가 한결같이 베껴쓸 정도로 오랜 세월 동안 이들을 평가하는 모범답안이었다. 역사는 승자의 기록이라지만 김부식의 평가는 지나친 편견으로 가득 차 있다.

후삼국시대를 종식시키고 새로운 왕조를 연 고려 태조 왕건이 성공한 영웅군주임에는 틀림없다. 그러나 비록 실패하였지만 궁예와 견훤 역시 독특한 리더십으로 짧은 기간에 새로운 왕조를 세우고 경영할 정도로 태조에 못지않은 영웅군주의 면모를 지녔다.

태조 왕건의 리더십은 민심을 잃은 왕조에 충성하여 일신의 안녕을 꾀하기보다는 왕조를 타도하여 새로운 세상을 열어가려 한 궁예와 견훤의 모험적이고 진취적인 리더십을 거울 삼아 자신의 약점을 보완하고 상대방의 장점을 자기의 것으로 키워 나간, 철저한 반성과 성찰의 자세 위에서 길러진 것이다. 그런 점에서 궁예와 견훤은 왕건을 위한 조역이 아니라 그의 리더십을 길러준 자양분의 역할을 한, 후삼국시대의 또 다른 영웅이었다. 궁예는 새로운 시대를 열겠다는 비전과 옛 고구려의 영토를 수복하겠다는 꿈을 지닌 군주였다. 견훤은 뛰어난 전략과 전술로 영토를 개척해 나간 기민함과 지략을 갖춘 군주였다. 최후의 승자만이 살아남을 수밖에 없는 운명이 아니었다면, 그들 역시 새로운 리더십으로 얼마든지 새 세상을 열어갔을 영웅군주의 자질을 갖춘 자들이었다.

여기서는 이에 대해 자세하게 다룰 수 없다. 다만 이들 영웅 가운데 태조 왕건에 초점을 맞추어 영웅군주에게 필요한 리더십이 무엇일까를 살펴보고자 한다.

태조 왕건의 스승, 궁예

그렇다면 최후의 승자가 된 태조 왕건의 리더십은 무엇인가? 이는 '난세에 처한 영웅군주에게 바람직한 리더십은 무엇인가'라는 물음이기도 하다.

태조 왕건의 리더십은 궁예의 리더십을 자양분으로 하여 길러졌다. 왕건은 한창 감수성이 예민하고 꿈이 많을 나이인 20세에 아버지 륭(隆)의 손에 이끌려 궁예의 휘하에 들어갔다. 그리고 원숙한 장년기인 42세가 되던 해, 마침내 궁예를 몰아내고 새로운 왕조 고려를 건국한다.

22년이라는 긴 세월 동안 왕건은 궁예 휘하의 장수이자 정치가로 활동하면서 착실하게 제왕수업을 받은 셈이다. 제왕수업의 교과서는 역설적이게도 궁예의 리더십이었고, 궁예는 바로 그의 스승이었다. 따라서 왕건의 리더십은 선천적인 것이 아니라, 스스로 터득하여 얻은 후천적인 것이다.

궁예는 태어나자마자 신라 왕실에서 버림받고 궁궐을 떠나 세달사의 승려로 생활했다. 신라가 쇠망의 조짐을 보이자, 891년 죽주(경기 안성)에서 봉기한 기훤의 휘하에 들어갔다. 그러나 기훤은 포악한 데다 궁예를 홀대했다. 궁예는 그에게 등을 돌리고 이듬해 기훤의 부하들과 함께 북원(강원 원주)의 양길에게 투항했다. 양길의 휘하에서 강원도 동부지역을 점령하고 894년에는 명주(강원 강릉)지역을 장악했다. 895년에는 양길로부터 독립하여 철원을 근거지로 삼아 독자세력을 형성했다. 이듬해 20세의 청년 왕건도 궁예의 휘하에 들어갔다. 궁예는 당시 개성을 비롯한 오늘의 충청·경기·황해·강원도 등 한반도의 중부지역을 장악했으며, 901년 마침내 후고구려를 건국했다.

새 나라를 건국할 무렵, 궁예는 기훤이나 양길에 대한 충성심보다는 하급 군인이나 백성들의 불만과 고통에 더 관심을 보였다. 그는 미륵불로 자처하면서 미륵사상을 지배이념으로 내세웠다. 미륵사상은 내세불인 미륵이 출현하면 태평의 시대가 도래한다는 내용의 일종의 사회개혁사상으로, 하층민들이 신봉하던 사상이다. 미륵불로 자처하면서 내세운 그의 메시지는 지배자로서 권위보다는 민심을 중시하는 리더십의 표현이자, 전쟁에 시달려온 하층민을 고통 속에서 구원하기 위해 새로운 왕국을 건설하겠다는 의지의 표현이었다. 민중에게는 희망의

금산사 미륵전 내부

넷째 아들 금강(金剛)에게 왕위를 물려주려는 데 불만을 품은 첫째 아들 신검(神劍)이 아버지 견훤을 935년 3월 이곳 금산사에 유폐시켰다. 유폐된 견훤은 이 해 6월 개경으로 도망하여 왕건에게 귀순하였다.

메시지이기도 했다.

기훤과 양길의 휘하에서 독립할 때마다 궁예에게 많은 무리들이 뒤따른 것도 그가 지닌 포용력 때문이었다. 거기에다가 궁예는 고구려의 옛 땅을 회복한다는 북방 개척을 또 하나의 이념으로 내세우고, 나라 이름도 '후고구려'라 하였다. 궁예가 북방 개척이념을 내세운 것은 자신이 근거한 지역이 옛 고구려의 영토인 까닭도 있지만, 이곳 출신 지방세력을 포용하려는 정략적 필요성 때문이었다.

그러나 말년의 궁예는 달랐다. 아랫사람뿐 아니라 가족마저 믿지 못하고 죽이는 포악을 부려 민심의 외면을 받았다. 왕건도 궁예의 의심을 받아 목숨을 잃을 뻔한 일이 있었다.

어느 날 궁예가 왕건을 궁궐로 급히 불러 "그대가 어젯밤에 사람을 모아 반란을 일으키려 하였는가?" 하고 따졌다. 왕건이 "그렇지 않습니다"고 하자, 궁예는 "나를 속이지 말라. 관심법(觀心法)으로 알 수 있다"고 하면서 눈을 지그시 감고 관심법의 자세를 취하였다. 그러자 옆에 있던 최응이라는 신하가 일부러 붓을 떨어뜨리고는 줍는 척하고 왕건에게 다가가, "왕의 말을 따르지 않으면 위태롭습니다"라고 하였다. 이에 왕건이 "사실 제가 모반을 하였으니 죽을 죄를 지었습니다" 하자, 궁예는 웃으면서 "그대는 정직한 사람이다. 다시는 나를 속이지 말라"고 하여 겨우 죽음을 면하였다. 왕건이 휘하 장수들의 추대를 받아 새 왕조의 제왕으로 등극한 것은, 가장 믿고 맡겨야 할 신하조차 의심한 궁예에 대한 이반된 민심 때문이었다.

민심을 중시한 포용력

후삼국전쟁에서 동고동락(同苦同樂)한 장남에게서 왕위 계승권을 빼앗아 내분을 자초한 견훤이나 말년에 가족과 신하를 의심하여 화를 자초한 궁예, 두 영웅군주에게 부족한 것은 민심의 흐름을 읽고 그 민심을 얻는 리더십이다. 극도로 부패한 신라 귀족에게 등을 돌린 민심에 힘입어 새로운 왕조를 건국할 당시의 초심을 그들은 끝까지 지키지 못했다.

견훤과 궁예가 민심을 잃은 또 다른 원인은 포용력의 결핍이다. 궁예는 신라를 없어져야 할 나라, '멸도(滅都)'라 부르면서 신라에 대한 극도의 반감으로 왕조를 경영했다. 견훤은 신라의 국왕을 살해하고 왕비를 능욕했다. 국왕을 살해하는 행위는 당시 반신라적인 사람들조차 반

아들일 수 없는 행위였다. 이같이 포용력을 상실한 반신라적인 정책으로는 민심의 지지를 얻을 수 없었다. 반면에 왕건은 고려를 건국한 후에도 끝까지 친신라적인 정책을 펼쳐 신라의 민심을 얻어, 신라가 스스로 고려에 귀순하여 통일의 대업을 앞당길 수 있었다.

민심은 제왕이라는 배를 띄우기도 하고 가라앉히기도 하는 큰 바다와 같은 존재이다. 상대에 대한 적대감이나 의구심보다는 그들을 믿고 끌어안는 포용력이야말로 민심을 얻는 요체이다.

왕건은 국왕이 된 후에도 건국에 불만을 품은 환선길, 임춘길, 이흔암 등 옛 궁예 휘하 장수의 반란으로 여러 차례 위기를 맞았다. 환선길(桓宣吉)은 왕건의 심복 장수 가운데 한 사람이었다. 왕건은 왕조 창업에 큰 공을 세운 그를 마군장군(馬軍將軍)으로 삼아 정예 군사를 주어 대궐을 지키게 했다. 환선길의 부인이 어느 날 "당신이 왕조 창업에 큰 공을 세웠는데도 정권은 남의 수중에 있으니 분하지 않습니까?" 하고 그에게 반역을 충동질했다. 그는 부인의 말을 믿고 반란을 꾀하려 했다. 휘하 장수들이 이 사실을 보고했으나, 왕건은 증거가 없다면서 덮어두었다.

환선길이 휘하 군사 50여 명을 거느리고 궁궐을 습격하자, 왕건은 태연히 "내가 비록 너희들의 힘으로 이 자리에 앉아 있으나, 이것은 하늘의 뜻이 아니냐? 천명이 이미 결정되었는데 너희가 감히 이럴 수 있느냐?" 하고 꾸짖었다. 환선길은 왕건의 음성과 안색이 변하지 않자 그의 뒤에 복병이 있을 것으로 짐작하고 도망치다 잡혀 죽었다. 부하들을 끝까지 믿고 중용하는 포용력이 성공한 군주의 또 다른 덕목임을 알려주는 일화이다.

寧其六曰朕所至願在於燃燈八關燃燈所
以事佛八關所以事天靈及五嶽名山大川
龍神也後世姦臣建白加減者切宜禁止吾
亦當初誓心會日不犯國忌君臣同樂宜當
敬依行之其七曰人君得臣民之心爲甚難
欲得其心要在從諫遠讒而已從諫則聖讒
言如蜜不信則讒自止又使民以時輕徭薄
賦知稼穡之艱難則自得民心國富民安古
人云芳餌之下必有懸魚重賞之下必有良

高麗史 卷二　十六

將張弓之外必有避鳥垂仁之下必有良民
賞罰中則陰陽順矣其八曰車峴以南公州
江外山形地勢並趨背逆人心亦然彼下州
郡人參與朝廷與王侯國戚婚姻得秉國政
則或變亂國家或啣統合之怨犯蹕生亂且
其曾屬官寺奴婢津驛雜尺或投勢移免或
附王侯宮院姦巧言語弄權亂政以致災變
者必有之矣雖其良民不宜使在位用事其
九曰百辟群僚之祿視國大小以爲定制不

〈훈요십조〉

태조 왕건은 죽기 한 달 전인 943년(태조 26년) 4월, 고려 왕조 정책의 기본 방향을 10개 조항으로 정리한 〈훈요십조〉를 작성하였다. 〈훈요십조〉는 고려 말까지 정국의 고비 때마다 주요한 지침으로 활용되었다.

왕건은 통합전쟁 중에도 '중폐비사(重幣卑辭)', 즉 '많은 예물과 겸손한 말'로 자세를 낮추어 지방세력을 달래고 설득하여 자기 세력으로 끌어들였다. 때로는 그들의 딸을 왕비로 맞아들였다. 29명의 왕비는 이러한 과정에서 책봉되었다. 왕비의 출신 지역은 옛 고구려·백제·신라 등 여러 지역에 골고루 분포되어 있다. 왕조 통합을 위해 다양한 세력을 끌어안으려 한 그의 노력을 읽을 수 있다.

왕건이 22년의 긴 세월 동안 궁예로부터 배운 제왕학은 바로 민심을 중시하는 포용력의 리더십이다. 왕건은 죽기 직전 신하들에게 왕조 통치의 중요한 지침인 〈훈요십조(訓要十條)〉를 제시했는데, 민심의 중요성을 다음과 같이 역설했다.

> 민심을 얻는 것은 매우 어려운 일이다. 신하의 간언을 따르고 참소하는 말을 멀리하고, 때에 맞추어 백성을 부리고 요역과 부세를 가볍게 하여 농사의 어려움을 알면 백성의 마음을 얻을 수 있다. 그러면 나라는 부강하고 백성은 평안하게 될 것이다.

왕건은 이렇게 민심을 얻는 일이 나라가 부강하고 백성이 평안해지는 길이라고 보았다. 궁예도 처음에는 민심을 얻어 기훤과 양길로부터 독립하여 새 왕조를 건국할 수 있었지만, 말년에 민심을 잃어 비참한 최후를 맞이하였다. 힘과 지략의 리더십을 중시한 궁예나 견훤과 달리, 왕건은 민심을 중시하는 리더십으로 후삼국시대 최후의 승자가 될 수 있었다.

다시 통합의 리더십으로

왕건은 궁예를 몰아내고 왕조의 새 주인이 되었지만, 후백제와 신라를 아울러 천하를 통일하는 데 19년의 세월을 더 보내야 했다. 후삼국이 성립한 지 40여 년 만에야 새로운 통일왕조가 수립된 것이다. 또한 기나긴 내란으로 민심과 지역은 크게 분열되어, 새 왕조는 반신불수나 다름없었다.

후백제 신검군과 마지막 전투를 벌일 당시 태조 왕건이 동원한 군사는 8만 7,500명이다. 이 가운데 36명의 성주가 거느린 군사가 무려 6만 3,000여 명이었다. 태조 왕건의 직속 군사는 1만 2,000여 명에 불과했다. 36명의 성주는 당시 가장 큰 지방세력이었다. 이외에도 전국에는 수많은 군웅(群雄)들이 지방에서 할거하고 있었다.

이같이 군사력과 행정력을 갖춘 지방세력이 독자의 영역을 구축하고 영역 내의 백성들을 지배했다. 국왕이 되었지만 이들의 협조 없이 왕조를 통치하기는 어려운 일이었다. 이 점에서 천하통일의 주역으로 천자를 자처한 왕건도 '소수 정권'의 수장과 다를 바 없었다.

물론 후삼국 통합전쟁을 성공적으로 마무리했기 때문에 왕건은 다른 군주에 비할 수 없는 왕조의 최고 경영자라는 상징과 권위를 누릴 수 있었다. 그러나 왕건은 지방세력 위에 군림하거나 권력을 독점하지 않았다. 권력의 독점은 모처럼 찾아온 평화를 깨뜨릴 위험이 있다는 사실을 알고 있었기 때문이다.

산은 오르기보다 내려가기가 더 위험하고 어렵다. 말을 타고 빼앗은 나라를 말을 타고 다스릴 수는 없다. 왕건은 천하를 통일한 군주로 안주하지 않고, 분열된 지역과 흐트러진 민심을 수습하는 새로운 리더십을 발휘했다.

왕건은 왕조 건국에 협조한 지방세력에게 성씨를 내려주고 그들의 근거지를 본관으로 삼게 하여, 지방 사회에서 누려온 그들의 권위를 인정하는 정책을 펼쳤다. 지방세력은 그러한 권위를 바탕으로 영역 내 주민을 교화하고 주민의 이탈을 막아 지방 사회를 안정시키고, 조세를 거두어 바치는 등 왕조 정부에 협력했다. 이같이 중앙과 지방이 서로 권리와 의무를 공유하는 조화와 균형 속에서, 왕건은 반 세기 간의 전쟁으로 분열된 지역과 민심을 통합하여 왕조가 장기지속할 수 있는 기틀을 마련했다.

나아가 옛 삼국의 문화를 흡수하고 인재를 폭넓게 등용하여 실질적인 민족 통합의 기틀을 마련했다. 태조 왕건이 구사한 통합의 리더십은 민족통일과 지역갈등 해소라는 과제를 안고 있는 오늘의 우리 사회에도 타산지석(他山之石)이 된다.

● 견훤과 왕건이 주고받은 편지

927년(태조 10년)은 태조 왕건에게 후삼국 통합전쟁에서 가장 힘들고 치욕스러운 해였다. 이 해 9월, 견훤은 신라의 수도 경주로 쳐들어가 경애왕을 죽이고 왕비를 능욕했다. 왕건은 군사를 몰아 신라를 구원하러 갔다가 지금의 대구 공산동수(公山桐藪) 전투에서 자신의 오른팔과도 같은 장수 신숭겸을 잃었고, 거느린 군사 5,000여 명이 전멸하다시피했다. 왕건 자신도 가까스로 혼자 빠져나올 정도였다.

이 해 12월, 승전에 고무된 견훤은 다음과 같은 편지를 왕건에게 보냈다.

> 그대는 나의 충고를 따르지도 살피지도 않고, 한갓 떠도는 말을 귀담아 들어 갖은 수단으로 나를 공격하였다. 그러나 그대는 아직도 나의 말머리를 보지 못하였고 나의 소 털 하나 뽑아보지 못하였다. 그대의 부하 색상(索湘)은 성산(星山)의 진 아래에서 손을 묶였고, 좌상(左相) 김락(金樂)은 미리사(美利寺) 앞에서 해골을 거두지 못하였다. 사로잡힌 사람도 적지 않으니, 이제 우리 사이의 강약(强弱)이 이와 같고 승부는 뻔한 것이다. 이제 남은 일로, 나 역시 기대하는 바는 그대와 같이 평양의 정자에 활을 걸고 대동강물을 말에게 마시게 하는 것이다.

왕건은 이듬해 1월, 견훤에게 다음과 같은 답서를 보냈다.

> 나는 위로 하늘의 뜻을 받들고 아래로 사람들의 추대로 왕위에 올랐다. 이는 전 국토가 황폐하고 백성들이 유랑하는 나라의 위기를 구해달라는 뜻이다. 그대가 나를 공격하는 일은 사마귀가 수레바퀴 앞을 막는 것이나 다

름없다. 그대가 신라에 침입하여 국왕을 무릎 꿇려 아들이라 칭하게 하고 국왕을 죽이고 궁궐을 불태운 흉악스러움은 저 걸주(桀紂)보다 심하다. 이제 진주와 나주지역이 나에게 귀순하여 전국을 수복할 날도 머지않았다. 하늘이 나를 도우시는데 천명(天命)이 장차 어디로 돌아가리오. 나 역시 기대하는 바는 그대와 같이 평양의 정자에 활을 걸고 대동강물을 말에게 마시게 하는 것이다.

두 편지는 모두 '평양의 정자에 활을 걸고 대동강물을 말에게 마시게 하겠다'는 구절로 끝을 맺고 있다. 두 영웅이 사활을 걸고 통합전쟁에 임하여 팽팽한 신경전을 벌인 정황을 잘 드러내는 구절이다. 그와 함께 편지 속에는 그들 특유의 리더십이 드러나 있다.

견훤은 자신의 군사력이 절대 우위에 있음을 강조했다. 인용하지는 않았지만, 편지의 다른 구절에서 고려와 화해를 하라는, 자신에게 보내온 중국 오월국왕의 조서를 통해 후백제가 정통 왕조임을 은근히 과시하면서, 신라에 접근하려는 왕건에게 경고하고 있다. 한편, 왕건은 민심의 추대를 받아 자신이 군주가 된 사실을 들어 정통성을 주장한다. 반면에 국왕을 죽이고 궁궐에 불을 지른 견훤의 흉포함이 결국 민심의 이반을 낳을 것이니, 전쟁의 승부는 이미 판가름난 것이라고 보았다.

뛰어난 지략이 돋보이는 견훤의 리더십과 민심을 중시한 왕건의 리더십이 이 한 통의 편지 속에 잘 표현되어 있다.

성종 왕치

고려 왕조의 기초를 세운 군주

나의 몸은 비록 깊은 궁궐에 있어도
마음은 백성들에게 있다.

《고려사》 권3 성종

성종(成宗) 왕치(王治)

생몰 960년~997년, 재위 981년~997년

982년(재위 1년) 3성 6부제 도입, 최승로가 〈시무 28조〉 올림

983년(재위 2년) 12목(牧)에 지방관 파견

986년(재위 5년) 의창 설립

987년(재위 6년) 노비환천법(奴婢還賤法) 제정, 팔관회 폐지

992년(재위 11년) 국자감 창립

993년(재위 12년) 거란이 침입, 서희가 거란 장수 소손녕과 화약 체결

성종은 즉위 당시 갓 스물을 넘긴 패기넘치는 젊은이였다. 새 나라 고려가 들어선 지 60여 년, 여섯 번째 임금인 성종의 어깨 위엔 태조 왕건과 광종이 단행한 개혁을 마무리지어야 할 책임이 놓여 있었다.

그러나 즉위 무렵 그를 둘러싼 주변의 여건은 그로 하여금 전대 국왕들의 개혁을 마무리하는 데 전념할 수 없게 만들었다. 즉위과정만 해도 그랬다. 전왕 경종의 사촌동생인 성종은 왕위 계승 순서로 따진다면 적법한 위치에 있지 않았다. 경종의 아들 송(誦, 성종이 죽은 후 목종으로 즉위)이 즉위하는 것이 순리였으나, 그는 당시 2세에 불과했다. 적절한 계승자가 없는 불가피한 상황에서 성종이 국왕으로 선택되었다.

성종의 어머니는 태조 왕건의 네 번째 부인 황주(黃州) 황보(皇甫)씨다. 그런데 혜종 사후 즉위한 정종—광종—경종의 모계는 모두 왕건의 세 번째 부인인 충주 유(劉)씨계였다. 이같이 적법한 계승자의 위치에 있지 않은 성종으로서는 즉위를 위해 이 집안의 동의를 얻어야 했다. 이미 혼인한 경험이 있는 광종의 딸 문덕(文德)왕후와 다시 혼인한 것도 왕위 계승의 적법성을 갖추려는 성종의 고육책이었다. 즉위 후 왕실 내부의 전폭적인 지지 속에 강력한 카리스마를 발휘한 광종과 달리, 성종은 이들의 입김과 눈치를 살피지 않을 수 없었다.

여론을 중시한 리더십

이러한 상황에서 그가 성공한 군주로서 살아남을 수 있는 리더십은 어떤 것일까? 전왕 경종은, 아버지 광종의 무자비한 숙청에 대한 반발을 무마하기 위해 이른바 '복수(復讐)'를 허용했다. 이로써 지방세력의 숨통은 트였으나, 성종이 즉위할 무렵 정국은 다시 광종의 개혁세력과 지방세력이 팽팽하게 대립하는 형세로 바뀌었다. 재기의 기회를 노리는 지방세력과 기득권을 고수하려는 충주 유씨계의 압력 등, 왕실 안팎을 둘러싸고 정치적 대립과 갈등이 끊이지 않았다. 그러나 성종은 이 위기를 국왕으로서 권위를 확립하고 왕조 최고의 경영자로서 자신의 역량을 발휘할 기회로 삼았다.

정국 돌파를 위해 성종은 먼저 언로(言路)를 틔우는 일에 착수하여, 5품 이상의 모든 관료에게 국가 현안에 대한 의견을 올리게 했다. 선두주자는 최승로(崔承老)였다. 그는 광종(재위 949~975)의 개혁에 대해 서릿발 같은 평가를 내렸다.

> 광종 집권 후 8년간의 정치는 깨끗하고 공평하였으며, 상벌에서 지나침이 없었습니다. 그러나 중국인 쌍기를 등용한 후 그를 지나치게 대우하면서, 재주 없는 자들이 함부로 벼슬길에 나아갔습니다. (중략) 화풍(華風, 중국 문화)을 존중하였으나, 중국의 아름다운 제도를 받아들이지 않았습니다. 화사(華士, 중국 선비)를 예우하였으나, 중국의 어진 인재를 얻지 못하였습니다.

왕조의 창업공신으로 기득권을 고수하려는 지방세력을 도태시키려 한 광종의 개혁정치는 계승하되, 어진 인재가 아닌 소수 측근에 의존한 전제정치는 청산하자는 의견이었다. 최승로는 이같이 광종대 개혁의 계승과 청산이라는 역사적 성찰과 반성 위에서 왕조의 기틀을 다지는 개혁을 주문했다.

최승로는 광종의 개혁이 '이곳저곳에서 모여든 얼치기', 즉 '남북용인(南北庸人)'이라 표현한 쌍기를 비롯한 귀화인이나 신진기예 등에 의존한 빈약한 인재풀 때문에 실패했다고 지적했다. 최승로의 말에 따르면, 광종은 태조 왕건을 도와 후삼국 통일에 기여한 경험이 풍부한 이른바 '구신숙장(舊臣宿將)'을 철저하게 제거했다. 수천 명의 구신숙장 가운데 살아남은 자가 40명 정도였다고 한다. 최승로의 말대로라면 광종의 개혁은 한마디로 '토사구팽(兎死狗烹)'의 지지받을 수 없는 개혁이었던 셈이다.

조화와 균형의 리더십

그러나 역설적이게도 성종의 성공은 광종의 무자비한 숙청 때문에 가능했다. 광종은 개혁에 반대하는 지방세력을 제거하기 위해 과거제를 실시하여 신진관료집단을 대거 등용했다. 과거를 실시한 지 20여 년이 지나 성종이 즉위할 무렵에는 새로운 정치세력으로 상당한 물갈이가 이루어졌다. 그런 점에서 성종은 광종 개혁의 수혜자이기도 하다. 따라서 성종의 개혁정치는 크게 보면 태조 왕건과 광종을 거치면서 진행되어온 고려 초기 국왕 주도 '개혁 프로그램'의 완성을 의미한다. 왕조의 기초를 만드는 개혁에 이같이 긴 시간이 걸린 것이다. 개혁은 내가 아니면 안 되며, 내가 집권하는 동안에 완성해야 한다는 '개혁 독점론'과 '개혁 조급증'이 역사의 순리가 아님을 지나간 역사에서 읽게 된다.

성종은 28가지 조항의 개혁안 〈시무 28조〉를 올린 최승로를 재상에 등용하고, 그의 개혁안을 국정 운영의 지침으로 활용했다. 성종의 리더십은 최승로의 개혁안에서 읽을 수 있다.

최승로는 "만약 국왕께서 마음을 겸손하게 가지고 신하를 예우하면, 누구인들 마음과 힘을 다하여 나아가 계책을 아뢰고, 물러가 바르게 국왕을 보필할 것을 생각하지 않겠습니까? 이야말로 국왕은 신하를 예로써 대하고, 신하는 국왕을 충성으로 섬기는 일이 됩니다"라고 했다. 최승로는 광종의 전제주의정치를 비판하고, 유교 정치이념에 입각하여 군신 간의 대화를 통해 국왕권과 신권이 상호 견제와 균형을 이루는 정치를 이상으로 생각했다.

또한 그는 "불교를 믿는 것은 수신(修身)의 근본이며, 유교를 믿는 것은 치국(治國)의 근원입니다. 수신은 내세(來世)의 밑천이며, 치국은 금일(今日)의 중요한 일입니다. 금일은 가깝고 내세는 먼 것이니, 가까운 것을 버리고 먼 것을 취하는 것은 그릇된 일이 아닙니까?"라고 하면서, 수신(修身)을 위해 불교의 존재를 인정하면서도 유교를 나라를 다스리는 현실이념으로 존중하여, 양자가 서로 조화를 이루는 사상정책을 제시했다.

외래문화에 대해서도 "중국의 제도는 좇지 않을 수 없지만, 사방의 습속은 각기 땅의 성질에 따르는 것이기 때문에 (중국의 제도로) 모든 것을 변화시킬 수는 없습니다. 예악과 시서(詩書)의 가르침과 군신·부자의 도리는 중국의 제도를 본받아 비루한 것을 고치고, 거마(車馬)나

會一依中國及新羅之制具公襴穿執奏事
之時著襪靴絲鞋革履庶人不得著文彩紗
縠但用紬絹一臣聞僧人往來郡縣止宿館
驛鞭撻吏民責其迎候供億之緩吏民疑其
銜命畏不敢言弊莫大焉自今禁僧徒止宿
館驛以除其弊一華夏之制不可不遵然四
方俗習各隨土性似難盡變其禮樂詩書之
教君臣父子之道宜法中華以革卑陋其餘
車馬衣服制度可因土風使奢儉得中不必
苟同一諸島居民以其先世之罪生長海中
活計甚難又光祿寺徵求無時日至窮困請
從州郡之例平其貢役一我國春設燃燈冬
開八關廣徵人衆勞役甚煩願加減省以紓
民力又造種種偶人工費甚多一進之後便
加毁破亦甚無謂也且偶人非凶禮不用西
朝使臣嘗來見之以爲不祥掩面而過願自
今勿許用之一易曰聖人感人心而天下和
平語曰無爲而治者其舜也夫何爲哉恭己
正南面而已聖人所以感動天人者以其有
純一之德無私之心也若聖上執心撝謙常

〈시무 28조〉

최승로가 성종 원년(982)에 올린 28개 조항의 개혁상소다. 이 상소에는 성종 이전 다섯 국왕의 정치에 대한 최승로의 평가와 함께 전기 고려 왕조의 정책 방향이 담겨 있다. 현재 22개 조항만 전한다.

홍패

고려시대 진사시(조선의 대과인 문과에 해당)의 합격증서. 광종 때 처음 시행된 과거제는 고려의 관료 사회와 정치질서를 근본적으로 변화시킨 커다란 사건이었다.

의복과 같은 제도는 우리나라 것을 따르게 하여 반드시 중국의 것을 따를 필요는 없습니다"라고 제안했다. 외래문화와 토착문화의 조화를 강조하는 부분이다.

광종은 개혁과정에서 쌍기 등 중국에서 귀화한 신진관료들을 중용, 과거제도를 실시하여 새로운 정치세력을 형성하고, 노비안검법(奴婢按劍法)을 시행하여 후삼국 통합에 공이 많은 지방세력의 정치 및 경제기반을 제거하고자 했다. 최승로의 지적과 같이, 광종의 개혁은 초반 8년간 커다란 성과가 있었으나, 개혁에 따른 신구 정치세력 간의 극심한 대립과 갈등으로 인해 이후 18년간은 개혁에 진척이 없어 흐지부지되고 말았다.

최승로는 개혁안에서 광종의 개혁을 반면교사(反面教師)로 삼아 철저하게 조화와 균형을 추구하는 정치를 주문했다. 성종은 그에 화답이라도 하듯 최승로를 중용하고 그가 개혁안에서 주장한 조화와 균형의 리더십으로 고려 왕조의 기초를 다지는 개혁에 착수했다. 그런데 왕권과 신권, 불교와 유교, 외래문화와 토착문화의 공존을 위해서는 그것을 유지할 균형추가 필요하다. 즉, 다양한 요소를 공존케 할 객관적인 기준의 마련이 개혁의 성공을 담보하는 지름길이었다.

그 돌파구는 선진적인 법과 제도의 수용이었다. 당시 중국은 글로벌 스탠더드를 갖춘 최고의 문화국가였다. 성종은 최승로의 건의를 받아들여 중국의 선진적인 법과 제도의 수용을 개혁의 기준과 원칙으로 삼으면서, 고려의 현실과 충돌하지 않게 양자를 적절하게 조화시키려 했다. 최승로의 발탁을 계기로 유교 관료집단이 정계에 대거 진출했는데, 성종은 이들을 개혁의 우군으로 삼아 중국을 통한 유교정치제도의 도입 등, 법과 제도의 개혁을 이룩할 수 있었다. 3성 6부체제 등 정치제도를 갖추고, 인재 양성과 발굴을 위해 학교와 과거제도를 정비했다. 그리고 지방토호세력으로부터 민생을 안정시키기 위해 지방관을 파견했으며, 중국의 지방제도와 빈민구제를 위한 의창제도 등 각종 사회제도를 도입했다.

한편, 성종은 고려 왕조 창업에 큰 공을 세웠으면서도 광종의 개혁으로 소외된, 서희(徐熙)로 대표되는 고려의 전통을 중시하는 관료집단을 개혁정치의 또 다른 우군으로 끌어안았다. 성종은 즉위 직후 서희에게 오늘의 국방장관에 해당하는 병관어사(兵官御事)의 벼슬을 내렸다. 서희의 아버지 서필(徐弼)은 광종 때의 원로 정치인으로, 광종이 귀화인 쌍기 등에게 저택을 주고 혼인을 주선하는 등 지나치게 우대하자, 차라리 "내 집을 그들에게 주라"고 하면서 광종의 개혁정책을 비판한 인물이다. 서희는 고려를 침입한 거란의 사령관 소손녕과 담판을 벌여 새로운 영토를 확보한 인물이기도 하다. 담판과정에서 소손녕이 "고려는 신라를 이은 국가"라고 하자, "고려는 고구려를 계승한 나라이기 때문에 나라 이름도 고려로 정했다"면서 당당하게 그를 설득할 정도로 고려의 자주성을 강조한 바 있다.

한언공(韓彦恭)도 그러한 인물 중 한 사람이었다. 그는 성종이 중국의 화폐제도를 도입하려 하자, 이 제도가 고려의 현실에는 맞지 않는다고 건의하여 성종을 설득시켰다. 성종대에는 이같이 지나치게 중국화로 치닫는 화풍(華風) 일변도의 제도 개혁에 속도 조절을 건의하고, 고려의 토착문화인 국풍(國風)의 중요성을 성종에게 일깨워준 세력이 공존했다.

성종은 왕조의 기틀을 이루는 법과 제도의 개혁 면에서는 선진 문화인 중국식 제도를 도입하여 고려의 제도를 일신하였으며, 최승로로 상징되는 유교 관료집단과 고려의 고유한 풍속과 제도를 유지하려는 서희로 상징되는 정치세력을 동시에 끌어안는, 조화와 균형의 리더십으로 정국을 운영했다. 이는 성종만이 가질 수 있는 리더십이었다.

신하의 혹독한 비판 경청

재위 후반기인 993년(성종 12년), 성종에게 최대의 정치적 위기가 찾아왔다. 바로 거란의 침입이었다. 송(宋)나라와 거란은 영토문제로 전쟁 직전의 상황까지 치달았는데, 그 여파가 고려에 미친 것이다. 거란은 송나라 공격의 사전조치로, 먼저 고려를 침공했다.

거란의 침공에 대해 고려 조정에서는 두 가지 상반된 대책이 나왔다. 먼저 80만 대군을 동원한 거란 군사의 위세에 눌린 유교 관료집단이 서경 이북의 땅을 떼어주고 거란에 항복하자고 했다. 처음에는 성종이 이에 동조하여, 서경의 곡식이 적에게 넘어가는 것을 막기 위해 창고를 열어 백성들에게 나누어주고, 남은 것은 대동강에 버리기도 했다. 그러나 고려의 전통을 강조한 관료집단이 반대를 했다. 서희는 먼저 거란과 외교담판을 벌여 그들의 침략 의도를 파악한 뒤에 항복해도 늦지 않다고 했다. 그러자 이지백(李知白)은 "태조가 창업을 하여 오늘에 이르렀는데, 영토를 적국에 넘겨주면 천고의 웃음거리가 될 것입니다. 영토를 떼어주기 전에 먼저 다른 나라의 이상한 법(화풍)을 행하지 말고, 태조 때부터 행해온 연등회와 팔관회 등의 행사를 다시 부활시켜 민심을 결집하는 일이 필요합니다"라고 했다. 중국 일변도의 제도 개혁을 비판하면서, 팔관회 등 고려의 전통 의례를 부활시켜 민심을 결집하는 일이 적을 막는 지름길이라고 역설한 것이다.

거란의 침입으로 최대의 정치적 위기를 맞은 성종은 이번에는 서희와 이지백의 건의를 수용했다. 그리하여 거란의 의도를 파악하기 위해 서희를 거란의 진영에 파견했다. 서희는 거란 장수 소손녕과 외교담판을 하는 과정에서, 거란이 송나라 정벌에 앞서 고려와 송의 동맹관계를 차단하여 후환을 없애려 고려를 침략했음을 파악하게 된다. 거란에게 영토적 야심이 없음을 확인한 서희는 그동안 거란과 외교관계가 중단된 것은 거란으로 가는 길목인 압록강 일대를 여진족이 점거하고 있기 때문이라고 변명한다. 그리고 송과 관계를 끊고 거란과 국교를 정상화하는 조건으로 여진족이 점유한 압록강 이동 280리 지역을 고려에 반환할 것을 요구했다. 거란은 고려의 요구조건을 받아들여 양국 간 전쟁은 중단된다. 거란으로서도 고려가 송나라와 외교관계를 끊는다면 굳이 고려를 공격할 필요가 없었기 때문이다. 서희의 담판으로 고려는 국경선을 압록강까지 확장하는 영토적 실리를 얻었을 뿐만 아니라, 전쟁의 확대로 인한 피해까지 막을 수 있었다.

다양한 정치집단을 우군으로 끌어안고 그들의 목소리를 끝까지 경청한 성종의 조화와 균형의 리더십은 절체절명의 위기에서 나라를 구했다. 이로써 물거품이 될 뻔한 법과 제도의 개혁은 계속되었고, 왕조의 안정도 유지할 수 있었다.

성공적인 군주의 덕목

고려 후기의 역사가 이제현(李齊賢)은 성종을 '뜻을 가지고 있으면서 그것을 실천한' 어진 군주[賢主]로 평가했다. 즉, 확고한 통치철학의 소유자이면서 그것을 실천한 군주로 평가했다. 이제현은 성종의 치적으로 종묘와 사직의 완성, 어진 인재의 양성, 민생의 순화와 안정을 들었다. 역대 군주 가운데 '성종(成宗)'이란 이름은 한 왕조의 기초가 되는 이른바 '법과 제도'를 완성한 군주에게 붙이는 호칭이다. 고려 성종은 그런 호칭에 가장 걸맞은 군주였다.

이제현은 또 '실천하는 데 게으르지 않으면서도 빨리 이루려는 조급증을 경계하고, 몸소 실천하여 마음속에 이치를 얻되, 자기 자신에 비추어 남에게 베푸는 자세'를 성종의 개인적인 덕목이라 했다. 스스로 일에 접근하여 이치를 얻되 그것을 조급하게 행동으로 옮기지 않고, 말과 행동을 언제나 자신에게 되물어 이치를 얻은 후 다른 사람에게 옮기는 신중한 처사야말로 바로 조화와 균형이라는 리더십을 발휘하게 한 자양분이었다. 지금의 입장에서 볼 때 성종이 성공한 군주로서 평가받을 수 있는 것은 바로 자신의 뜻을 앞세우지 않고 다양한 정치집단을 등용하여 그들의 의견을 끝까지 들은 후 합리적인 판단을 내린 조화와 균형의 리더십 때문이다.

이념이 다른 정치집단이 격렬한 정쟁으로 치달아 분열하고 대립하는 현상이 매우 소모적이고 비생산적인 것처럼 여겨지는 경우가 많다. 그러나 그러한 과정은 다양한 의견 개진으로 불필요한 오해와 독주를 걸러내어 합리적인 여론을 형성할 수 있다는 장점이 있다. 특히 위기의 국면에서 그러한 장점은 오히려 정치집단의 결속력을 강화시켜 마치 시멘트와 모래가 결합하여 단단한 구조물이 되듯이 커다란 힘을 발휘하게 된다. 다양한 정치집단이 조화와 균형을 이루지 못한 채, 하나의 세력만 독주하는 위기의 시대에 소외된 정치세력은 외부의 적보다 더 무서울 수 있다. 이 점은 민주사회인 지금이나 군주의 전제권이 용인된 전근대에나 흔들리지 않는 진리이다.

성종이 발휘한 리더십의 본질은 이러한 평범한 진리를 받아들여 실천한 데 있다. 어느 시기이든 대내외 위기가 고조되는 시기에 최고 경영자의 리더십이 더욱 중요하다는 사실을 성종의 개혁정치는 보여주고 있다.

● 화풍과 국풍

일제 식민지시기 민족주의 역사가 단재 신채호(申采浩)는 1135년 서경에서 일어난 묘청(妙淸)의 난을 천년 이래 우리 역사에서 가장 큰 사건이라고 하였다. 자주적이고 전통적인 사상가 묘청이 유가(儒家)적이고 사대적인 사상가 김부식에게 패하면서 우리 역사가 결정적으로 후퇴하게 되었다고 하였다. 단재 신채호는 이같이 역사를 '자주와 사대'의 대립 및 갈등과정으로 해석했다. 역사 발전은 자주적인 기상과 요소에서 찾아야 하며 사대적인 사상이나 행동이 역사의 후퇴를 가져온다는 이른바 '자주와 사대'의 논리를 제기하고, 이를 우리 역사 해석의 주요한 기준으로 삼았다.

한편, 신채호는 묘청을 국풍(國風)을 중시한 사상가라 했다. 여기서 국풍은 고려의 독자적이고 전통적인 사상과 문화 내지 제도와 관습을 중시하는 흐름이나 경향을 뜻하며, 이를 달리 토풍(土風)이라고도 한다. 이와 반대되는 개념이 화풍(華風)으로서, 중국의 제도와 문화를 중시하는 흐름이나 경향을 일컫는다.

이 두 가지 흐름이 우리 역사에서 처음으로 실체화된 것이 고려 성종 때이다. 중국의 선진문화 수용을 통한 개혁방식과 고려의 전통적인 제도와 관습을 중시하는 개혁방식을 각각 화풍과 국풍이라 하였다. 단재 신채호는 국풍과 화풍을 상호대립적인 관계로 보았다. 그러나 이러한 개념이 처음으로 등장한 성종대에는, 본문에서 살핀 바와 같이, 두 흐름이 공존하면서 상호보완적인 관계였다. 두 경향의 흐름이 공존하는 바탕에서 조화와 균형이라는 성종의 리더십이 발휘될 수 있었다.

신채호

중국의 선진문물을 수용하려는 화풍과 고려의 고유한 문화와 전통을 유지하려는 국풍의 대립과 갈등은 고려 사상사의 주요한 흐름 중 하나이다. 단채 신채호는 국풍을 고려 사상사의 본류로 주목한 학자의 한 사람이다.

숙종 왕옹

난국 돌파를 위한 부국강병의 그림자

문종은 어린 숙종을 사랑하여
"너는 뒷날 고려 왕실을 부흥케 할 것이다"라고 하였다.

《고려사》 권11 숙종 총서

숙종(肅宗) 왕옹(王顒)

생몰 1054년~1105년, 재위 1095년~1105년

1096년(재위 1년) 김위제가 남경 천도론 제기

1099년(재위 4년) 남경 건설 시작, 관둔전(官屯田) 설치

1101년(재위 6년) 주전(鑄錢)도감 설치, 화폐 은병(銀甁) 발행, 대각국사 의천 사망

1102년(재위 7년) 동전(銅錢) 발행, 개경과 지방에 상점 설치

1104년(재위 9년) 제1차 여진 정벌, 별무반 설치

한국사에서 가장 매력적인 장면을 꼽으라면, 변혁기의 역사라고 할 수 있다. 변화에는 언제나 위기가 따른다. 그런 시대일수록 다재다능한 인물이 등장하고, 위기를 극복하려는 노력이 흥미진진하게 전개된다. 고려 숙종이 통치한 12세기 초도 그랬다. 한국사에서 전례없이 부국강병(富國强兵)을 앞세운 개혁정책이 추진되고, 이를 둘러싼 논의가 풍미하였다. 그러나 변혁기든 안정기든 간에 변하지 않는 진리가 있다. 민심의 지지를 받지 못한 개혁은 실패한다는 점이다. 12세기 초 고려 역사는 그런 점에서 우리의 주목을 끌기에 충분하다.

수도를 옮기자

숙종 원년(1096), 술사(術士) 김위제는 "《도선기(道詵記)》라는 책에 따르면, 고려 땅에 개경·서경·남경의 3경을 두고 각각 4개월씩 국왕이 머물면 36국이 고려에 조공을 바치게 될 것이며, 왕조 개국 후 160여 년이 지난 후에는 남경으로 도읍을 옮겨야 한다고 되어 있습니다"라고 하면서, 승려 도선(道詵)의 풍수도참사상을 근거로 수도 천도론을 제기한다. 개경에서 지금의 서울인 남경으로 도읍지를 옮기자고 주장한 것이다. 후삼국을 통합한 936년을 기점으로 하면, 이 해가 개국 후 꼭 160년이 되는 해였다. 우연이라 하기에는 너무나 적절한 시점에 그는 도선의 예언을 빌려 수도 천도론을 제기한 것이다. 한때 대선정국에서 수도 이전문제가 선거의 쟁점으로 뜨겁게 달아올랐던 사실에서도 알 수 있듯이, 수도 천도는 예나 지금이나 모든 계층의 이해관계와 직결되는 매우 민감한 문제이다.

왜 숙종은 즉위하자마자 김위제의 입을 빌려 이러한 문제를 제기하였을까? 숙종이 즉위할 무렵, 고려 사회는 그야말로 위기의식이 만연해 있었다. 그는 당시 팽배한 위기의식을 극복하는 대안으로서 수도 천도론을 재기했다. 또한 그 속에는 어렵사리 쿠데타를 통해 왕권을 획득한 숙종이 왕권을 강화하여 국왕으로서 위상을 확고하게 다지려 한 고도의 노림수가 숨겨져 있었다.

상하 계층간의 반목과 질시, 민심의 이반 및 왕실과 외척세력 간 갈등 등 위기의 조짐은 여러 곳에서 드러났다. 권세가들은 권력을 이용하여 강제로 백성들의 토지를 빼앗거나 대외무역에 뛰어들어 유통권까지 장악했다. 이들에게 시달리던 백성들이 결국 도적이 되거나 유민이 되어 이곳저곳으로 떠돌이 생활을 하는 사례가 속출했다. 미륵불이 출현했다는 등 각종 유언비어도 난무했으며, 나라 밖으로는 여진족이 점차 강성해져 흩어진 부족을 통합하면서 세를 불려갔다. 여진족이 고려 국경에 출몰하여 군사 충돌이 잦아지면서 대외적인 긴장감이 고조되었다. 그러나 숙종이 느낀 더 큰 위기감은 200여 년을 유지해온 왕실이 외척세력에게 유린당해 왕실의 권위가 훼손되고 왕권이 약화될지 모른다는 절박함이었다.

당시 왕실을 위협한 세력은 인주(仁州) 이씨 집안이다. 문종(재위 1046~1083) 때 수상을 지낸 이자연(李子淵)은 딸 셋을 문종에게 출가시켰다. 13남 2녀나 되는 문종의 자식은 모두 이자연의 외손이다. 그 가운데 숙종은 삼남이었다. 부왕 문종을 이은 장남 순종(재위 1083~1083)이 즉위 직후 병으로 서거하자, 차남인 선종(재위 1083~1094)이 즉위했다. 뒤에 삼남인 숙종까지 아들 셋이 국왕이 될 정도로 자식들도 출중했다. 공교롭게도 이자연의 세 딸을 제외한 다른 두 명의 왕비에게는 자식이 없었으니, 이 집안의 위세는 실로 대단할 수밖에 없었다.

문종의 둘째 아들 선종이 죽자 그 아들 헌종(재위 1094~1095)이 11세의 어린 나이에 왕위에 올랐다. 그러나 병 때문에 왕 노릇을 제대로 할 수 없어 어머니인 태후가 섭정을 했다. 그 틈을 이용해 외삼촌 이자의(李資義)가 궁정을 들락거리면서 태후와 짜고 헌종의 배다른 동생을 왕으로 세울 것을 모의했다. 이러한 낌새를 알아차린 계림공(뒤에 숙종)은 마침내 왕국모, 고의화 등 휘하 장수들을 거느리고 이자의와 태후 등을 처단하고 왕위에 올랐다. 기록에는 이자의의 난이 진압된 후 숙종이 즉위했다고 하나, 사실은 숙종이 사전에 치밀한 계획을 세워 이자의를 제거하고 왕위에 오른, 숙종에 의한 쿠데타였다.

쿠데타로 왕위에 오르다

숙종이 쿠데타를 일으킨 증거는 많다. 즉위하자 장인(匠人)이나 장사치 등 천한 무리〔工商皀隸〕들에게 대거 관직을 주었다는 기록은 그가 거사를 위해 사전에 많은 무리를 포섭한 사실을 뒷받침한다. 일반 관료들의 눈에 천한 무리들이 관직에 오르는 이러한 상황이 곱게 비쳤을 리 없다. 그들은 숙종의 즉위에 쉽사리 동조하지 않았다. 즉위 후 관례적으로 행하던 대대적인 인사조치가 이루어지지 못한 것도 그 때문이다. 한편, 쿠데타에 호응한 공신세력은 무장세력이 주를 이루고 있어, 기존의 문벌 출신을 압도할 만한 인재풀이 빈약한 것도 또 다른 이유였다. 국왕으로 즉위는 했으나, 정통성이 약할 수밖에 없었던 것이다.

거기다가 거란이 숙종의 즉위에 의구심을 가지고 사신을 보내 직접 헌종을 만나본 후 즉위를 인정하겠다며 숙종을 압박하고 나섰다. 송나라도 마찬가지였다. 숙종은 측근인 윤관(尹瓘) 등을 거란과 송나라에 보내 설득을 거듭한 후에야 겨우 동의를 얻어내었다. 그러나 숙종에게는 이러한 여러 난국을 돌파할 만한 카드가 있었으니, 바로 수도 천도론이었다.

첫 단추를 잘못 끼우면 옷매무새가 흐트러지는 것은 물론이거니와 먼 길을 가는 발걸음조차 더디다. 정통성 문제에서 빚어진 난국은 10년의 재위기간 내내 숙명처럼 숙종을 옭아맸다. 위기가 곧 기회라지만, 위기는 꼬인 실타래처럼 언제나 위기로만 숙종 앞으로 다가왔다.

그런데 쿠데타와 같은 비정상적인 과정을 통해 즉위한 한국사의 국왕 가운데는 커다란 업적을 남긴 인물이 많다. 동생을 죽이고 왕위에 오른 조선 태종 이방원이나 어린 조카 단종을 몰아내고 왕위에 오른 수양대군 세조가 조선 왕조의 기틀을 쌓은 현군으로 추앙받은 것이 그 예다. 취약한 정통성을 메우려는 노력이 오히려 치적을 쌓는 데 자극제로 작용했는지도 모른다. 그러나 조선의 태종이나 세조가 즉위할 무렵과는 달리, 숙종이 즉위할 무렵 고려의 대내외 여건은 급박하여 민심이 쉽사리 마음을 열 수 없는 형국이었다.

난국 돌파의 또 다른 카드, 화폐 유통과 여진 정벌

즉위 직후 김위제의 입을 빌려 제기한 수도 천도론은 숙종의 새로운 정책을 알리는 신호탄이었다. 그러나 그로부터 3년이 지난 숙종 4년(1099)에야 천도사업에 착수했을 정도로 정국은 숙종의 의도대로 움직여주지 않았다. 이때 그의 동생이자 측근으로 천태종을 창립하여 불교 통합에 앞장선 대각국사(大覺國師) 의천(義天)이, "관리들은 옛 것만을 숭상하고 현재를 문제삼는 것을 비루하게 여기며, 이익이 백 가지가 되지 않으면 바꾸지 않는다"면서 그들의 소극성을 비난하고, "때를 만나기는 어렵고 잃기는 쉽다"면서 숙종에게 적극적인 개혁을 권유했다.

숙종은 의천의 제안을 받아들여 재위 2년이던 1097년 화폐의 주조와 유통책을 실시한다. 의천은 "전하께서 독단을 내리시어 과감히 (화폐 유통책을) 펴시면 국가의 복이며 만세에 백성에게 복이 될 것입니다"라면서, 세금을 화폐로 거두어들이면 쌀이나 포 같은 현물화폐로 거둘 때보다 관리들의 협잡이 줄어들고 운반이 편리하며, 미곡이 비축되어 흉년에 대비할 수 있다는 이점을 내세웠다. 이 시책은 화폐 사용을 통해 국가가 유통경제를 장악하고, 유통과정에서 문벌 등 권세가나 대상인들의 민에 대한 수탈을 방지하는 한편, 궁극적으로 왕권을 강화하려는 데에 목적이 있었다.

그러자 대신들의 반발도 만만치 않았다. 곽상은 풍속에 맞지 않는다며 반대했다. 당시 국왕의 통치를 추종하는 관리들이 '신법(新法)'을 다투어 제안하자, 대신 고영신은 "선대부터 행해진 법〔成憲〕이 엄연히 있는데, 이를 고치기보다는 지키고 잃지 않는 일이 옳다"면서 정면으로 반박했다. 게다가 숙종의 동생 부여후(扶餘侯) 수(燧)가 역모를 꾀하다

개성 영통사 대각국사비

대각국사 의천의 비로, 비문은 김부식이 찬술했다. 또 하나의 대각국사비는 임존(林存)이 찬한 것으로 선봉사(僊鳳寺)에 있다.

유배를 당하고, 그를 지지하던 무신들마저 역모를 하는 등 정국이 매우 어수선했다.

화폐 유통책은 숙종이 가장 역점을 두고 추진한 재정정책 중 하나이다. 이외에도 숙종은 여러 가지 재정정책을 추진했다. 해동통보 등 각종 화폐를 만들고, 그것을 유통시키기 위해 수도 개경과 서경에 상점을 설치하고 상업을 육성하고자 했다. 또한 교통과 상거래의 요충지인 관진(關津)에서 상세(商稅)를 거두어 국가의 재원으로 삼았다. 공상(工商)을 억제할 것이 아니라 농업과 함께 경제의 한 축으로 발전시켜야 한다고도 했다. 각 군현에 5결씩의 관유지(官有地)를 확보하여 경작하게 하고, 그 비용으로 외관 녹봉의 일부를 주어 중앙 정부의 재정비용을 절감하려고도 했다.

숙종은 윤관, 왕가, 조규 등 측근을 요직에 임명하여 자신의 정책을 적극적으로 추진하려는 의지를 보였다. 이들은 숙종의 즉위에 의구심을 가졌던 거란과 송나라에 각각 사신으로 가서 그들을 설득해낸 인물들이다. 그러나 숙종은 더 많은 관료들로부터 적극적인 지지를 받지는 못했다.

숙종 9년(1104) 여진족이 함경도 정주지방으로 들어와 군사를 주둔시키자, 숙종은 이를 계기로 여진 정벌을 단행했다. 여진 정벌은 윤관 등 숙종의 측근들이 정국을 주도하는 가운데 이루어졌다. 그러나 예상외로 여진의 완강한 저항을 받아 1차 정벌에 실패하고 만다. 이로써 관료들의 불만은 더욱 고조되었다. 숙종은 정벌 실패의 원인을 적의 기병 때문이라 보고 별무반(別武班)이라는 새로운 군사조직을 편성했다. 이 조직에는 과거 응시자를 제외한 20세 이상의 남자 모두를 소속시켰다.

떠돌이 유민들도 여기에 편성하고, 승려는 항마군(降魔軍)으로 편성했다. 별무반 편성은 국왕권을 강화하고 전국의 군역자원을 국가가 직접 장악하는 계기가 되었다. 이듬해 숙종이 서거하자 즉위한 그의 아들 예종(재위 1105~1122)은 부왕의 유지를 계승하여 윤관을 사령관으로 삼아 제2차 여진 정벌을 단행했다.

부국강병의 리더십

왕위 계승에서 정통성 문제를 안고 즉위한 숙종은 끊임없는 정책 이슈를 만들어 정국을 주도하는 식의 과감한 리더십으로 난국을 극복하려 했다. 그의 리더십을 살펴볼 수 있는 대표적인 정책이 앞에서 설명한 대로 수도 천도·화폐 유통·여진 정벌이다. 이 정책은 숙종 재위 10년부터 예종 전반기까지 약 15년간 유지되었다. 숙종은 왕조의 최고 경영자로서 외척의 기세를 누르고 통치기반을 확고히 다지면서, 나라 안팎의 위기를 일거에 타개하기 위해 '부국강병'이라는 공리(功利)주의 정책을 아젠다로 제시한 것이다.

숙종의 정책은 당시 송나라에서 시행된 왕안석의 신법(新法)을 모델로 한 것이다. 《고려사》에서도 이것을 신법이라 불렀는데, 이는 적극적인 대외 경략과 과감한 재정 개혁을 통해 개인이나 사문(私門)이 아닌 국가의 부(富)를 확대하는 정책이었다. 신법의 추진으로 숙종은 외척의 기세를 누르고 국왕권을 강화하는 데 성공한다. 그러나 고려 사회는 그로 인해 더 큰 대가를 치러야 했다. 4, 5년에 걸쳐 여진 정벌과 수도 천도사업에 동원된 백성들의 고통은 이루 말할 수 없었다. '열 집 가운데 아홉 집이 비었다〔十室九空〕'는 당시 기록이 말해주듯이, 그 부담을 이기지 못해 집을 버리고 도망하는 백성들이 늘어갔다. 민심의 이반으로 숙종의 정책은 더 이상 지속될 수 없었다.

관료들의 생각은 달랐다

숙종의 리더십에 대해 일반 관료들은 부정적으로 보았다. 그들은 부국강병도 좋지만 민생 안정이 먼저라고 생각했다. 이를 위해 관리들의 인격적·도덕적 각성이 우선이라고 보았다. 그들은 기존의 구법(舊法)만이라도 제대로 시행하면 위기를 타개할 수 있다고 여겼다. 즉, 부국강병을 위해 무모한 정책을 추진하기보다는 관리의 도덕성 함양과 수양을 통해 관료사회를 일신하여 민심을 얻는 것이 위기를 극복할 방안이라고 생각한 것이다. 그들은 숙종의 측근정치가 아니라 정상적인 관료 중심의 정치를 원했다. 백성들을 편안하게 휴식시켜야 한다는 이른바 '식민(息民)'의 논리, 민생의 안정을 중시하는 논리가 그 밑에 깔려 있었다.

기세등등한 개혁 추진에 관료들은 숙종의 재위기간 내내 침묵할 수밖에 없었다. 그러나 숙종 사후 예종이 부왕의 정책을 계승하려 하자 더 이상 침묵하지 않았다. 관료들은 화폐 유통의 중지를 건의하면서, 그 근거로 '중국과 우리나라는 땅이 다르고 인성(人性)이 달라 중국의 문물제도를 구차히 받아들일 필요가 없다'는 태조의 〈훈요십조〉를 내세웠다. 이들은 여진 정벌을 중단하자는 논의도 제기했다. 남경 건설, 여진 정벌 등으로 백성들의 부담이 너무 크고, 거란과 외교 분쟁이 일어날 가능성도 크기 때문이라 했다. 관료들은 여진 정벌로 얻은 9성을 여진에 반환하는 조건으로 전쟁을 중지하자고도 주장했다. 나아가 여진 정벌

사령관 윤관에게 패전의 책임을 질 것을 요구했다. 그뿐 아니라 부왕(숙종)의 영혼을 모실 사원인 천수사 건립공사도 중단하자고 했다. 이 모두가 숙종의 정책에 대해 당시 일반 관료들의 불만이 어떠했는지를 알려준다. 관료들이 강하게 반대의 목소리를 내자, 예종은 부왕 숙종의 정책을 전면 수정하지 않을 수 없었다.

윤관에 대한 처벌 요구를 예종이 거부하자, 고위 관료들은 수십 일간 출근을 거부하면서 국왕을 옥죄었다. 마침내 9성이 반환되고, 처벌 대신 윤관의 공신호만 박탈하는 조건으로 사태가 마무리되었다. 부왕의 정책을 입안·추진하고 그 유지(遺志)를 계승하려 한 예종을 뒷받침한 윤관마저 정벌 책임론에 시달리다가 예종 6년(1111)에 사망한다. 화폐 유통도 천도도 결국 흐지부지되었다. 이로써 고려 왕조 최초의 실험, 부국강병의 개혁은 실패로 끝났다.

개혁의 변증법

기존의 정치질서와 타협한 예종은 왕권과 왕실의 위상을 회복하기 위해 다시 인주 이씨 집안의 이자겸(李資謙)과 손을 잡고 그의 딸을 비로 맞아들였다. 그간 숙종의 위세에 눌려 있었지만, 이 집안은 여전히 최고 권력의 가문이었다. 문종에서 인종까지 7명의 국왕 가운데 어려서 혼인하지 않은 헌종을 제외하면 숙종만이 유일하게 이 집안과 혼인하지 않았다. 쿠데타로 인주 이씨의 위세를 누르고 즉위한 숙종에게 이 집안과의 혼인은 생각할 수 없는 일이었다. 부왕의 상중(喪中)이라는 이유로 혼인을 미루던 예종도 결국 이자겸의 딸을 왕비로 맞아들였다. 이자겸은 뒷날 왕실을 쑥대밭으로 만든 '이자겸 난'(1126)의 장본인이다. 예종의 아들인 인종도 결국 그의 두 딸을 비로 삼는다. 어쨌든 인주 이씨와의 혼인을 기회로 이자겸으로 대표되는 외척세력이 다시 예종의 든든한 정치 후원자가 되었다.

예종은 부왕 숙종의 부국강병책에 반대하던 김인존, 고영신, 최계방 등 유교 문신 관료세력을 다시 중용한다. 그리고 한안인, 이영 등의 신진관료집단이 새로운 정치 주도세력으로 등장하였다. 숙종의 공리주의에 반대하고, 관리의 도덕성과 인성의 함양을 중시하고 정상적인 관료정치를 주장한 세력이 정치 주도세력이 된 것이다. 정치세력의 물갈이로 예종은 더 이상 부왕의 정치를 답습할 수 없었다. 문치주의를 중시하는 정치세력과 손을 잡은 예종은 대신 선진문화국 송나라와의 관계 개선을 통해 유교이념에 입각하여 왕권을 강화하고 문물예제의 정비를 통해 왕조의 면모를 일신하고자 했다.

예종이 고려 역대 군주들 가운데 예술과 문화의 꽃을 만개시킨 호문(好文)의 군주로 뒷날 문사들에게 호평을 받은 것은 일반 관료들의 여론을 진지하게 받아들인 새로운 리더십 때문이다. 이에 비해 숙종의 부국강병책은 관료집단의 동의를 얻지 못한 개혁, 민심의 지지를 받지 못한 개혁은 실패하게 된다는 교훈을 남겼다.

● 숙종 개혁의 쌍두마차, 대각국사 의천과 윤관

숙종은 개혁정책을 성공적으로 추진하기 위해 다양한 정치세력을 끌어안으려 했다. 외척세력을 제거하고 국왕으로 즉위하는 데 도움을 준 세력은 왕국모, 고의화 등 무장집단이었다. 그러나 숙종은 즉위한 뒤 이들 대신 선종의 근신이자 고위 관료집단인 김상기, 최사추 등을 등용한다. 일반 관료집단의 지지를 끌어내 정국을 안정적으로 유지하려는 의도를 엿볼 수 있다. 하지만 이들은 쿠데타로 즉위한 숙종에 대해 호의적이지 않았다.

숙종도 이를 잘 알고 있었다. 그래서 측근들을 중심으로 자신의 개혁정책을 밀고 나갔다. 그의 정책을 입안하고 실천에 앞장선 측근은 동생인 대각국사 의천과 윤관이었다. 대각국사 의천은 분열된 불교교단을 통합하여 숙종의 정치적인 부담을 덜어주었다. 또한 직접 송나라에 가서 왕안석의 신법을 체득하여 숙종에게 시행을 건의한다. 화폐 유통책은 그의 아이디어였다.

윤관은 거란과 송나라에 가서 숙종 즉위의 정당성을 설파했으며, 또한 사령관으로서 여진 정벌과 별무반 창설을 주도함으로써 숙종을 보좌했다. 윤관은 숙종뿐 아니라 아들 예종까지 보좌한 측근 중의 측근이었다.

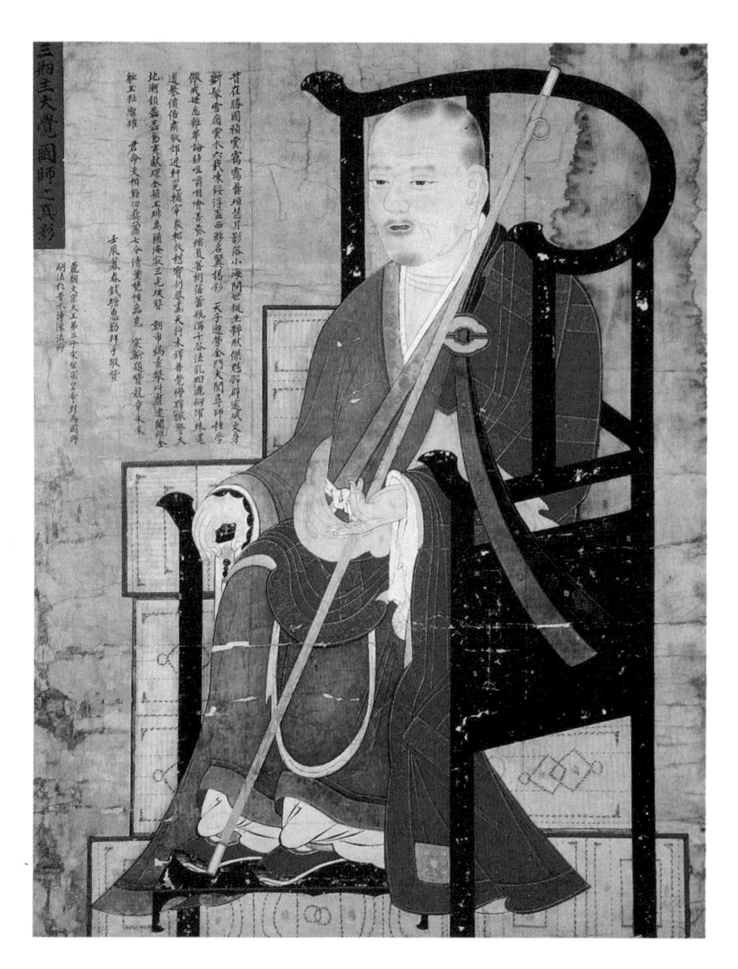

대각국사 의천

일찍이 송나라에 들어가 당시 송의 신법정책을 연구했다. 불교 통합운동과 함께 화폐 사용을 건의하는 등 숙종의 개혁정책을 적극적으로 도왔다.

의종 왕현

왕권의 신성성을 추구한 비운의 국왕

팔관회가 옛 모습을 잃고 쇠퇴하고 있다.
이를 회복하여 하늘과 백성이 기뻐하도록 하라.

《고려사》 권18 의종

의종(毅宗) 왕현(王晛)

생몰 1127년~1173년, 재위 1146년~1170년

1147년(재위 1년) 서경인 등이 금나라 사신과 모반을 꾀하다 처형

1148년(재위 2년) 이심 등이 송나라 집권자 진회에게 고려 점령 제의

1168년(재위 22년) 개혁교서 '신령(新令)' 반포

1170년(재위 24년) 무신정변, 폐위되어 거제도에 유배

1173년(명종 3년) 김보당의 의종 복위운동으로 경주로 이배(移配), 이의민에 피살

1170년의 무신정변은 고려 정치사에 커다란 전환점이 된 사건이다. 이 사건의 전모는 《고려사》 등에 실려 있는데, 당시 정변과 그로 인해 성립된 무신정권에 대해 매우 비판적으로 서술되어 있다. 예를 들면, "권간(權姦)들이 국정을 마음대로 하여 나라의 근본을 깎고 상하게 하였으며, 비용을 함부로 사용하여 나라의 창고가 텅 비었다", "의종(毅宗)·명종(明宗) 이후에 무신권력자들이 정권을 잡으면서 군사권이 이들에게 이양되어 날랜 장수와 군센 사졸들이 모두 개인에 소속되어 나라에 도적과 외적이 들끓어도 이를 제압할 1여(旅, 500명)의 군사도 없을 정도이다", "무신 권력자들이 사사로이 정방(政房)을 두고 모든 정사가 뇌물로 이루어져, 관리 선발제도가 크게 무너졌다" 등이다. 한마디로 무신정권이 등장하면서 나라의 재정이 고갈되고, 군사권이 사유화되고, 인사권이 문란해졌다는 것이다. 이렇듯 무신정권에 대한 《고려사》 편찬자의 시각이 이 글에 함축적으로 표현되어 있다.

무신정변 – 무신의 횡포인가, 군주의 잘못인가?

무신정권이 몰락한 지 한 세대 뒤의 역사가 이제현의 생각도 다르지 않았다. 당시 국왕 충선왕이 요즘 자제들이 사찰을 찾아서 공부하는 이유를 묻자, 이제현은 무신정변 때 살아남은 문신들이 깊은 산골의 사찰로 피신한 때문이라고 했다. 이 말 속에는 무신정변으로 공교육기관이 무너져 이런 현상이 빚어졌다는 뜻이 담겨 있다. 교육기관의 부실은 유가(儒家)에게 용납될 수 없는 일이다. 그래서 그런 현상을 빚은 무신정권에 대한 불만을 간접적으로 표현한 것이다. 이뿐 아니라 이제현은 당시 관리 선발제도가 무너진 것도 무신권력자들이 정방(政房)을 설치하여 문무의 인사권을 장악한 때문이라고 보았다.

《고려사》를 편찬한 조선시대 역사가나 이제현은 전형적인 유교사가였다. 이들은 무신의 발호로 정변이 발생했고, 그로 인해 정국이 파행 운영되었다며 무신정권에 대해 부정적인 시각을 가졌다.

그렇다면 무신정권기 당대의 사가(史家)들은 무신정변을 어떻게 보았을까? 이와 관련해서는 의종의 뒤를 이은 명종의 실록을 편찬한 고종대 역사가 김양경(金良鏡)의 다음과 같은 견해가 있다.

> 의종은 불교와 도교를 숭상하였는데, 그를 위해 경색(經色) · 위의색(威儀色) · 기은색(祈恩色) · 대초색(大醮色) 등과 같은 기구를 두고 그 운영비용을 지나치게 거두어 낭비하였다. 또한 이복기(李復基) · 임종식(林宗植) · 한뢰(韓賴)와 같이 간사하고 아첨하는 자, 정함(鄭諴) · 왕광취(王光就) · 백자단(白子端)과 같은 환관, 영의(榮儀) · 김자기(金子幾)와 같은 술사(術士)와 폐첩(嬖妾) 무비(無比)를 총애하였다. 그러자

> 어진 선비가 숨어 바른 말 하는 사람이 사라졌다. 정변이 일어났어도 국왕을 위해 목숨을 던지는 사람은 한 사람도 없었다.

김양경은 앞의 역사가들과 달리, 불교와 도교를 숭상하는 한편, 올바른 선비를 멀리하고 환관 등 측근에 의지하여 통치를 한 의종의 결함 때문에 무신정변이 일어났다고 보았다. 그는 유교 정치이념의 가치 기준과 어긋난 의종의 리더십에 초점을 맞추어 의종을 비난했다. 불교, 도교보다는 유교이념, 환관 등 측근보다는 유교 관료집단에 의한 통치를 바람직한 군주의 통치형태라 생각했기 때문이다. 무신정권 자체를 직접적으로 비판할 수 없는 당대의 현역 사가(史家)라는 현실적인 처지가 그의 평가에 일정한 영향을 끼쳤음을 부인할 수 없다. 그러나 유교 정치이념의 실천 여부를 기준으로 의종을 평가한 점은 앞의 역사가들과 다르지 않다.

무신정변을 국왕의 리더십 문제와 결부시켜 평가한 김양경은 당대의 역사가이다. 그의 견해에는 당시 역사가들의 생각이 반영되어 있었을 것이고, 그 때문에 오늘날까지 그의 사평(史評)이 전해질 수 있었을 것이다. 또한 그의 평가는 난세이자 위기의 시대 왕조의 최고 경영자인 국왕은 어떤 리더십으로 정국을 운영해야 할 것인가를 성찰하게 해준다는 점에서 의미가 있다.

왜 국왕 의종은 불교와 도교를 숭상하고 측근정치를 행한 것일까? 그러한 리더십을 낳게 한 역사적 조건은 무엇일까? 지금의 눈으로 다시 고찰할 필요가 있다.

믿었던 도끼, 측근의 자중지란

무신정변 당시 의종을 지지한 세력은 친위군사인 무신집단과 환관, 술사 등 측근세력이었다. 정중부(鄭仲夫), 이의방(李義方) 등 정변의 주동자들은 의종이 평소 즐겨한 격구, 수박희 등 각종 무술에 능통한 자들로서, 의종의 총애를 받으면서 성장한 친위군사였다. 물론 정변의 성공은 평소 지배층의 수탈에 시달려 불만이 컸던 하급 군인층과 농민층의 지지 때문이었지만, 정변의 주동자들만으로 볼 때 무신들이 천대를 받아 난을 일으켰다는 것은 사실과는 거리가 있다.

무신정변 직후 의종은 정변을 일으킨 장수들에게 칼을 하사한다. 이는 무신들의 정변에 묵시적인 지지를 보내는 상징적인 행위였다. 의종은 정변 직후까지도 이들을 믿고, 정변을 계기로 사사건건 반대만 해온 문신들을 제거하려는 생각을 가졌음이 분명하다. 그러나 정변으로 가장 먼저 피해를 입은 또 다른 측근인 환관들이 반격하자, 무신들은 의종을 의심하여 폐위함으로써, 의종과 정변 주동 무신들과의 연결은 없던 일이 되었다.

무신정변의 초기 단계는 정함·왕광취·백자단과 같이 미천한 신분의 환관들과 정중부·이의방 등 친위군사세력, 즉 의종 측근세력 내부의 대립과 갈등으로 초래된 자중지란(自中之亂)의 성격이 더 두드러진다. 문신에 대한 대량 살육은 그로부터 3년이 지난 1173년 문신 김보당(金甫當) 등이 주도한 의종 복위운동 이후 벌어진 일들이다. 따라서 초기 무신정변은 일차적으로 측근 중심의 정치를 행한 의종의 리더십 때문이었다. 그런 점에서 김양경의 지적은 정확하다고 볼 수 있다.

왜 의종은 측근세력을 중심으로 정국을 운영했을까? 의종의 즉위과

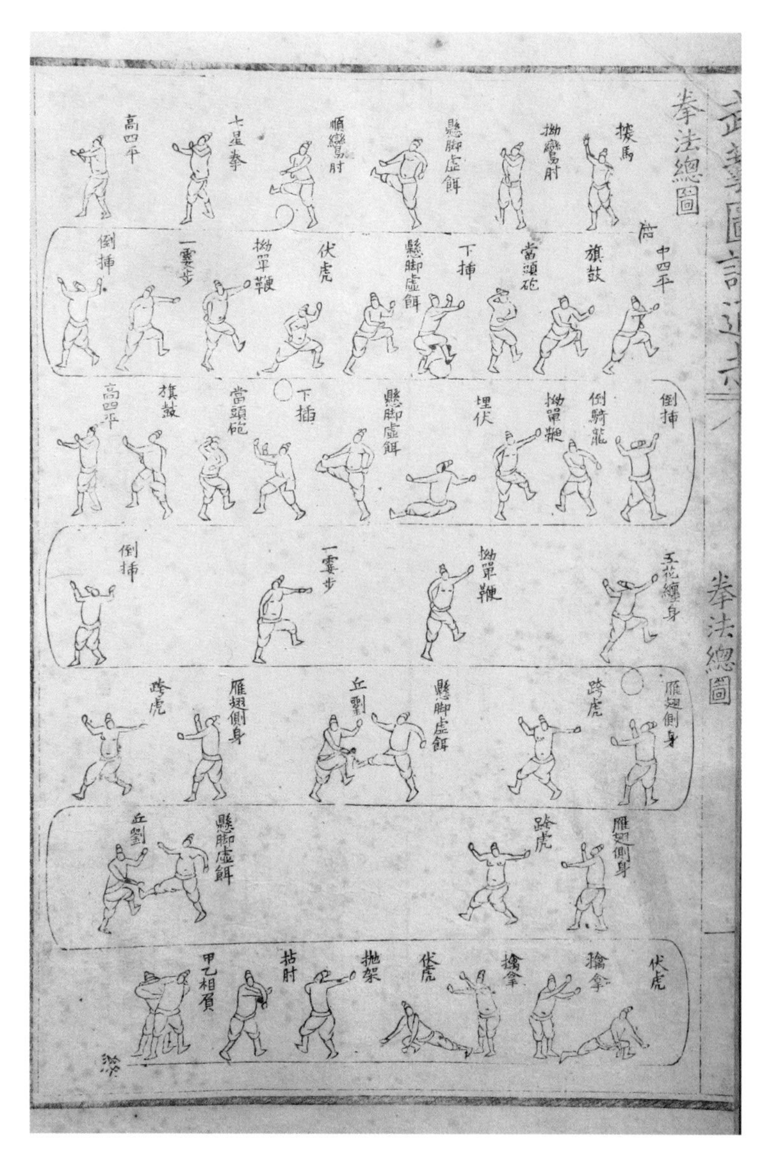

수박희

당시 의종과 측근 무인들이 즐겨한 놀이로, 지금의 태권도와 유사하다. 조선 정조 때 편찬된 《무예도보통지》에 실려 있다.

정을 살펴보면 그 해답을 찾을 수 있다.

즉위는 했으나, 불안한 정국

의종 즉위 무렵 부왕인 인종대에 일어난 외척 이자겸의 난(1126)과 서경 묘청의 난(1135)으로 왕실의 권위는 크게 실추되었다. 반면에 묘청의 난을 진압한 김부식 등 문신 관료들의 입지는 크게 강화되었다. 이러한 상황 속에서 19세의 청년 의종이 국왕으로 즉위한다.

의종의 즉위과정 또한 순탄하지 않았다. 모후인 공예태후는 장남인 의종보다 차남인 대령후(大寧侯) 경(暻)이 태자로 책봉되기를 바랐다. 그러나 문신들의 적극 추대로 의종은 어렵게나마 즉위할 수 있었다. 따라서 그들의 요구를 함부로 외면할 수 없는 처지였다. 문신들은 중요한 정책사안이 있으면 며칠씩 연달아 상소를 올리며 국왕을 옥죄었다. 의종의 즉위에 반대한 모후를 비롯한 외척의 동향도 의종에게는 눈에 보이지 않는 커다란 부담이었다. 왕위를 다투었던 여러 형제의 동향에도 의종은 언제나 전전긍긍했다.

의종 재위 첫 해(1147) 서경 사람 이숙, 유혁 등이 귀국하는 금나라 사신에게 "금나라 군사가 서경에 도착하면 내응하겠다"는 글을 보낸 사실이 발각되었다. 이는 수십 년 전에 서경에서 난을 일으킨 묘청의 잔당들이 여전히 꿈틀거리고 있다는 증거였다. 의종이 즉위한 지 22년이 되어서야 처음으로 서경을 방문한 것도 서경의 반왕조적인 분위기 때문이다. 재위 2년(1148)에는 개경 사람 이심, 지지용 등이 장철이라는 송나라 사람 편에 "만약에 금나라를 치겠다는 명목으로 고려에 길을 빌릴 경우 우리들이 내응하면 송나라가 고려를 공격해달라"는 내용의 서신을 송나라에 전달하려던 음모가 발각되었다. 이처럼 고려에 대해 호의적이지 않은 금나라와 송나라를 이용한 정치적 거사가 잇따랐으며, 이 또한 의종을 위협하는 요소였다.

그러나 의종의 품성은 이러한 짐을 떨쳐버릴 정도로 대범하지 못했다. 다음의 일화를 보자.

의종은 과거에 동생을 태자로 내세우려 한 모후에게 어느 날 불평을 하다가 갑자기 천둥과 우뢰가 치자, 놀라 모후의 치맛자락으로 숨어들었다. 또 어느 날에는 행차 도중에 김돈중이 타고 가던 말이 놀라 옆 호위군사의 화살통을 쳐 화살이 자신의 수레 옆에 떨어지자, 놀라 궁성으로 발길을 되돌렸다. 궁성으로 돌아온 즉시 계엄령을 내려 주모자 체포에 현상금을 내걸었다.

의종은 이처럼 예민하고 소심한 성격의 소유자였다. 격구와 시문(詩文) 등 예기(藝技)에 능한 사실도 그런 품성과 무관하지 않다.

의종은 즉위 초 사면초가에 빠진 상황을 돌파하기 위해 비상한 조치를 취할 수밖에 없었다. 이성보다는 감성적인 품성도 그러한 조치를 취하는 데 일조했다. 즉위 후 국왕 의종이 취한 조치들을 살펴보자.

왕실 중흥의 표방과 왕권 신성의 강조

의종은 재위 2년 태조 왕건과 세조(태조의 부), 부왕 인종의 능을 참배했다. 재위 8년(1154)에는 서경에 중흥사(重興寺)를 창건했으며, 12년(1158)에는 "백주 토산(兎山)의 반월강(半月岡)은 실로 왕조 중흥의 땅입니다. 이곳에 궁궐을 지으면 7년 안에 금나라를 병합할 수 있습니다"라는 신하의 의견을 받아들여 중흥궐(重興闕)을 창건한다. 이상과 같이 의종은 '왕조의 중흥'을 표방하는 일련의 조치들을 취함으로써 외척의 간섭과 문신 관료의 압박에서 벗어나 실추된 왕실의 권위와 왕권을 회복하려 했다.

의종은 김관의에게 《편년통록(編年通錄)》을 편찬하라 명하여, 태조 왕건 이전의 왕실세계(世系)를 정리했다. 여기서 고려 왕실의 기원을 당나라 왕실에 연결시키고 풍수지리·도참사상 등과 결합시켜 왕실과 왕권의 신성(神聖)함을 강조했다.

재위 22년(1168)에는 서경에 행차하여 자신의 통치철학을 담은 이른바 '신령(新令)'을 반포한다. 의종은 여기서 음양사상과 불교, 선풍(仙風, 도교)을 통치이념으로 내세웠다. 재위 중반 이래 의종은 유교보다는 풍수지리설·불교·도교 등 고려의 전통사상을 자신의 리더십을 뒷받침할 이념으로 내세웠다.

이는 고려 전기 유교문화의 전성기를 구가한 예종이나 인종과는 전혀 다른 리더십이었고, 묘청의 난 이후 유교 정치질서를 뿌리내리려 한 개경의 문벌세력에게 대단히 불만스럽고 못마땅한 일이었다. 그들은 즉위 초반부터 대간들에게 국왕의 정책에 대해 반대상소를 올리게 하여 의종의 리더십에 제동을 걸었다. 태자 시절부터 끊임없이 자신을 옥죄어온 문신 관료집단과 외척에 대한 정치적인 반감이 의종으로 하여금 불교·도교·풍수지리 등 반유교적인 이념을 새로운 통치의 이념으로 내세우게 만든 것이다.

문신 관료집단이 외면한 리더십

그렇다고 의종이 유교 정치이념에 대한 이해가 부족하거나 소양이 없었던 것은 아니다. 그는 수시로 신하들과《서경(書經)》을 강독하는 등 유교 정치이념을 외면하지 않았다. 즉위 초 과거제도를 강화하고《상정고금례(詳定古今禮)》를 편찬하여 유교의례를 정비하는 등 유교 정치이념을 강조하는 조치들을 취했다. 이는 묘청의 난 이후 정치를 주도해 온 문신 관료집단이 지향한 정책의 연장이었다. 그들의 도움을 받아 즉위한 의종이 처음부터 그들의 요구를 외면하기란 어려운 일이었다.

재위 중반 이후 의종은 문신 관료집단에 의존하는 정국 운영으로는 왕실의 중흥과 왕권 강화라는 자신의 목표를 실현하기 어렵다는 사실을 절감했다. 정국을 자신의 구상대로 이끌기 위해서는 새로운 정치세력이 필요했다. 국왕의 측근세력인 환관과 내시, 친위세력인 무신들이 바로 그들이다.

측근 가운데는 영의·김자기와 같이 음양과 풍수지리에 밝은 술사(術士)들이 포함되어 있었다. 또한 환관이나 무신은 대체로 유교 정치이념에 익숙하지 않을뿐더러 호의적이지도 않았다. 이같이 반유교적인 성향의 인물들이야말로 의종의 리더십을 보좌할 적임자였다. 사사건건 발목을 잡는 유교 관료집단이 의종의 정치에 끼어들 여지는 거의 없게 되었다.

고려 역대 군주 가운데 의종과 같은 통치이념을 전면에 내세운 군주는 찾아보기 어렵다. 태조 왕건은 〈훈요십조〉에서 유교·불교·도교·풍수지리 등 다양한 사상의 공존을 통치이념으로 내세웠다. 이미 뿌리를 내린 불교·도교·풍수지리 등의 전통사상과 새로운 통치이념인 유교 정치이념이 공존한 것이다. 이후에도 유교 정치이념이 배제되고 전통사상이 군주의 통치이념으로 강조된 때는 의종대가 유일하다.

폐왕성터
경남 거제 소재. 무신정변 이후 폐위된 의종이 이곳에 유배되었을 때 쌓은 성이다. 성벽 일부가 무너졌지만 곳곳에 누각을 세운 터와 연못이 남아 있다.

왕실을 중흥하고 왕권을 강화하려는 목적에서 전통사상을 강조하고 유교이념을 배제하려 한 의종의 리더십은 얼마 안 가 벽에 부딪히게 된다. 고려 중기 이후 정치의 주도세력으로 기득권을 누려온 문벌 관료집단과 외척세력의 벽은 너무 높았다. 그들이 내세운 유교이념 역시 이미 사회에 깊이 뿌리내리고 있어 쉽게 사라지지 않았다. 그들을 부정하면 할수록 의종과 그의 측근들은 정치적인 소수자로 전락할 정도로 정치 국면은 보수화되어 있었다.

친위군사와 환관 등 측근에 의존한 그의 정국 운영은 결국 문신 관료 집단의 외면을 받았다. 정국은 정치세력 간에 조화와 균형을 이루지 못한 채 파행에 파행을 거듭하다가 미증유의 무신정변이라는 비극으로 끝을 맺었다. 조화와 균형을 상실한 최고 경영자의 독단과 독선이 어떤 결과를 낳는가를 의종의 리더십에서 분명하게 볼 수 있다.

●《편년통록》과《왕대종록》

《편년통록(編年通錄)》은 고려 의종 때 김관의(金寬毅)가 편찬한 책이다. 편찬시기는 의종 11년에서 14년 사이(1157~1160)로 추정되는데, 호경(虎景)-강충(康忠)-보육(寶育)-작제건(作帝建)-용건(龍建)에 이르는, 태조 왕건 이전 6대조의 계보와 사적이 실려 있다.《고려사》에 그 내용이 자세하게 나와 있다.《왕대종록(王代宗錄)》은 전하지 않으나, 역시《고려사》에 그 내용이 인용되고 있는 것으로 보아 대체로 태조 왕건의 사적이나 그 이후 국왕들의 계보를 기록한 책으로 추정된다.

이 책을 편찬한 김관의의 관직은 당시 정8품 정도의 문산계(文散階)와 정4품의 동정직(同正職)이었다. 문산계와 동정직은 실직(實職)이 아니기 때문에 당시 그가 현직 관리는 아니었음이 분명하나, 더 이상의 기록은 찾아볼 수 없다.

김관의가 이 책을 편찬하자 재상인 김영부(金永夫)가 이를 왕께 바쳤다고 한 것으로 보아, 이 책의 편찬에 김영부가 관여한 사실을 알 수 있다. 김영부는 재상으로서 태평성대를 구가하던 당시의 세태를 비판한 우국충정의 시를 지어 기존의 관료집단과는 다른 성향의 인물로 여겨진다. 문신 관료집단에게 거의 포위되다시피 한 의종에게 김영부의 존재는 커다란 위안이 되었을 것이다. 김영부의 장남 보당(甫當)은 무신정권에 반대하여 1173년 의종 복위운동을 전개한 인물이다.

김영부와 김보당이 친의종 성향의 관료라는 사실과,《편년통록》이 풍수지리설·도참사상 등 고려의 전통사상에 기반하여 왕실의 신성함을 강조하고 국왕권을 강화하려는 목적에서 편찬된 사실은 의종이 어떠한 이념을 지향하고 있었는가에 대해 시사하는 바가 크다. 따라서 이 책은 의종의 리더십을 상징하는 대표적인 기록물이라 할 수 있다.

高麗世系

正憲大夫工曹判書集賢殿大提學知經筵春秋館事兼成均大司成臣鄭麟趾奉
教修

高麗之先史闕未詳太祖實錄卽位二年追王三代祖考冊上始祖尊謚曰元德大王妣爲貞和王后懿祖爲景康大王妣爲元昌王后世祖爲威武大王妣爲威肅王后

金寬毅編年通錄云有名虎景者自號聖骨將軍自白頭山遊歷至扶蘇山左谷娶妻家焉富而無子善射以獵爲事一日與同里九人捕鷹平那山會日暮就宿巖竇有虎當竇口大吼十人相謂曰虎欲啗我輩試投冠攬者當之遂皆投之虎攬虎景冠虎景出欲與虎鬪虎忽不見而竇崩九人皆不得出虎景還告平那郡來葬九人先祀山神其神見曰予以寡婦主此山幸遇聖骨將軍欲與爲夫婦共理神政請封爲此山大王言訖與虎景俱隱不見郡人因封虎景爲大王立祠祭之以九人同亡改山名曰九龍虎景不忘舊妻夜常如夢來合生子曰康忠康忠體貌端嚴多才藝娶西江永安村富人女名具置義居五冠山摩訶岬時新羅監干八元善風水到扶蘇郡郡在扶蘇山北見山形勝而童告康忠曰若移郡山南植松使不露巖石則統合三韓者出矣於是康忠與郡人徙居山南栽松遍嶽因改名松嶽郡遂爲郡上沙粲且以摩訶岬第爲永業之地往來焉家累千金生二子季曰損乎述改名寶育寶育性慈惠出家入智異山修道還居平那山北岬又徙摩訶岬嘗夢登鵠嶺向南便旋溺溢三韓山川變成銀海明日以語其兄伊帝建伊帝建曰汝必生支天之柱以其女德周妻之遂爲居士仍於摩訶岬構木菴有新羅術士見之曰居此必大唐天子來作壻矣後生二女季曰辰義美而多

《고려사》 세계

김관의가 편찬한 《편년통록》은 현재 전하지 않으나, 내용의 일부가 고려 왕실의 역사를 기록한 《고려사》 세계(世系)에 실려 있다.

충선왕 왕장

내치에 어두운 실패한 이상군주

다시 왕위에 오른 뒤에도 오랫동안 원나라에 머물러
백성과 신하들이 크게 고생하였다.

《고려사》 권34

충선왕(忠宣王) 왕장(王璋)

생몰 1275년~1325년, 재위 1298년, 1308년~1313년

1298년(즉위 원년) 고려 제26대 국왕에 즉위, 관제 개혁 착수, 원나라에 소환, 부왕 충렬왕 복위

1308년(복위 원년) 충렬왕 서거 후 복위, 왕실 근친혼 폐지

1309년(복위 2년) 소금 전매제 실시

1310년(복위 3년) 관제 개혁, 원나라에 고려 국왕의 시호 요청

1313년(복위 6년) 충숙왕에게 왕위를 넘겨줌

호랑이를 잡으려면 호랑이굴로 들어가야 한다. 하지만 위험한 상황에 대처할 실력이 없으면, 호랑이 먹이가 되기 십상이다. 제왕의 통치에는 외치(外治)와 내치(內治)가 있다. 호랑이굴로 들어가는 기백은 외치에, 위험에 대처할 실력을 기르는 일은 내치에 비유된다. 외치와 내치가 조화를 이루지 못할 때 실패한 제왕이 된다.

1259년, 30여 년간의 길고 지루했던 전쟁이 끝나고 고려와 몽골 두 나라 사이에 마침내 강화(講和)조약이 체결되었다. 몽골군이 철수하는 조건으로, 고려는 태자가 몽골에 조회를 하고 수도를 강화도에서 개경으로 옮기기로 한다. 강화조약은 양국의 이해관계가 맞물린 것이다. 몽골은 주전선인 남송(南宋) 정벌에 집중하기 위해 군사력을 분산할 수 없는 처지였고, 고려는 한 해 전인 1258년 몽골과의 강화를 주장하던 국왕과 문신 관료들이 항전론에 매달려 정권 유지에 급급해하던 최씨 정권의 마지막 권력자 최의(崔竩)를 제거하고 마침내 왕정을 복고한 커다란 정치변동을 겪었다. 그들은 민심 이반을 가속화한 전쟁을 중단하고 정국을 새로운 방향으로 전환시켜야 했다.

전쟁은 끝났으나, 더 큰 시련이

1259년, 고려의 태자(뒤의 원종)가 몽골에 가 쿠빌라이(뒤의 원 세조)를 만났다. 왕위 계승전과 남송 정벌에 여념이 없던 쿠빌라이에게 태자를 대표로 한 고려의 강화 사절단은 대권을 잡을 수 있는 천군만마와도 같은 반갑고 귀한 존재였다. 그는 "고려는 만 리나 되는 큰 나라다. 옛날 당나라 태종도 정복하지 못하였는데 그 태자가 왔으니, 이는 하늘의 뜻이다"라고 반색을 하면서 반겼다. 이때 쿠빌라이는 앞으로 고려의 제도와 풍속을 변경하지 않는다는 이른바 '불개토풍(不改土風)'이라는 커다란 선물을 고려에 안겨주었다. 뒷날 충렬왕 4년(1278), 원 세조는 일본을 정벌하는 길에 고려의 협조를 얻기 위해 이 원칙을 고려에 재천명한다.

이로써 고려는 원나라의 피정복국이 아니라, 천자국인 원나라의 제후국으로서 고유한 제도와 풍속을 유지할 수 있었다. 세계제국 몽골이 주변 국가를 정벌한 뒤 피정복국 관계로 일방적으로 재편하던 당시의 관례로 보면, 고려는 예외적인 경우였다. 고려의 군사제도를 전면 개편하고 국왕의 즉위와 교체에 개입하는 등 정치·군사적인 면에는 철저하게 간섭하되, 나머지 문제에는 고려의 풍속과 제도를 인정하는 지배방식이었다.

원과의 관계가 진전되면서 원나라의 지원을 받은 국왕, 원나라 출신 왕비의 측근이나 원나라의 세력을 등에 업은 세력들이 새로운 정치세력으로 등장한다. 고려의 국왕들은 사패(賜牌)라는 일종의 토지 개간권을 측근이나 공신들에게 주어, 몽골과의 전쟁 후 황폐해진 농지를 개간케 하고 그 소유권을 인정한다. 이를 사급전(賜給田)이라 한다. 그러나 이들이 이에 만족하지 않고 백성의 토지를 빼앗거나 백성들을 노비로 삼아 자신들의 토지 경작자로 만들면서 농장과 같은 대토지 소유제도가 발달하게 되었다. 토지를 빼앗기거나 무거운 조세 부담 때문에 백성들이 도망을 가면서, 왕조의 재정은 날로 피폐하여 왕조 정부에 큰 부담이 되었다.

대부분의 고려 국왕들은 토지 탈점과 유망(流亡)을 불러일으킨 주체인 권세가들을 제거하기보다는 조세를 감면해주거나 도망간 백성들을 불러들이는 소극적인 대책으로 사태를 무마하려 했다. 권세가들은 대부분 국왕의 측근이거나 원나라 세력을 등에 업은 사람들이어서 국왕 자신도 이들의 불법을 문제삼을 경우 자칫 왕권을 내놓아야 할 위기에 처할 수도 있기 때문이다. 따라서 권세가들은 국왕의 비호와 묵인 아래 마음껏 불법을 저지를 수 있었다.

게다가 '팍스몽골리카'를 구가하던 세계제국 원나라의 영향력도 통치에 커다란 부담이었다. 당시 지배층은 고려의 풍속과 제도를 유지하는 '불개토풍'의 원칙 위에서 원나라의 영향력을 최소화하면서 권력기반을 유지하는 데 급급했다.

세자 시절 궐 밖으로 나설 때마다 길목을 막고 권세가에게 빼앗긴 땅을 되찾아달라고 하소연하는 백성들에게 시달린 충선왕은, 고려 왕조가 안팎으로 안고 있는 문제점을 일찍부터 인식하고 이를 적극적으로 해결하고자 했다. 그렇다면 충선왕은 어떤 리더십으로 난국을 헤쳐나갔을까?

시행착오로 끝난 즉위 개혁

충선왕은 두 번 왕위에 올랐다. 처음에는 원나라 공주가 죽어 정치에 뜻을 잃은 부왕 충렬왕이 스스로 세자에게 양위하기를 원나라에 요청하여 왕위에 올랐다(1298). 당시 충선왕은 백성의 토지를 빼앗고 과중한 수탈로 백성들을 유망하게 한 권세가, 즉 충렬왕의 측근을 제거하는 과감한 개혁을 단행했다. 폐단을 일으킨 권세가들은 몽골어에 익숙하여 원으로 행차하는 국왕을 모시거나, 통역을 통해 고위 관직에 오르거나, 원나라에 환관으로 보내졌다가 사신으로 귀국하면서 원의 위세를 빌려 권력자가 된 사람들로, 미천한 신분 출신이 많았다. 이런 와중에 충선왕은 충렬왕 때 측근정치를 비판하다가 쫓겨난 이승휴 등을 불러들여 시국에 대한 의견을 묻는 등 사대부 중심의 유교 관료집단을 과감하게 등용하는 대대적인 인사 개혁을 단행한다. 개혁 대상으로 지목된 자들은 원과의 관계를 이용, 권력을 행사하여 사회 폐단을 일으켜온 권세가들이었다.

하지만 빠른 개혁 속도를 우려한 원나라가 충선왕의 비인 원나라 공주와의 불화를 명분삼아 7개월 만에 그를 소환하면서 개혁은 실패로 끝난다. 충선왕의 실각은 개혁에 불만을 가진 권세가들이 집요한 방해공작을 편 결과였다. 이미 20여 년 이상 국왕과 원에 빌붙어온 세력들이 뿌려놓은 정경유착의 얽히고설킨 불법과 부패의 덫은, 그들만 제거하면 문제가 해결될 것으로 믿었던 젊은 국왕 충선왕의 통치권을 비웃을 정도로 단단했다. 비록 실패로 끝났지만, 충선왕은 문제의 본질을 정확하게 꿰뚫고 그 원인인 권세가들을 과감하게 제거하려 했다는 점에서 부왕인 충렬왕과는 다른 리더십을 소유한 군주로 볼 수 있겠다.

원 황실과 고려 왕실의 혼인 계보 및 고려 국왕의 시호

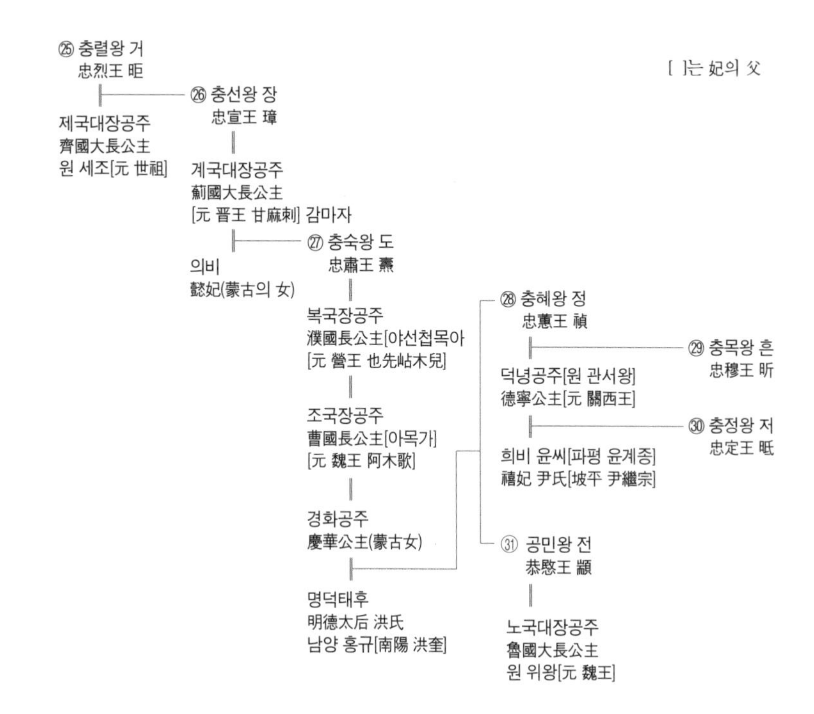

충렬왕이 다시 왕위에 올라 10년을 재위하는 동안, 충선왕은 원나라에 머무르면서 1307년 원나라의 황제 계승전에 개입하게 된다. 이때 동학(同學)이던 원나라 무종과 인종의 집권에 결정적인 역할을 하면서, 이듬해 충렬왕이 서거하자 다시 왕위에 오를 수 있었다. 고려의 국왕 자리만이 아니라 중국 심양지역 일대에 거주하는 고려인들을 통치하는 심양왕(瀋陽王) 자리도 차지하게 되었다. 충선왕이 세계제국 원나라의 정치적 거물로 성장한 것이다. 원나라 황실의 든든한 정치적 지원을 받은 충선왕은 보다 적극적으로 개혁을 추진해 나가는데, 여기서 군주로서의 그의 리더십이 잘 드러난다.

'세계화'를 추구한 최초의 한국 국왕

두 번째 왕위에 오른 충선왕은 위기의 원인 제공자인 권세가를 제거하려 한 1차 개혁 때와는 달리, 세계제국 원나라의 선진제도를 수용하여 여러 가지 개혁을 단행했다. 먼저 왕조 정부의 재정수입을 늘려 재정 위기를 타개하려 했다. 그러한 충선왕의 방침은 다음의 개혁교서에 잘 드러난다.

> 근래 간신들이 뜻을 얻어 나라를 우롱하고 기강을 무너뜨리고 공사(公私)의 토지와 백성을 빼앗아 백성들이 살기 어렵게 되었다. 나라의 창고는 비었으나 개인의 창고는 부유하고 넘치고 있다. 나는 이를 안타깝게 생각한다. 이제 사신을 보내 백성의 토지를 조사하고 조세와 부역을 고르게 하려 한다. 이렇게 하여 나라의 씀씀이를 두루 갖추고, 관리들에게 녹봉을 넉넉하게 주고, 백성들의 재산을 풍족하게 하고자 한다.

또한 "나라에 3년 정도의 비축이 있어야 하고, 그렇지 못하면 나라가 아니다"라고 하였다. 적극적인 재정 개혁을 통해 난국을 돌파하려 한 것이다. 충선왕은 국가재정의 확보와 민생고 해결을 위해 토지 및 조세제도에 대한 전면적인 조사에 착수했다. 원나라의 제도를 모방하여 권세가와 사원이 점거한 염전(鹽田)을 환수, 국가가 운영하는 소금 전매제를 시행했다. 이러한 정책 때문에 뒷날의 역사가들은 충선왕을 '이익이 되는 사업을 일으켜 폐단을 제거〔興利袪弊〕'한 '이국(利國)의 군주'로 평가한다.

충선왕은 재정 개혁과 함께 제도 개혁 면에서도 철저하게 천자국 원나라의 법과 제도를 기준으로 삼아 제후국으로서 고려의 위상을 확립하고자 노력했다. 예를 들면, 원나라의 관제를 본떠 관료와 기구를 축소하여 재정비용을 절감하고자 했다. 같은 성씨끼리는 혼인을 하지 않는다는 '동성불혼(同姓不婚)'의 원칙을 내세워 원나라가 여러 차례 시정을 요구한 바 있는 왕실 근친혼을 과감하게 폐지했다. 죽은 고려 왕의 시호를 원나라에 요청한 사실도 충선왕이 철저하게 원나라 법과 제도를 기준으로 개혁을 지향했다는 또 다른 증거이다.

충선왕은 원과 처음 관계를 맺기 시작한 고종의 시호를 다시 원나라에 요청하여 충헌왕(忠憲王)이라는 시호를 받았다. 원나라는 원종에게 충경왕(忠敬王), 충선왕의 부왕에게 충렬왕이라는 시호를 내렸다. 이후 공민왕 이전 원 간섭기의 고려 국왕은 모두 원나라로부터 시호를 받는 것이 관례가 되었다. 충선왕은 이러한 행위를 통해 원나라의 제후국으로 고려의 위상을 정립함으로써 왕권 및 고려 왕조의 안정을 보장받으려 했다.

충선왕의 리더십은 '불개토풍'의 원칙 위에서 고려의 제도와 풍속을 유지하면서 왕권 유지에 급급했던 부왕 충렬왕의 소극적인 리더십과는 달랐다. 30여 년간 몽골의 침략에 시달렸고, 이후에도 부원배(附元輩, 원나라에 빌붙어 권력을 유지한 권문세족)나 정동행성 등 고려에 설치된 원나라 권력기관으로부터 시달림을 받아온 고려인들에게 원나라는, 일부 지배층을 제외하면, 결코 좋은 감정의 대상일 수 없었다.

그러나 충선왕은 왕조를 짓밟은 원나라에 대한 분노와 복수의 감정을 일단 억누르고, 마치 호랑이를 잡기 위해 호랑이굴로 뛰어들듯 배울 것은 배우자는 냉정한 이성의 리더십을 지향했다. '반원(反元)'에서 원나라를 이용하는 '용원(用元)'으로 발상을 전환한 것이다. 이런 의미에서 한국의 역대 국왕 가운데 충선왕은 세계제국 원나라의 문물과 제도를 적극적으로 수용하려 한, 그야말로 '세계화'를 추구한 최초의 국왕이라고 할 수 있다.

충렬왕에게 원나라는 고려와는 다른 이민족 국가일 뿐이었다. 따라서 충렬왕은 시종일관 '불개토풍'의 원칙 위에서 원나라의 영향력을 배제하고, 고려의 풍속과 제도를 유지하는 방향으로 정국을 운영했다. 그러나 원나라 공주의 피를 받고 원나라에서 성장한 충선왕은 충렬왕과 커다란 차이가 있었다. 태어나고 성장한 나라인 원나라는 충선왕에게 고려와 아주 다른 나라가 아니었다. 그에게 두 나라는 정치와 문화에서 단지 중심과 변방의 관계에 있을 따름이었다. 때문에 문화의 중심지인 원나라의 선진문화를 받아들여 고려의 낙후성을 극복하려는 리더십은 그에게 아주 자연스러웠다.

제왕학의 교과서, 원나라 궁정생활

충선왕의 리더십은 이같이 성장과정과 밀접한 관련이 있다. 충선왕은 외국인의 피가 섞인 한국사 최초의 군주로, 그의 어머니는 원나라 세조 쿠빌라이의 딸이었다. 세 살 때 세자로 책봉된 충선왕은 스물넷에 고려 국왕에 오르기까지 대부분의 기간을 원나라 궁정에서 생활하면서 외조부인 쿠빌라이의 사랑 속에서 제왕(帝王)수업을 받았다.

이와 관련하여 다음과 같은 일화가 전한다. 쿠빌라이는 외손자이자 장차 고려 국왕이 될 충선왕에게 관심이 많았다. 그래서 수시로 왕과 그 스승들을 불러 질문을 하곤 했다. 충선왕이 18세 되던 해 어느 날, 쿠빌라이가 역사책《통감(通鑑)》을 읽고 있던 충선왕에게 역대 제왕 중 누가 가장 현명하냐고 물었다. 충선왕이 한나라 고조와 당나라 태종이라 답변하자, 쿠빌라이는 다시 그들과 자신 중 누가 더 현명하냐고 물었다. 충선왕은 "소신은 아직 나이가 어려 판단할 능력이 없습니다"라고 답했다고 한다. 충선왕의 기지가 드러나는 일화이다.

30대의 장년이 되어 두 번째로 왕위에 오른 충선왕이 발휘한 리더십의 원천은 이렇게 어린 시절 원나라 궁중에서 익숙하게 보고 배운 것들이었다. 이 기간이 바로 그가 제왕수업을 받은 기간이라 볼 수 있는데, 그 교과서는 원나라의 선진적인 법과 제도였다. 그는 이를 접목시켜 고려의 내정을 개혁하려 한 것이다.

충선왕의 생각은 스물네 살 때(1298) 첫 번째로 왕위에 오른 직후 내린 개혁교서에도 이미 나타나 있다.

> 나는 어렸을 때 원나라 궁정에서 외조부인 세조 쿠빌라이 황제의 가르침을 받았고 직접 원나라의 제도를 상세하게 익혔다. 이제 왕위에 올라 (그러한 경험으로) 여러 폐단을 개혁하고자 한다. (중략) 지난번 원나라 제도를 피해 백관의 제도를 일찍 고쳤으나, (원나라와) 같은 것이 있으나 고치지 않고, 같지 않은데 고치지 않은 것도 있다. 이를 갑자기 고치면 물의를 일으킬까 걱정이 되나, 때에 따라 고치는 것은

원 세조 쿠빌라이

몽골제국을 중흥시킨 원나라 세조의 모습이다. 충렬왕은 쿠빌라이의 딸과 혼인하여 충선왕을 낳았다.

옛적에도 있으니 원나라 관직과 관련이 없는 것은 바꾸고 중요하지 않은 관청은 합하여 관원을 줄이면 일을 처리하기 쉬울 것이다.

1차 즉위시 충선왕이 쌓은 중요한 치적의 하나인 관제 개혁도 충선왕 자신이 성장하고 제왕수업을 받은 천자국 원나라의 제도를 기준으로 제후국의 위상에 맞게 고려의 관제를 고치고자 한 것이다.

무종을 옹립함으로써 원나라에서 정치적인 입지가 크게 강화된 충선왕이 두 번째로 고려 국왕이 된 후 실시한 개혁은, 철저하게 원나라의 법과 제도를 고려에 적용시키는 것이었다. 1차 즉위 때는 개혁의 목표를 당시 사회 모순의 근원이던 권세가들을 제거하는 데 두었다. 그러나 두 번째 왕위에 오를 무렵에는 충선왕 자신도 이미 원나라 정국에 깊숙이 관여하고 있던 터라 1차 때와 같은 방식의 개혁을 하기는 어려웠다.

내치에 소홀한 이상군주

충선왕은 원나라에서 대부분의 시간을 보냈지만, 고려의 역사와 문화에도 깊은 관심을 가졌다. 이와 관련해 신하인 이제현과 대화를 나눈 기록들이 많이 전해지고 있다. 특히 고려 태조가 그에게는 깊은 관심의 대상이었다. 충선왕은 태조의 통치를 높이 평가하고 때로는 개혁의 모델로 삼으려 했다. 그런 점에서 충선왕은 세자 시절부터 배우고 익힌 제왕학을 즉위 후 실천하려 한 개혁군주라고 할 수 있다. 이는 학자들과 어울려 고금의 역사와 사상을 논하기 좋아한 그의 학문적인 자세와도 무관하지 않다. 따라서 충선왕은 한국사에서 몇 안 되는 이상(理想)군주의 모습을 갖추었다고도 볼 수 있다.

하지만 이상군주가 지니는 맹점도 고스란히 안고 있었다. 고려의 현실을 무시하고 원의 선진적인 제도와 문물에만 눈높이를 맞추려 한 것이다. 뒷날 고려를 원의 직할지로 편입하자고 주장하는 반(反)고려적인 정치인의 다수가 충선왕의 측근이었다는 점도 예사롭지 않다. 원을 적극 이용, 고려 왕조체제를 보장받으려 한 좋은 의미의 '용원(用元)'이 자칫하면 '친원(親元)분자'를 양산하는 논리로 바뀔 수 있다는 교훈을 준 셈이다.

충선왕의 주된 관심사는 왕권과 직결된 원나라 정국의 동향이었다. 재위 중 많은 시간을 원나라에서 보낸 것도 이 때문이다. 나고 자란 원나라 궁정이 그에게 더 편안했기 때문이기도 하다. 따라서 충선왕은 고려의 정치현실에 너무 무관심했다. 원로 정치인과 대신들이 귀국하여 내치에 전념할 것을 여러 번 요청하지만, 귀국하는 대신 측근을 통해 자신의 입장을 담은 교서를 국내에 전달하여 왕 노릇을 한, 이른바 '전지(傳旨)정치'를 펼쳤다. 국내에서 재정 개혁을 전담한 그의 측근 신하들이 그 틈을 이용하여 친척이나 친구, 뇌물을 준 자들에게 마구잡이로 관직을 주고, 백성들에게서 토지를 빼앗아 사복을 채웠다.

결국 원나라 제도를 개혁의 모델로 삼고 원과의 관계 개선을 통해 왕권과 왕조의 안정을 보장받으려 한 충선왕의 외치는 내치의 실패로 물거품이 되고 만다. 제왕학의 또 다른 교훈이다.

● 충선왕과 성리학

지성과 호문(好文)의 군주 충선왕의 면모는 고려의 성리학 수용에서 잘 드러난다. 그는 국왕 자리를 아들 충숙왕에게 물려준 직후인 1314년 원나라 수도에 머물면서 학문 연구기관인 만권당(萬卷堂)을 설치하여, 요수(姚燧)·조맹부(趙孟頫)·우집(虞集) 등 옛 송나라와 금나라 출신 고명한 유학자들과 교류했다. 이제현, 백이정 등 고려의 유학자들도 여기에 참여하여 이들과 교류하면서 학문적으로 크게 성장했으며, 뒷날 고려가 성리학을 수용하는 데 선구적인 역할을 했다.

원나라는 이 해 충선왕의 건의로 과거제도를 시행하면서 성리학을 처음으로 전파한 주희가 주석을 붙인 《논어》·《맹자》·《대학》·《중용》의 사서(四書)를 시험과목으로 채택했다. 고려의 유학자들이 원나라의 과거에 응시한

이제현

충선왕의 정치를 보좌한 유학자이자 정치가이다. 당시의 정치와 사회상을 담은 《역옹패설》을 저술했다. 충선왕이 설치한 만권당에서 원나라 유자들과 교유하면서, 고려에 성리학을 보급하는 데 크게 공헌했다. 그가 배출한 이색을 비롯한 문인들은 뒷날 고려 개혁정치의 주역이 되었다.

것도 이때부터다. 고려도 충목왕이 즉위한 1344년 주희가 주를 붙인 사서를 과거 과목으로 채택했다. 과거 응시자들은 주자의 책을 익히면서 성리학의 원리를 이해하기 시작했다. 결국 두 나라의 과거제 시행은 고려 사회에 성리학이 널리 보급, 정착되는 계기가 되었다.

특히 성리학은 측근정치를 비판하면서 '수기치인론(修己治人論)'에 바탕한 치자(治者)층의 책임정치를 강조했다. 나아가 경학(經學)에 밝고 행동거지가 제대로 닦인, 이른바 '경명행수(經明行修)'의 관료를 이상으로 여겼다. 성리학을 익히고 과거를 통해 정계에 등장한 신진사대부세력은 원 간섭기 측근들의 비리를 제대로 비판할 수 있는 안목을 갖게 되면서, 고려 후기 개혁정치의 주도세력이 되었다. 그래서 충선왕 자신은 개혁정치에 실패했지만, 성리학 수용을 통해 고려 사회의 개혁을 완성시킨 군주로 평가받는다.

공민왕 왕전

현실에서 실패한 미완의 개혁가

음악, 복식, 법제, 의례, 예속을 바로잡고
흥하게 하여 한 시대를 번성하게 하였다.

〈광통보제선사비명〉

공민왕(恭愍王) 왕전(王顓)

생몰 1330년~1374년, 재위 1351년~1374년

1352년(재위 1년) 정방 폐지

1356년(재위 5년) 쌍성총관부 수복

1365년(재위 14년) 노국공주 사망

1366년(재위 15년) 신돈, 전민변정도감 설치

1369년(재위 18년) 원나라 연호 폐지

1371년(재위 20년) 신돈 일당을 처형하고 신돈은 수원에 유배

1374년(재위 23년) 공민왕 시해

고려 왕조 34명의 군주 가운데 공민왕만큼 도덕적인 결함을 빌미로 부정적인 평가를 받은 군주도 없다. 흔히들 공민왕을 '남색(男色)을 즐긴 국왕'이라는 등의, 성 도덕이 문란하고 타락한 군주로 안다. 그러나 공민왕에 대한 부정적인 평가는 《고려사》를 편찬한 조선 초기의 역사가가 만들어놓은 역사상(歷史像)에 불과하다. 《고려사》의 다음 기록이 대표적인 예이다.

> 왕은 즉위하기 전에는 총명하고 어질어 민심이 왕에게 기울었다. 즉위 후에도 힘을 다해 나라를 다스려 안팎의 사람들이 크게 기뻐하고 나라가 태평할 것으로 기대하였다. 그러나 왕비 노국(魯國)공주가 죽자 슬퍼하고 뜻을 잃었다. 정치를 신돈에게 맡겨 공이 있거나 현명한 사람을 내쫓고 죽이고, 토목공사를 크게 일으켜 백성들의 원망을 불러일으켰다. 어리석은 아이들과 친하여 음탕한 짓을 하고 때도 없이 주기(酒氣)를 부려 주변 사람을 구타하였다. 왕통을 이을 자식이 없는 것을 걱정하여 다른 사람의 아들을 취하여 대군(大君)을 삼았다. 바깥 사람들이 믿지 않을까 염려하여 가만히 측근을 시켜 그 후궁(後宮)을

범하여 임신을 하자 죽여 말을 막았다. 패란(悖亂)한 것이 이와 같으니, 화를 피하고자 하나 피할 수 있겠는가?

공민왕을 위한 변명

《고려사》 편찬자는 한마디로 공민왕을 '패륜(悖倫)의 군주'로 평가하였다. 그런데 고려 왕조의 역사를 담은 가장 대표적인 역사책인 《고려사》는 어떻게 편찬된 책인가? 《고려사》는 군주의 행적을 '세가(世家)'에, 신하의 행적을 '열전(列傳)'에 싣는 이른바 기전체(紀傳體) 형식의 역사서이다. 이 책은 4, 5차례의 수정을 거쳐 조선 왕조가 건국된 지 약 60년이 지난 1451년에 편찬되었다. 이같이 왕조 건국 후 60여 년의 시간 동안 여러 차례 수정을 가한 것은 조선 왕조 건국을 합리화하기 위해서였다. 가장 문제가 된 것이 공민왕의 뒤를 이은 우왕·창왕에 관한 부분이다. 《고려사》는 우왕과 창왕의 행적을 '세가'가 아닌 '열전'에 실어, 이들을 군주로 인정하지 않았다. 왜 그랬을까?

1388년, 요동 정벌을 위해 출정한 이성계(李成桂) 일파가 압록강의 위화도에서 말머리를 돌려 개경으로 진입하였다. 그들은 요동 정벌을 지휘한 우왕과 최영(崔瑩) 장군을 제거하는 쿠데타를 일으켰다. 정변에 성공하자 이성계 일파는 우왕의 아들을 창왕으로 삼아 토지개혁 등 본격적인 개혁을 실시한다. 그런데 개혁사업이 창왕과 구신들의 반대로 난관에 봉착하자, 창왕과 그 부왕 우왕이 신돈(辛旽)의 자식이라며 국왕으로 인정할 수 없다는, '가짜를 폐위시키고 진짜를 왕으로 삼는다'는 '폐가입진(廢假立眞)'의 명분을 내세워 개혁의 걸림돌이던 창왕을 폐위시킨다. 《고려사》는 우왕과 창왕이 왕씨(王氏)가 아닌 신씨(辛氏)

의 피를 받았기 때문에 군주로 인정할 수 없다며, 그들의 행적을 열전에 기록한 것이다.

이 과정에서 우왕의 부왕인 공민왕에게도 혹평을 내렸다. 신돈을 등용하여 그가 정사를 농단하도록 방치했으며, 결국 이러한 실정 때문에 신돈의 자식인 우왕이 왕위에 올랐다고 볼 것이다. 거기에다가 '패륜의 군주'라는 딱지까지 덧붙였다. 《고려사》가 역사서로서 결함을 가지는 것도 바로 이 부분이다. 즉, 조선 왕조 건국을 합리화하려는 정치적인 목적에서 공민왕의 리더십을 왜곡한 것이다.

대세를 읽을 줄 아는 리더십

공민왕은 두 번의 도전 끝에 왕위에 올랐다. 충목왕(재위 1344~1348)이 서거하자, 왕후(王煦) · 이제현 등 충목왕의 개혁에 참여한 세력이 공민왕을 추대했다. 그러나 원나라가 부원세력의 추대를 받은 공민왕의 조카 충정왕(재위 1348~1351)을 책봉하면서 즉위에 실패한다. 공민왕은 이후 원나라에 머물면서 노국공주와 혼인, 원 왕실의 부마가 되어 원 왕실의 신임을 얻었다. 충정왕이 3년 만에 폐위되자, 공민왕은 22세 되던 1351년에 마침내 국왕으로 즉위한다. 충숙왕의 아들로서 12세에 원나라에 가서 제왕수업을 받은 지 10여 년 만의 일이었다.

부원세력의 방해 공작을 극복하고 우여곡절 끝에 왕위에 오른 그는, 재위 1년(1352) 측근인 조일신(趙日新)을 내세워 기철(奇轍) 등 부원세력을 척결하는 작업에 착수했다. 재위 5년(1356) 대표적인 친원세력인 기씨 일파를 제거한 데다가 원나라의 권력기관인 정동행성이문소(征東行省理問所)를 혁파했다. 또한 원나라 연호 사용 중지와 원나라 관제 폐

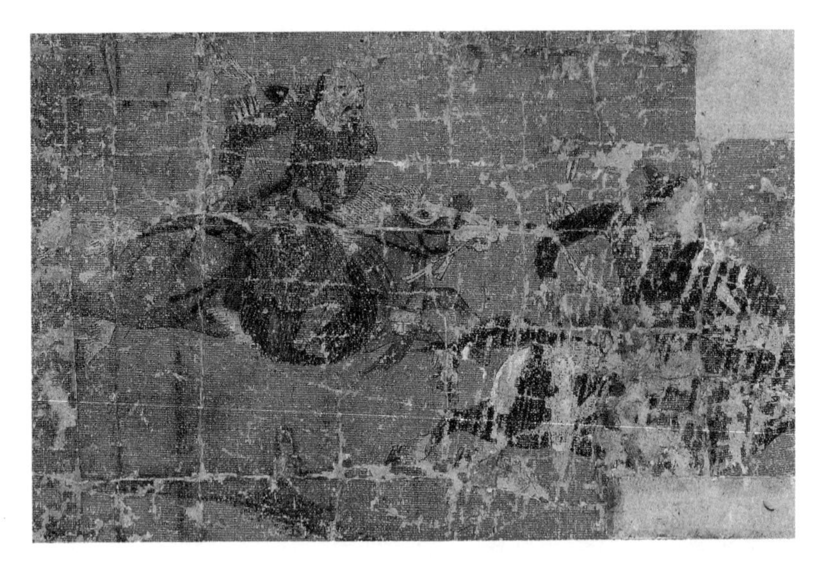

〈천산대렵도〉
공민왕의 작품으로 전해진다. 공민왕의 뛰어난 정치감각은 그가 지닌 빼어난 예술적 감각과 무관하지 않다.

지, 쌍성총관부 수복 등 대대적인 반원개혁을 단행했다.

즉위할 무렵 공민왕은 원의 영향력에서 벗어나 자주성을 회복해야 할 과제와 함께, 부원세력과 국왕 측근의 불법적인 행위로 고통받아온 백성을 구제하고 날로 악화되는 나라 살림살이를 넉넉하게 해야 하는 내정 개혁의 과제를 안고 있었다. 즉위 초반 반원개혁으로 국왕권을 강화한 공민왕은 재위 14년(1365) 신돈을 등용하여 권세가들이 불법으로 빼앗은 토지와 노비를 가려내어 원래의 주인에게 되돌려주는 이른바 '전민변정(田民辨正)'사업 등 과감한 내정 개혁에 착수했다. 신돈이 주도한 이 사업이야말로 공민왕 개혁의 핵심이다. 나아가 성균관을 중영(重營)하여 교육기관을 재정비하고, 고시관인 좌주(座主)와 합격생인 문생(門生) 간 정치적인 밀착에 따른 폐단을 막기 위해 국왕이 직접 과거를 주관하는 친시(親試)를 강화하는 등 과거제도도 개혁했다. 이를 계기로 신진사대부라는 새로운 정치세력이 등장할 기틀이 마련되었다.

《고려사》에서 혹평을 받은 공민왕과 신돈이 함께 추진한 개혁정책, 그로 인해 등장하기 시작한 신진사대부세력이 뒷날 공민왕을 부정적으로 평가한 이성계 일파의 개혁 모델과 개혁 주도세력이 된 사실은 매우 역설적이다. 공민왕 개혁의 의미는 바로 여기에 있다.

《고려사》의 평가와 달리, 공민왕은 고려 사회가 당면한 역사과제를 정확하게 인식하고 그것을 실천에 옮길 정도로 대세를 읽을 줄 아는, 탁월한 리더십을 지닌 군주였다. 반원개혁과 내정 개혁을 국정의 아젠다로 내세운 배경에는 대내외 정세를 정확하게 읽고 대처한 공민왕의 냉정한 대세관이 자리잡고 있었다. 공민왕은 반원개혁과 내정 개혁을 왕조 존속과 왕권 강화를 위한 지름길이라고 인식했다. 공민왕의 대세관은 왕조의 최고 경영자 군주가 가져야 할 리더십의 전형을 보여주는 예라 할 수 있다.

치밀한 용인술

공민왕의 리더십은 그의 정치철학과도 밀접한 관련이 있다. 공민왕은 재위 23년간 철저하게 자신이 중심이 되어 정국을 주도하고자 했다. 공민왕의 정치를 뒷받침한 정치세력은 많다. 원나라에서 숙위할 때 뒤따른 조일신과 같은 측근세력, 외사촌 형인 홍언박(洪彦博)과 같은 외척세력 및 공민왕의 즉위를 원나라에 요청한 바 있는 이제현 같은 개혁

관료집단이 그들이다. 그러나 공민왕은 정국 운영과정에서 특정집단에 우월한 지위를 부여하거나 특정집단의 독주를 허용하지 않는 절묘한 용인술을 구사했다.

즉위 직후 조일신을 앞세워 부원세력을 척결하려다가 세가 불리해지자 가차 없이 조일신을 제거하고, 이제현 등 개혁 관료집단을 내세워 정국을 수습했다. 재위 8년(1359)에 시작된 홍건적의 침입을 수습하는 과정에서도 외척인 홍언박과 정세운·김용·안우 등 측근을 제거하고, 최영·이성계 등 무장세력을 등용하여 정국을 자신에게 유리한 국면으로 이끌었다. 홍건적을 물리친 후 무장세력의 정치적 입지가 강화되자, 기존의 정치세력과 연결이 없는 무명의 신돈을 등용시켜 전민변정도감을 중심으로 과감한 개혁을 추진하여 그들을 견제했다.

자신이 정국을 직접 장악하고 필요에 따라 여러 유형의 세력을 등용시켜 난국을 수습하는 형태는, 측근에게 의존하여 그들의 비리와 불법, 정치적인 독주를 허용한 이전의 국왕들과는 다른 리더십이다. 그것은 적재적소에 인물을 기용하여 정국을 돌파하는 치밀한 용인술(用人術)에 기반한 것이었다. 이는 기존의 정치질서에 대한 공민왕의 깊은 불신감이 작용한 결과이기도 한데, 신돈을 등용하면서 공민왕은 기존 정치세력에 대한 불신감을 다음과 같이 피력했다.

> 세신대족(世臣大族)들은 그 무리들이 뿌리처럼 이어져 있어 서로 허물을 가려 덮어준다. 초야에서 올라온 신진관료들은 감정을 감추고 행동을 꾸며 명예를 탐하다가 출세를 하면 집안이 한미한 것을 부끄럽게 여겨 세족들과 혼인을 통해 연결하여 초심을 잊는다. 유생들은

> 나약하고 강직함이 적어 서로 좌주니 문생이니 동년이니 하면서 무리를 이루어 자신들의 잘못을 서로 감싸기를 일삼아 이들을 안심하고 등용할 수 없다. 세상의 이익을 떠난 초연한 인물[離世獨立之人] 신돈을 등용시켜 묵은 폐단을 과감하게 개혁하려고 한다.

대대로 고관을 지낸 구신이든 갓 등장한 초야의 신진이든 글깨나 읽는 유생이든 간에 기존의 정치집단은 믿을 수 없다는 강한 불신감이 공민왕의 말 속에 담겨 있다. 필요할 때 이들을 적절하게 이용하면서 자신이 직접 정국을 챙기겠다는 구상은 위와 같은 공민왕의 판단에서 나온 것이다. 실제로 공민왕은 신하들과의 경연에서 《서경(書經)》 '무일(無逸)'편과 '홍범(洪範)'편을 읽고 토론하기를 즐겼다. 또한 신하들에게 이 내용을 숙지하게 했다. 국왕의 권위 강화와 국왕 중심의 정치 운영이라는 공민왕 정치의 지향점이 이 책에 담겨 있기 때문이다.

포위된 국왕

그러나 정국은 공민왕의 의도대로 움직여주지 않았다. 공민왕이 즉위 초기 개혁정치를 과감하게 추진할 수 있었던 것은 충목왕의 개혁에 참여한 바 있는 이제현 등 개혁 관료집단의 지지 덕분이었다. 그들은 공민왕의 즉위를 원나라에 요청했으며, 즉위 후에도 공민왕을 적극 지지했다.

그러나 공민왕은 이들을 끝까지 끌어안기보다 필요할 경우 제한적으로 등용하여 정국을 수습하는 땜질식 기용으로 시종했다. 이제현은 공민왕 때 네 번이나 수상에 임명되었으나, 그때마다 몇 달간 머물면서

공민왕릉

공민왕은 재위 중 부인 노국대장공주가 죽자, 부인과 함께 장차 자신이 묻힐 묘자리를 직접 선택하여 조성했다.

정국을 수습하는 역할에 만족해야 했다. 공민왕의 눈에 이미 이들은 기득권층으로 보수화된 세력이었다. 다음의 일화에 공민왕의 그러한 생각이 잘 드러나 있다.

신돈은 공민왕에게 "유자(儒者)들은 서로간에 좌주니 문생이니 하면서 청탁을 주고받습니다. 이제현의 문생은 그 문하에 또다시 문생이 생길 정도가 되어, 나라에 도둑이 가득 찬 꼴이 되었습니다. 과거제도의 폐단이 이 정도로 심합니다"라고 보고한 적이 있다. 무명의 신돈을 기용하여 과감한 개혁을 시도한 공민왕의 생각 또한 신돈과 다를 바 없었다. 그러니 관료집단이 공민왕의 개혁정치에 등을 돌리는 것도 자연스러운 결과였다.

공민왕이 이들을 외면한 데에는 이같이 기존 정치질서에 대한 불신이 작용했지만, 개혁의 방향을 둘러싼 관료집단과의 입장 차이가 더 큰 원인이었다. 관료집단은 녹과전을 부활시켜 자신들의 경제기반을 확보하고 정방을 폐지하여 정상적인 인사체제를 확립, 관료체제를 안정시켜 기득권을 고수하는 선에서 개혁을 추진하려 했다. 반면 공민왕은 원으로부터 자주성을 확보하고 국왕권을 강화하려 했다. 그래서 권문세족들이 차지한 토지와 노비를 원래의 주인에게 되돌려주는 전민변정사업과 같은 대대적인 개혁을 추진한 것이다. 기존의 정치질서에 대한 공민왕의 불신도 개혁 방향에 대한 입장 차이에서 비롯된 것으로 보인다.

공민왕이 결국 개혁정치에 실패하고 신하에게 시해당하는 비참한 최후를 맞은 것도 이 때문이다. 그러나 그가 추구한 개혁의 방향은 뒷날 이성계 일파가 시도한 개혁의 모델이 되었다. 단기적으로는 실패했지만, 장기적으로는 성공한 개혁이 공민왕의 개혁인 것이다. 이런 점에서 공민왕은 개혁에 대한 분명한 비전과 뛰어난 리더십을 지닌, 한국사에 몇 안 되는 군주의 하나로 평가받을 만하다.

● 신돈의 개혁

공민왕 개혁의 핵심은 공민왕이 신돈을 등용하여 행한 개혁에 있다. 신돈(?~1371)은 경상도 창녕의 영산현 사람으로, 법명(法名)은 편조(遍照)다. 어머니는 사찰의 종이며, 아버지는 기록에 없으나 이 지역 유력 가문 출신으로 추정된다. 신돈은 부원배 기철을 제거한 공신의 하나인 김원명의 천거로 공민왕 8년에 정계에 등장했으며, 공민왕 14년(1365)부터 20년(1371)까지 약 6년간 권력을 쥐고 개혁을 단행했다.

신돈이 추진한 개혁의 핵심은 전민변정사업과 성균관 중영 두 가지다. 먼저 전민변정사업은 권세가들이 소유한 토지와 백성을 조사하여 불법으로 빼앗은 토지는 원래의 주인에게 돌려주고, 강제로 노비가 된 사람은 양인으로 신분을 회복시켜주는 작업이다. 이 작업은 공전과 양인을 확대하여 왕조 정부의 재정을 확충하고 권세가들의 정치·경제기반을 축소시키는 한편, 왕권을 강화하는 효과가 있었다. 다음으로 교육기관인 성균관의 중영은 성리학이 크게 발달하고 새로운 정치세력이 양성되는 계기가 되었다. 이 작업은 과거제도의 개편과 맞물려 추진되었는데, 인재 선발에 시험관인 좌주의 영향력을 줄이고 국왕의 영향력을 강조한 친시(親試)제도로 개편되었다. 이로써 좌주·문생 관계의 폐단을 제거하여 국왕권을 강화하는 효과가 있었다.

두 개혁은 결국 권세가 세력의 축소와 국왕권 강화를 목표로 한 것이었다. 그러나 권세가들의 반대로 실패로 끝나고 말았다. 그럼에도 뒷날 이성계 일파는 바로 신돈이 추진한 전민변정사업을 전제 개혁의 모델로 삼았다. 그뿐 아니라 전제 개혁을 추진한 세력도 신돈의 개혁으로 형성된 이른바 신진사대부세력이었다. 이같이 신돈의 개혁은 단기적으로 실패했지만, 장기적으로는 성공한 개혁이었다.

창녕 옥천사터

신돈의 어머니는 이 사원의 노비였다. 신돈의 이 같은 신분적 한계가 뒷날 공민왕의 개혁정치에서 기득권에 얽매이지 않는 과감한 개혁을 추진하는 원동력이 되었다.

3부 조선의 제왕

왕권과 신권, 그 갈등과 조화의 권력 시스템

- **도입글** 조선 왕조 518년, 27명의 제왕들
- **태종 이방원** 권력의 일원화를 추구한 냉혹한 군주
- **세종 이도** 함께하는 소통정치의 표본
- **광해군 이혼** 명분보다 실리를 택한 현실정치가
- **효종 이호** 북벌, 실현 불가능한 목표의 외길을 간 고독한 왕
- **숙종 이순** 붕당정치 국면을 돌파한 카리스마의 정치
- **영조 이금** 왕조의 중흥을 이끈 뚝심과 포용의 추진력
- **정조 이산** 개혁군주의 실천과 좌절

조선 왕조 518년, 27명의 제왕들

조선 국왕의 정치적 위상

고대나 고려의 왕들에 비하면, 조선의 왕은 절대적인 권력을 누리지 못했다. 제도가 정비되면서 왕을 견제하는 장치도 적절히 운영되었기 때문이다. 조선시대 정치사에서 큰 축을 차지하는 왕권(王權)과 신권(臣權)의 문제는 결국 왕권을 누가 어떤 방식으로 행사하느냐에 따라 갈등의 양상을 보이기도 하고 조화를 이루기도 했다. 세종이 절대권력을 휘두르지 않으면서도 자신의 뜻에 맞게 정치를 이끌어 갈 수 있었던 배경에는 왕권과 신권의 조화가 바탕이 된 측면이 크다.

조선의 역사도 518년이나 유지되는 과정에서 많은 파란이 있었다. 크게는 임진왜란과 병자호란 같은 국제전쟁에서부터 왕위계승을 둘러싼 분쟁, 각종 역모사건을 비롯하여 북벌과 같이 시대의 소명으로 떠오른 난제들이 조선의 왕 앞에 닥쳤다. 세종대에 추진된 공법과 광해군대의 대동법, 영조대의 균역법, 정조대의 신해통공처럼 역사의 획을 그을 만한 경제정책들을 최종 결정하는 것도 왕의 몫이었다. 안정기에 국가체제를 잡아간 왕, 보수와 개혁의 갈림길에서 역사적 선택을 요구받은 왕, 신하의 나라로 전락할 위기 앞에서 왕권을 유지하려 한 왕, 전란의 소용돌이에 맞서거나 이를 피해가야 했던 왕, 이처럼 조선의 왕들은 안정기와 격동기를 막론하고 자신의 정치역량을 최대한 발휘해야 하는 위치에 있었다.

적장자 왕위 세습의 아이러니

조선의 왕위 계승에서 흥미로운 사실은 적장자(嫡長子, 정실 소생의 큰 아들)의 왕위 세습을 원칙으로 하면서도 실제로는 거의 실현하지 못했다는 점이다. 조선시대 27명의 왕 중 적장자로서 왕위에 오른 사람은 7명에 불과했다. 30퍼센트도 채 되지 않는 수치이다. 이는 왕위 계승에 여러 변수가 발생했다는 뜻인데, 이러한 변수의 배경에는 어떠한 시대적 조건들이 자리잡고 있었을까?

태조는 계비 소생의 막내아들 방석(芳碩)을 세자로 책봉했는데, 이 과정에서 본처 소생 아들들의 저항을 받았다. 이것이 1차 왕자의 난(1398)이며, 이를 통해 둘째인 방과(芳果)가 정종으로 즉위하였다. 정종을 이은 태종은 태조의 다섯 번째 아들이며, 세종은 태종의 세 번째 아들이었지만 태종의 입김이 강하게 작용하면서 왕으로 즉위하였다. 문종이 적장자로서는 처음으로 왕위에 올랐으나 재위기간이 짧았고, 문종의 적장자인 단종은 숙부인 수양(首陽)대군의 야심에 희생되어 일찍 생애를 마감하였다. 세조(수양대군)의 뒤를 이은 예종은 세조의 차남이었으나 형 의경(懿敬)세자가 세자 시절에 죽어 왕위에 오를 수 있었다. 성종은 의경세자(덕종으로 추존)의 차남으로, 예종이 후사 없이 죽어 물망에 올랐다. 성종에게는 형인 월산(月山)대군이 있어 서열상 왕위 계승에서는 뒤져 있었으나 장인인 한명회(韓明澮)의 후원을 받아 결국 왕위에 오를 수 있었다. 이처럼 열 번째 왕인 연산군이 즉위할 때까지 조선 왕조는 적장자로서 왕위에 오른 이가 문종과 단종 두 사람뿐이었다. 문종과 단종은 재위기간이 짧아 적장자 왕으로서 프리미엄을 거의 누리지 못하였다. 따라서 성종의 장남인 연산군이야말로 적장자 출신이라는 이점 속에서 즉위하여 자신의 모든 것을 보여준 최초의 왕이라 할 만하다. 그런데 이러한 정통성(?)이 오히려 그의 독선적인 기질에 더하여 독재적인 군주상을 만든 요인이 되었다고 한다면 지나친 억측일까? 정통성에서 취약한 세종이나 세조가 큰 업적을 남겼음과 대비해볼 때, 연산군의 적장자 프리미엄은 그를 긴장의 끈에서 이탈하게 했다고도 해석할 수 있다.

조선 후기 국왕의 리더십

조선 후기 개혁군주로 첫 손을 꼽을 수 있는 인물이 광해군이다. 1623년 인조반정 이후 폭군의 멍에를 쓰고 조선시대 내내 왕으로서 그 지위를 인정받지 못한 광해군. 그러나 최근에 들어와 임진왜란의 후유증을 조기에 수습한 그의 내정 개혁은 물론, 후금과 명 사이에서 취한 중립외교가 조선을 전쟁의 불구덩이에서 구한 뛰어난 외교정책으로 재평가받고 있다. 특히 군사정권을 청산한 김영삼의 문민정부, 김대중의 국민의 정부, 노무현의 참여정부가 공히 '개혁'을 화두로 내걸면서 역사상 개혁을 추구한 국왕에게 점수를 후하게 주는 추세이다. 광해군은 이러한 현실정치 분위기 속에서 소위 '뜨고 있는' 국왕이다. 그러나 광해군 정권 자체가 북인(北人)이라는 소수 세력을 기반으로 삼아 무리하게 왕권 강화를 추진해 나간 부분은 분명 비판받아야 할 부분이다. 개혁의 방향이 옳더라도, 추진 주체들의 역량과 추진 방법에 문제가 있을 때에는 보수 기득권세력의 엄청난 저항을 받게 된다는 사실을 증명하는 예이다.

효종은 병자호란의 상처 때문에 국왕이 될 수 있었던 인물이다. 병자호란의 패배와 삼전도에서의 굴욕적인 항복의 대가로 청에서 인질생활을 했던 봉림대군 효종. 형인 소현세자는 심양에서의 인질생활 때 청나라의 학문과 문화에 일면 동조하는 입장을 보였다. 이러한 입장은 부왕인 인조나 정권 담당층인 서인(西人)세력의 불만을 샀고, 귀국 후 갑작스러운 죽음으로 이어졌다. 소현세자의 죽음은 실록에도 독살설로 의심할 만한 내용이 기록될 만큼 의문투성이였다. 특히 소현세자에게 아들이 셋이나 있었음에도 불구하고, 세자의 동생인 봉림대군이 효종으로 즉위한 것은 누가 보아도 인조의 작품임이 분명하다. 삼전도에서 청 태종에게 무릎을 꿇은 치욕을 둘째아들이라도 갚아주기를 바란 데서 나온 결과가 아닐까? 효종이 즉위 후 신하들이나 백성들의 반대를 무릅쓰고 북벌에 매진한 것도 반드시 복수해달라는 아버지의 메시지를 읽고 충실히 수행한 것으로 볼 수 있다.

숙종은 조선 후기 당쟁이 가장 치열한 시대를 살다 간 국왕이다. 그의 이름 옆에는 장희빈, 인현왕후와 같은 여성들이 단골로 등장한다. 이들이 숙종의 정치적 결단에 변수로 작용하는 것도 흥미로운 대목이다. 그만큼 조선 후기에는 왕비를 둘러싼 정치세력 간의 대립이 붕당정치의 전개에 큰 변수로 작용했다. 숙종은 많은 선비가 희생을 당한 환국(換局)을 세 차례나 겪으면서도(1680년 경신환국, 1689년 기사환국,

1694년 갑술환국) 왕권에 대한 입지를 탄탄히 하였다. 즉위할 당시 14세의 소년 왕이었지만 당대를 이끌던 정치가 송시열(宋時烈)의 잘못을 추궁하는 강한 기질과 결단력을 보였다. 이것이 환국이라는 정치적 격동기에도 결코 주눅 들지 않은 모습을 보인 원동력이 아닐까? 신하들의 득세 속에서도 숙종은 재위 후반기에 탕평론을 구체적으로 제시했다. 그의 뒤를 이은 영조, 정조대에 탕평책이 정착되었음을 고려하면, 숙종의 리더십이 만만치 않았음을 알 수 있다. 장희빈이나 인현왕후와 같은 여성들이 부각되면서 그 입지가 좁아보이던 숙종이지만, 그의 강한 카리스마는 사실 조선 사회가 철저하게 성리학 이념으로 무장하는 계기를 만들었다. 46년의 장기집권 속에서 신하들의 희생은 있었을지언정 왕권에는 별다른 타격이 없었다는 점 또한 숙종의 뛰어난 정치력을 대변한다.

영조·정조시대는 잘 알려져 있다시피 조선 후기 정치·문화의 중흥기이다. 두 왕은 정치력이 탁월하였을 뿐만 아니라, 시대의 흐름을 읽는 눈도 뛰어났다. 균역법, 청계천 공사, 신해통공과 같은 사회·경제 정책이나 《속대전》·《속오례의》·《속병장도설》 등의 '속편 시리즈' 도서의 간행에서 볼 수 있듯이, 전대의 문화를 정리하고 새로운 시대로 나아갈 방향을 제시하였다. 서민군주를 표방한 영조는 강력한 왕권을 바탕으로 부국강병을 꾀하였다. 영조시대에 지도와 지리지 편찬사업이 활발히 이루어진 것도 이러한 흐름의 한 반영이다. 그러나 비극은 있었다. 이러한 모든 정책을 수행해 나감에 있어서 영조는 자신의 재위 기간이 다하는 데 대해 불안해했다. 아들 사도세자를 뒤주에 가두어 죽이는 비극을 연출한 것도 어쩌면 자신의 장기집권에 아들이 최대의 걸림돌이었기 때문인지 모른다. 아들의 죽음을 겪은 이후에도 영조는 탄탄한 왕권과 헌신적 지지세력인 노론을 기반으로 무리 없이 정국을 운영해 나갔다. 그리고 똑똑한 손자에게 왕위를 물려줌으로써 '영조·정조시대'가 오늘날에도 역사에서 희구하는 용어로 남게 하였다.

정조의 즉위는 노론의 집요한 반대를 뚫고 이루어졌다. 세손 시절부터 궁중에서 자객의 침입을 받아 갑옷을 입고 잠자리에 들었다는 정조. 정조는 비명에 간 아버지 사도세자의 명예 회복에 모든 것을 걸었다. 그것만이 자신의 왕통을 정당화하고 자신의 정치적 발목을 잡는 노론에게 타격을 가할 수 있는 방법이었기 때문이다. 정조는 사도세자의 사당인 경모궁을 성역화하고 수시로 아버지의 묘소인 화성의 현륭원에 행차함으로써 죄인의 아들이라는 굴레에서 벗어남과 동시에 백성과 함께하는 '만천명월주인(萬川明月主人)'의 이미지를 굳혀갔다. 그의 곁에는 그동안 '비주류'로 소외되어온 세력들이 결집하였다. 정약용(丁若鏞)을 비롯한 남인(南人)들과 박제가(朴齊家), 유득공(柳得恭), 이덕무(李德懋)와 같은 서얼(庶孼) 출신의 학자들이 뛰어난 학문 실력과 현실감각으로 무장하고 정조시대의 정치를 빛냈다. '코드 인사'가 문제되는 요즈음 세태에서 정조시대 능력 중심의 '발탁인사'는 눈여겨볼 만한 대목이다.

지금 그들을 돌아보는 이유

조선 왕조는 518년간 27명의 왕이 재위하였다. 각기 다른 개성을 가진 왕들은 체제의 정비가 요구되는 시기를 살기도 했고, 강력한 개혁이 요구되는 시기를 살기도 했다. 태종이나 세조처럼 자기 집권의 정당성을 위해 강력한 왕권을 확립했던 왕, 세종이나 성종처럼 체제와 문물의 정비에 총력을 쏟은 왕, 광해군이나 정조처럼 개혁이 시대적 요구인 시기를 살아간 왕도 있었다. 선조와 같이 전란을 겪고 이를 수습하여야 했던 왕, 인조처럼 적장에게 항복할 수밖에 없었던 왕, 원인은 달랐지만 부왕의 복수와 명예 회복에 모든 것을 건 효종과 정조도 있었다.

각기 다른 시대의 요구와 배경 속에서 즉위한 왕들이지만, 조선의 모든 왕은 성리학 이념으로 무장한 신하들과 왕의 통치력을 믿고 따르는 백성들과 함께 국가를 합리적으로 이끌어가야 할 임무를 부여받았다. 왕들은 때로 과감한 개혁정책을 선보였고, 때로는 왕권에 맞서려는 신권에 강력히 대응하기도 했다. 모두 백성을 위한 정책을 추진한다고 노력했지만, 대동법과 균역법처럼 시대의 요청에 부응한 것들이 있은 반면, 궁궐의 조성이나 천도처럼 실패한 것들도 있었다.

국민이 주인이 되는 민주사회가 도래했다고는 하지만, 적절한 정책의 추진과 여론의 존중, 도덕과 청렴성, 언로의 존중 등 전통사회 왕들에게 요구되었던 덕목들은 여전히 유효하다. '조선의 대표'로 서술할 왕들의 행적을 통해 현재를 비추어보고 지도자가 갖추어야 할 덕목들을 생각해보는 것도 의미 있는 작업이 될 것이다.

태종 이방원

권력의 일원화를 추구한 냉혹한 군주

내가 일찍이 교서를 내려 군사의 중요한 일은
친히 결정하겠다고 하였다.

《세종실록》 세종 1년 8월 25일

태종(太宗) 이방원(李芳遠)

생몰 1367년~1422년, 재위 1400년~1418년

1400년(정종 2년) 2차 왕자의 난

1401년(재위 원년) 신문고 설치

1405년(재위 5년) 개성에서 다시 한양으로 천도, 창덕궁 창건

1412년(재위 12년) 청계천 공사 완료, 경복궁 안에 경회루 지음

1416년(재위 16년) 도첩제(度牒制) 실시

1418년(재위 18년) 충녕대군을 왕세자로 책봉, 세자에게 왕위 물려주고 상왕으로 물러남

> 내가 재위(在位)한 지 이미 18년이다. 비록 덕망(德望)은 없으나 불의한 일을 행하지는 않았는데, 능히 위로 천의(天意)에 보답하지 못하여 여러 번 수재(水災)·한재(旱災)와 충황(蟲蝗)의 재앙에 이르고, 또 묵은 병이 있어 근래 더욱 심하니, 이에 세자에게 전위(傳位)하려고 한다. 아비가 아들에게 전위하는 것은 천하고금(天下古今)의 떳떳한 일이요, 신하들이 의논하여 간쟁(諫諍)할 수가 없는 것이다.

위의 《태종실록》 태종 18년(1418) 8월 8일의 기록은 태종이 아들 충녕대군(세종)에게 왕위를 물려주고 국새를 넘길 것임을 선언하는 대목이다. 신하들의 반대가 거셌지만 아버지가 아들에게 전위하는 것은 천하고금의 떳떳한 일이라고 하면서 태종은 소신을 굽히지 않았다.

조선의 왕조 개창기 격동의 역사현장 최일선에서 활약하면서, 왕조 개창에 방해가 되거나 왕권에 조금이라도 위협이 되는 세력에 대해서는 가차 없이 칼을 뽑았던 인물. 형에게 일시 양도한 왕위도 불안하다 하여 자신이 차지하고야 만 인물. 그런 태종이 아들에게는 너무나 부드러운 모습으로 살아 생전에 왕위를 물려주겠다고 선언하는 이 장면은 조선의 역사를 새롭게 쓸 수 있는 전기가 되었다.

격동기 킬러의 본능

정몽주(鄭夢周)와 정도전(鄭道傳), 이들은 고려 말 정치·사회의 위기 속에서 새롭게 등장한 신진사대부의 핵심 인물이다. 그중 한 명은 고려를 대표하는 충신으로, 다른 한 명은 조선 건국의 설계자로 역사에 이름을 깊이 각인시켰다. 그런데 두 위인은 같은 사람에게 죽임을 당하였다. 이방원(李芳遠), 곧 조선의 제3대 왕 태종이 되는 인물이다. 정몽주는 조선의 건국이라는 혁명의 길에 가장 큰 장애물이었고, 정도전은 '왕권 중심의 나라' 조선을 건설해 나가는 데 가장 큰 걸림돌이었기 때문이다. 이방원은 이렇게 두 명의 걸출한 인물을 제거하고, 조선을 건국하고, 왕이 되어 왕권 중심의 나라를 만들어 나갔다. 여말선초의 격동기에 역사적 라이벌을 제거하고 최후의 승자가 된 태종 이방원, 그의 리더십을 살펴보자.

1392년 4월, 고려 왕조를 끝까지 지키려던 충신 정몽주가 선죽교 근처에서 철퇴를 맞고 죽었다. 피습을 지휘한 장본인은 조선 태조 이성계의 다섯 번째 아들인 이방원이었다. 이로써 왕조 교체를 거부하던 최대의 걸림돌이 사라졌고, 이후 새 왕조 개창의 수순들이 정리되어 나갔다. 당시 이방원과 정몽주가 주고받은 시조인 〈하여가(何如歌)〉와 〈단심가(丹心歌)〉는 이후에도 널리 회자되면서 정몽주를 고려 충신의 대명사로 인식하게 만들었지만, 이방원에게는 '킬러'라는 이미지를 심어 주었다.

1398년, 이방원은 킬러 특유의 본능을 다시 한 번 발휘하게 된다. 이

정몽주

고려 말 신흥사대부의 대표 인물로, 온건한 개혁을 주장하였다.
1392년 4월에 이방원 일파에게 피습당하였다.

번 상대는 조선 건국 최고의 주역인 정도전이었다. 그들의 악연은 조선 건국을 둘러싼 권력 논쟁으로 거슬러 올라간다. 사석에서 누누이 "한 고조가 장량을 이용한 것이 아니라, 장량이 한 고조를 이용한 것"이라는 말을 내뱉을 정도로, 왕조 건설의 최고 주역임을 자부한 정도전은 자신과 같은 신하가 주인이 되는 조선을 만들고 싶어했다.

정도전은 《조선경국전(朝鮮經國典)》이라는 책을 통해 조선 건국의 이념적 지표들을 설정해 나갔다. 그중에서도 핵심적인 내용은 신하의 역할을 강조한 부분이다. "국왕의 자질에는 어리석음도 있고 현명함도 있으며, 강력한 자질도 있고 유약한 자질도 있어서 한결같지 않으니, 재상은 국왕의 좋은 점은 순종하고 나쁜 점은 바로잡으며, 옳은 일은 받들고 옳지 않은 일은 막아서, 임금으로 하여금 대중(大中)의 경지에 들게 하여야 한다"고 하거나, "국왕의 직책은 한 재상을 선택하는 데 있다", "국왕의 직책은 재상과 의논하는 데 있다"고 하면서 재상, 즉 신하의 역할을 특히 강조했다. 조선은 이성계가 왕이 된 이씨 왕조의 국가였다. 따라서 왕권이라는 것은 무엇도 견줄 수 없는 절대권력이었다. 그러나 건국의 이념을 제시한 정도전의 머릿속에는 자신과 같은 재상의 권력이 언제든 왕권을 제어할 수 있어야 한다는 생각이 들어 있었다.

조선이 건국되었을 당시 이성계는 58세의 노인으로서 정무에 별 관심이 없었다. 이 틈을 비집고 들어온 정도전은 자신이 의도하는 방향대로 재상 중심의 건국이념 지표들을 설정해 나갔다. 정도전의 이러한 구상에 가장 강력히 반발한 인물이 바로 이방원이었다. 방원은 태조의 아들 중 유일하게 문과에 급제할 정도로 무인적인 기질과 함께 학문적 소양을 갖춘 인물이었다. 이방원과 정도전의 심각한 갈등은 태조의 후계자를 정하는 문제, 곧 세자 책봉문제에서부터 시작되었다.

태조의 첫째 부인이자 정비인 신의왕후(神懿王后) 한씨는 조선 건국 전인 1391년에 55세의 나이로 사망했지만, 태조와의 사이에 장성한 아들 여섯(방우, 방과, 방의, 방간, 방원, 방연)을 두었다. 그리고 둘째 부인인 계비 강씨에게도 두 아들이 있었는데, 방번과 방석이 그들이다. 계비 강씨는 나이는 어리지만 당찬 여걸이었다. 1392년 4월, 이방원이 정몽주를 격살했다는 보고를 받고 태조가 당황해하자 "공이 언제나 대장군으로 자처하시더니 어찌 이렇게 당황해하십니까"라는 핀잔을 줄 정도였다. 강씨의 영향력은 무엇보다 조선 건국 한 달 후인 8월 20일에 자신의 소생인 11세의 방석을 전격적으로 세자로 책봉시킨 데서 알 수 있다. 그러나 방석의 세자 책봉은 조선 왕실의 또 다른 비극을 잉태하는 싹이 되고 말았다. 당연히 본처 소생의 아들 중 하나가 왕위를 계승하리라고 믿었던 한씨 소생의 아들들은 아버지와 계모의 처사에 분개했다. 원래 정치에 뜻이 없던 장남 방우는 거의 매일 술을 마시다가 1393년에 사망했으며, 실질적인 장남인 둘째 방과와 다섯째 방원 등이 똘똘 뭉쳤다.

왕권이냐, 신권이냐

현명함과 어리석음의 자질이 일정하지 않은 세습 국왕이 전권을 행사하는 왕권 중심주의보다는, 천하의 인재 가운데 선발된 재상이 중심이 되어 정치를 펴는 신권 중심주의를 주장한 정도전은, 방석의 세자 책봉을 오히려 기회로 여겼다. 강력한 왕권을 주장하는 방원과 같은 버거운 상대보다는 어린 방석이 즉위하는 것이 자신의 입지가 커지는 길이라 생각했기 때문이다. 세자로 책봉된 방석은 어머니 강씨와 정도전, 남은 등 개국공신들의 후원에 힘입어 세자로서의 자질을 익혀갔다. 정도전은 특히 왕자들이 보유한 사병을 혁파하는 조치를 취하여 경쟁관계에 있던 방원 등의 무력기반을 해체하고자 했다.

서서히 조여오는 정치적 압박에 위기의식을 느끼던 방원에게 드디어 기회가 왔다. 계비 강씨가 죽고 태조마저 병석에 눕자 세자로 책봉된 방석의 입지가 점차 위축되어갔던 것이다. 방원은 이때를 놓치지 않

정도전

정도전은 조선 건국의 최고 주역이었음에도 불구하고, 태종과의 정치적 갈등 때문에 건국 6년 만에 살해당했다.

았다. 전부터 뭉쳐온 한씨 소생의 왕자들은 방원의 주도로 1398년 경복궁 남문에 쿠데타군을 배치한 후 최대 정적인 정도전을 제거하는 일에 나섰다. 정도전은 자택(현재의 종로구청 자리)에서 가까운 남은의 첩 집에서 남은·심효생 등과 환담을 나누고 있다가 불의의 일격을 받고 죽게 된다. 《태조실록》 태조 7년(1398) 8월 26일 기사에는 습격 당시 목숨을 살려달라는 정도전의 간청을 이방원이 냉정하게 뿌리치는 장면이 소개되어 있다.

> "청컨대 죽이지 마시오. 한 마디 말하고 죽겠습니다." 소근 등이 끌어내어 정안군(뒤의 태종)의 말 앞으로 가니, 도전이 말하였다. "예전에 공(公)이 이미 나를 살렸으니, 지금도 또한 살려주소서." 예전이란 임신년을 가리키는 말이다. 정안군이 말하였다. "네가 조선의 봉화백(奉化伯)이 되었는데도 도리어 부족하게 여기느냐? 어떻게 악한 짓을 한 것이 이 지경에 이를 수 있느냐?" 이에 그를 목 베게 하였다.

이방원의 증오는 정도전의 수진방 자택을 몰수하여 말을 먹이는 사복시(司僕寺)로 사용한 것에서도 나타난다. 정도전을 제거한 후에는 세자 방석마저 유배시킨 후 살해했으니, 이것이 1차 왕자의 난이다. 이방원이 주도한 왕자의 난으로 어린 세자 위에 군림하면서 재상이 주도하는 왕도정치를 실현하려던 정도전의 꿈도 역사 속에 묻혀버렸다.

이방원과 정도전의 갈등은 이렇게 1398년 왕자의 난을 통해 이방원의 승리로 끝을 맺는다. 이것은 단순한 개인의 승리가 아니라 정도전이 주장한 재상이 주도하는 신권 중심주의가 패배했음을 의미한다. 이방원이 태종으로 즉위한 후 강력한 왕권 중심주의를 펼친 배경에는 이러한 정치적 갈등이 자리잡고 있었다.

왕이 주도하는 나라 만들기

어찌 보면 태종은 전형적인 킬러의 모습이다. 고려의 충신 정몽주, 조선 건국 최고의 주역 정도전이 그의 손에 희생되었으니 말이다. 즉위 후에도 태종의 킬러 본능은 수그러들지 않았다. 자신이 왕위에 오르는 데 결정적인 역할을 한 처남 민무구·민무질 형제를 가차 없이 숙청했으며, 세종 즉위 후에 상왕(上王)으로 있으면서 세종의 왕권에 걸림돌이 된다는 이유로 세종의 장인인 심온(沈溫)을 처형했다. 그러나 태종은 냉혹한 측면과 함께 '냉철함'도 갖추고 있었다. 그의 치세에 왕권 강화와 중앙집권을 위한 다양한 정책들이 적극적으로 추진되었다.

육조직계제의 단행, 전국의 수령 파견, 호패법 실시, 신문고 설치, 청계천 공사 등이 대표적인 정책이다. 태종은 세자 시절부터 왕권 강화 정책에 비상한 관심을 쏟았다. 그런 와중에 재상 중심주의를 부르짖고 나선 정도전과의 격돌은 왕권 강화라는 소신을 보다 단단하게 만들었다. 태종 즉위 이후 의정부의 기능은 점차 축소되었다. 대신 이·호·예·형·병·공조 육조의 장관인 판서들의 위상이 높아졌다. 직급도 정3품에서 2품으로 올라갔고, 좌우 정승의 문·무관 인사권도 이조와 병조로 옮겨졌다. 재위 14년(1414) 태종은 마침내 육조직계제를 단행했다. 이제 왕이 육조 장관에게 직접 명령을 내리는 체계를 완비함으로써 왕과 육조 사이에서 기능하던 의정부의 역할은 완전히 축소되었다. 언론기관인 사간원(司諫院)을 독립시켜 대신들을 견제하게 한 것도 왕권 강화를 위한 조치였다. 조선시대판 대통령 중심제의 서막을 연 셈이다. 재위 1년인 1401년 8월에 송나라 등문고제도를 본떠 설치한 신문고 역시 안정된 왕권을 바탕으로 백성들의 생생한 목소리를 직접 수렴하겠다는 의지의 표현이었다. 그러나 이 시대에는 왕과 백성들 사이의 거리가 너무나 멀었기에 실제로 신문고를 이용한 민원은 거의 접수되지 않았다. 위민정치(爲民正治)의 상징물로만 기능한 것이다.

개인의 사병을 혁파하여 공병으로 전환시킨 것도 튼튼한 왕권을 충실히 보좌할 군대를 기르기 위해서였다. 사실, 이방원은 왕자 시절 정도전 일파가 단행한 사병 혁파 조치 때문에 큰 위기를 맞은 적이 있다. 그러나 자신이 보유한 사병들의 힘으로 최고 집권자 자리에 오른 태종에게 왕자들 개인에게 소속된 사병들은 '잠재된 쿠데타군'에 다름 아니었다.

태종은 성리학 중심의 국가이념 확립과 국가재정 강화를 위해 불교와 사원에도 칼을 들이댔다. 조선은 불교가 아닌 성리학 이념의 나라임을 선언했지만, 건국의 시조 태조 자신부터 불교 정서에서 완전히 벗어나지 못했던 까닭이다. 태조는 오히려 불교의 신봉자라고 말할 수 있을 정도였다. 왕궁 규모와도 같은 절 회암사를 세운 것이 대표적이다. 태조의 불교 숭상에 큰 불만을 품어온 태종은 왕위에 오르자마자 환관들이 마련해둔 궁중의 인왕상(仁王像)을 대궐 밖으로 옮기게 하고 도량법석(道場法席) 등의 불교행사를 폐지했다. 그러나 아직 부왕 태조가 생존해 있어 태종의 불교 탄압은 태조와의 갈등 속에서 전개될 수밖에 없었다. 태종 3년(1403) 6월, 사찰에 예속된 토지를 몰수했으며, 1405년 8월 폐사찰의 전답과 노비를 국가에 귀속시키는 과정을 거쳐 이 해 11

월에는 전국 사찰의 토지와 노비를 혁파하는 강경책을 실시했다. 불교 탄압을 통해 자연스럽게 조선이 성리학 국가의 모습을 갖추도록 유도하는 한편, 국가재정을 확보하여 안정된 중앙집권국가로 나아가는 것이 태종의 기본 신념이었다.

재상의 권위를 강조한 정도전을 제거한 것이나, 자신의 즉위에 최고의 공을 세운 외척들을 가차 없이 제거한 것도 다 이러한 신념 때문이었다. 왕권에 위협이 되는 요소들을 발본색원하여 왕이 중심이 되는 튼튼한 나라를 만들어 나가는 과정에서 태종은 자신에게 주어진 무수한 악역을 마다하지 않았다.

한양 재천도와 청계천 공사의 혜안

태종의 업적 중에서 한양으로의 재천도도 눈여겨볼 만한 사안이다. 태종은 왕위에 오른 후 한양 재천도에 뜻을 두었다. 태조 3년(1394) 조선은 개성에서 한양으로 도읍을 옮겼지만, 정종이 재위하면서 다시 개성으로 도읍을 옮겼다. 그러나 개성은 옛 고려 귀족들의 터전이었고, 새 왕조가 새로운 정치력을 발휘하기에 미흡한 점이 많았다. 태종은 재위 4년(1404) 9월에 본격적으로 한양 천도를 준비하라고 지시했다.

> 임금이 의정부에 하지(下旨)하기를, "한성(漢城)은 우리 태상왕이 창건한 땅이고 사직과 종묘가 있으니, 오래 비워두고 거주하지 않으면 선조의 뜻을 계승하는 효도가 아닌 듯하다. 명년 겨울에는 내가 마땅히 옮겨 거주할 터이니, 응당 궁실을 수즙(修葺)하게 하여야 할 것이다" 하였다.

결국 태종은 1년 뒤인 1405년 10월에 한양 천도를 단행한다. 태조가 한양에 도읍을 정한 이후 일시적인 정변을 계기로 개성으로 도읍을 옮긴 것을 바로잡아 조선 왕조의 정통성을 확립하기 위한 조치였다. 태종의 한양 천도 이후 현재에 이르기까지 수도가 바뀌지 않았음을 고려하면, 태종의 결정은 조선이라는 나라의 기틀을 보다 확고히 한 것이었다. 태종은 1406년 정월에 강원도와 충청도의 장정 3,000명을 동원하여 경복궁을 수리하는 한편, 1411년에는 경복궁 안 서쪽에 연못을 팠다. 그리고 1412년 4월에 《주역(周易)》의 36궁(宮)을 모방하여 36칸에 46주(柱)의 돌기둥을 버텨놓은 경회루를 완성하여 군신의 연회장소를 마련했다.

한양 한복판에 개천(청계천)을 처음 뚫은 것도 태종 때였다. 한양은 북쪽의 북악산, 남쪽의 목멱산(남산), 동쪽의 낙산, 서쪽의 인왕산으로 둘러싸인 분지 모양의 구조를 하고 있어 지리적으로 홍수에 취약했다. 즉, 북악산이나 인왕산, 낙산에서 흘러들러온 물이 남산에 가로막혀 바로 한강으로 빠져나가지 못하고 홍수를 불러오곤 했다. 이러한 문제점을 인식한 태종은 도성을 가로지르는 개천공사에 착수했다. 재위 6년(1406) 1월 16일, 한성부의 정부(丁夫) 600명을 동원해서 개천을 팠고, 재위 12년(1412)에 본격적으로 준천(濬川)을 시행했다. 태종은 개천도감(開川都監)을 설치하여 이를 전담케 하고 1412년에 삼남의 군사들을 징발하여 작업을 독려했다. 1412년 2월 15일 마침내 하천을 파는 공사가 끝났다. 이때 완성된 수로는 대광통(大廣通, 지금의 광교)에서 오간수문(지금의 홍인지문 근처)을 거쳐 중랑천과 합류하여 한강으로 빠져나가는 것으로서, 청계천의 원형이다. 태종은 "하천을 파는 일이

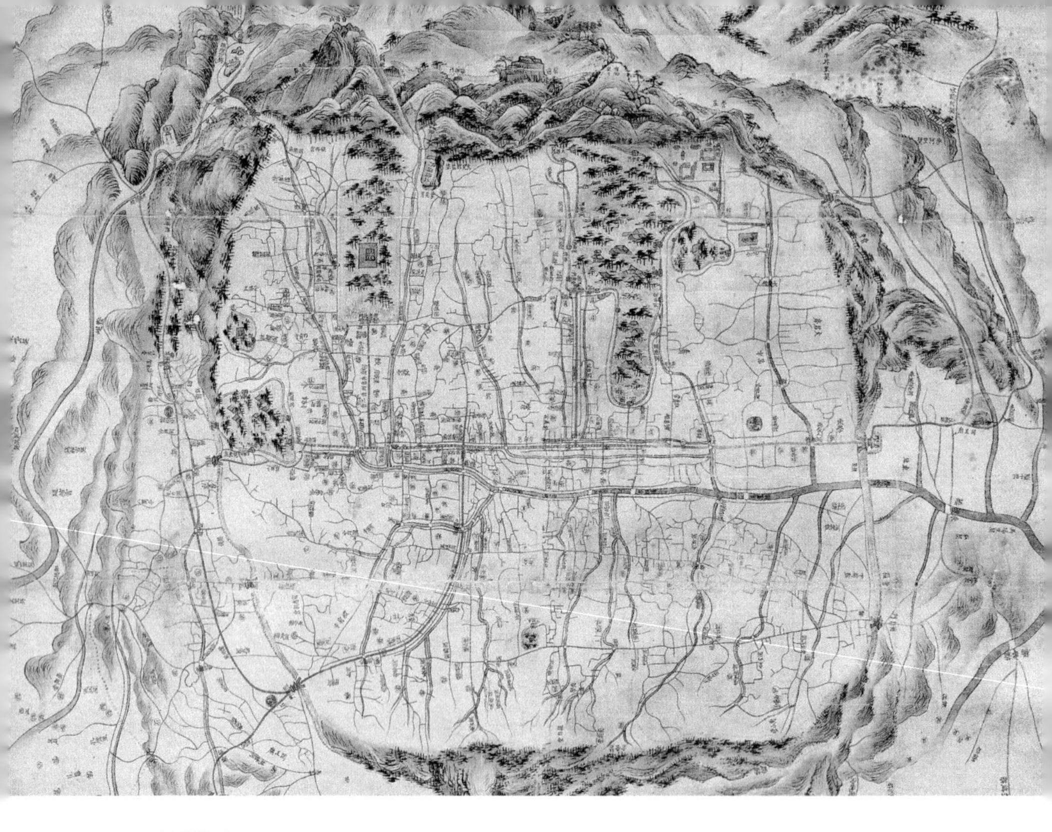

〈수선전도〉
조선 후기에 제작된 서울 지도. 산으로 둘러싸인 도성의 모습과 함께 중앙에 청계천의 물길이 보인다.

끝났으니 내 마음이 편안하다"라며 청계천 완성 소감을 짧게 피력했지만, 청계천은 새로운 수도 한양의 팽창을 가능하게 했다는 점에서 결코 작지 않은 업적이다. 태종 때 그 기틀을 잡은 청계천 건설은, 1760년 영조에 의해 대규모 준천공사로 이어졌다. 그리고 현재에 이르기까지 수도 서울의 심장부를 가로지르는 수로 역할을 톡톡히 하고 있다.

미래를 보는 후계자 선택

수많은 악역에도 불구하고 태종이 강력한 카리스마를 가진 왕으로 평가를 받는 데에는 후계자에 대한 결단이 한 몫을 했다. 바로 맏아들 양녕대군을 세자로 임명했다가 폐위시키고 셋째 아들 충녕대군을 후계자로 지명한 부분이다.

조선 왕조의 왕위 계승은 앞서 살펴본 것처럼 장자 세습이 원칙이었다. 그러나 태종 때까지 이 원칙은 한 번도 지켜지지 않았다. 태조는 계비 소생인 방석을 세자로 책봉했다가 본처 소생 아들들이 일으킨 '왕자의 난'이라는 비극을 맛보았다. 왕자의 난 이후 즉위한 2대 정종은 태조의 둘째 아들이었으며, 정종을 물러나게 하고 왕위에 오른 태종은 다섯째 아들이었다. 이처럼 피를 부르는 왕위 계승의 소용돌이의 중심에 있었던 태종은 누구보다도 적장자가 왕위에 올라 조선의 기틀이 잡혀 나가는 것을 보고 싶어했다. 그래서 맏아들 양녕대군 제(褆, 1394~1462)를 재위 4년(1404) 8월에 왕세자로 책봉했다. 그러나 14년 후 양녕대군을 폐위시켜 경기도 광주로 추방한다. 황희 등 조정의 원로대신들 일부가 반대하고 나섰으나 태종은 오히려 이들을 유배보냈다. 14년 동안 왕세자 자리에 있던 양녕대군이 폐위된 까닭은 무엇일까?

무엇보다 양녕대군은 부왕인 태종과 성격이 맞지 않았다. 치밀하고 엄격한 태종에 비해 세자 양녕은 호방하면서도 풍류를 즐기는 스타일이었다. 글공부보다는 사냥이나 풍류에 관심이 많았다. 양녕은 글공부를 게을리하여 주변 사람들을 곤란하게 만들기도 했다. 태종 5년(1405) 10월에는 세자가 학업을 게을리한다며 태종이 세자를 대신하여 환관들에게 태(笞, 매)를 치기도 했다. 세자를 가르치는 시강원(侍講院)의 선생님들도 무척이나 고생을 했다. 급기야 양녕이 궁궐에 건달패나 기생들을 들인다는 소문이 현실로 드러나면서 태종의 분노는 극에 달했다. 양녕은 달밤에 궁궐 담을 넘어 무뢰배들과 어울려 다니며 비파를 타기도 하고 기생들을 궁궐에 불러들여 밤새도록 술을 마시며 노래를 부르고 잡희(雜戲)를 즐겼다. 또한 정종의 애첩이었던 기생과 사통하는가 하면, 중추부사 곽정의 첩 어리가 예쁘다는 소문을 듣고 그녀를 도적질하여 궁궐에 들이기도 했다. 이러한 비행들이 계속되자, 태종은 마침내 신하들의 건의를 받는 절차를 거쳐 양녕을 세자의 자리에서 물러나게 한 것이다.

이처럼 태종이 일부 신하들의 반대에도 불구하고 세자의 폐위를 결정한 데에는 양녕의 기행(奇行) 탓도 있었지만 무엇보다 셋째 아들 충녕에 대한 믿음이 큰 작용을 했다. 항상 성실하고 진지한 자세로 학문에 열중하는 충녕의 됨됨이를 알고 있던 태종은 자신의 후계자로 충녕을 마음에 두게 된 것이다. 풍류에 빠진 양녕이나 불교에 심취한 둘째 효령에 비해 셋째 충녕은 태종의 든든한 버팀목이었다.

태종은 자신이 그랬던 것처럼 국왕의 자리는 장자 세습이라는 원칙보다 능력이 중요하다는 점을 강조하며, 이제 겨우 반석에 올려놓은 조선 왕조가 굳건한 뿌리를 내리려면 충녕과 같은 능력 있는 왕이 필요하다고 생각했다. 태종은 왕자의 난이라는 골육상잔(骨肉相殘)의 진통을 겪으면서 무엇보다 왕권이 안정되어야 나라가 제대로 기틀을 잡을 수 있다고 판단했다. 그리고 자신이 그린 밑그림을 완성할 능력 있는 후계자를 원한 것이다.

태종은 생전에 왕위를 세종에게 물려주고 상왕으로서 창경궁의 전신인 수강궁(壽康宮)에 거처하면서 세종의 후견인 역할을 했다. 세종 초년 권력을 믿고 방자하게 행동하던 세종의 장인 심온이 처형되고 그의 부인(세종의 장모)이 관노비로 전락한 것이나, 이종무로 하여금 대마도 정벌을 단행하도록 하여 국방을 안정시킨 것도 태종의 작품이었다. 자신이 지명한 후계자가 마음껏 정치능력을 발휘할 수 있도록, 장애가 되는 요소를 모두 제거하려는 뜻이었다.

현대사에서도 최고 집권자의 후계자 선택 문제는 한 국가와 민족의 미래를 결정짓는 사안이란 점에서 많은 시사점을 던져준다. 박정희의 경우 권력욕과 더불어 후계자에 대한 불안한 믿음 때문에 장기독재로 치달았다. 전두환은 12·12 쿠데타의 동지 노태우를 철저히 관리해주고, 노태우 역시 끝까지 은인자중하는 태도를 취한 끝에 어렵사리 대통령이 될 수 있었다. 노태우의 취임은 '가문의 영광'은 될 수 있을지언정, 한국 현대정치사에 있어서는 퇴보라는 평가가 지배적이다. 그만큼 한 나라를 책임질 후계자의 선택은 중요하다. 600년 전 왕조국가에서 태종은 '원칙'보다는 '능력'을 택했다. 그리고 스스로 왕의 자리를 박차고 나와 후견인의 위치에 서서 아들 세종을 지원했다. 태종의 이러한 선택이 결국 '세종'이라는 조선 역사상 가장 뛰어난 성군을 낳음으로써 후대에까지 높은 평가를 받고 있다.

● 태종과 계모 신덕왕후 강씨의 악연

태조에 의해 세자로 책봉된 방석의 생모 강씨와 이방원의 갈등도 상상을 초월할 정도로 심각했다. 태조를 조종하며 정도전 등의 힘을 빌려 방석을 세자 자리에 앉힌 강씨에 대한 방원의 분노는, 그녀의 생전에는 물론이고 사후에도 계속되었다.

계비 강씨가 죽자 태조는 그녀에게 신덕(神德)왕후라는 존호를 내리고, 능도 궁궐에서 잘 보이는 곳에 조성하여 정릉(貞陵)이라 했다. 태조는 궁궐에서 정릉의 아침 재 올리는 종소리를 듣고서야 수라를 들었을 정도로 계비에 대한 사랑이 깊었다고 한다.

그러나 왕위에 오른 방원은 태조가 죽자 눈엣가시처럼 여기던 정릉을 파괴하고 이전(移轉)시킬 것을 지시했다. 태종 9년(1409) 마침내 정릉은 도성 밖 양주지방, 현재의 정릉(서울 성북구 정릉동) 자리로 옮겨졌다. 이어 태종은 정릉의 정자각을 헐고 봉분을 깎아 무덤의 흔적을 남기지 말라고 명했으며, 1410년 광통교가 홍수로 무너지자 정릉의 병풍석을 광통교 복구에 사용토록 하여 백성들이 이것을 밟고 지나다니도록 만들었다.

태종은 정릉의 흔적을 완전히 없애려 했으나, 현종대에 송시열 등의 건의로 복구되어 어느 정도 왕비릉의 모습을 갖출 수 있게 되었다. 정릉을 봉(封)하고 제사를 베풀던 날에 소나기가 정릉 일대에 쏟아진 일도 있었는데, 백성들 사이에 신덕왕후의 원혼을 씻는 비라는 이야기가 나돌았다는 기록도 전해온다. 지금도 원래 정릉이 있던 자리는 정동(貞洞)으로 불리면서 희미하게나마 신덕왕후의 자취를 알려준다.

정릉

태조의 계비 신덕왕후 강씨의 능이다.

세종 이도

함께하는 소통정치의 표본

백성들이 좋지 않다면 이를 행할 수 없다.

《세종실록》 세종 12년 7월 5일

세종(世宗) 이도(李祹)

생몰 1397년~1450년, 재위 1418년~1450년

1418년(즉위 원년) 집현전을 본격적으로 설치
1430년(재위 12년) 《농사직설》 배포
1432년(재위 14년) 설순 등이 《삼강행실도》 편찬
1434년(재위 16년) 앙부일구로 시간 측정, 장영실 등이 자격루를 보루각에 설치
1443년(재위 25년) 《훈민정음》 창제
1445년(재위 27년) 권제 등이 《용비어천가》 편찬

왕으로서 정치가로서 세종의 위대함을 부인하는 한국인은 없을 것이다. 훈민정음 창제를 비롯해서 《농사직설》·《향약집성방》 등 백성을 위한 농서와 의서 간행, 천재 과학자 장영실 발탁과 해시계·자격루·측우기 등 각종 과학기구의 발명, 박연으로 대표되는 궁중음악 완성 등 세종대 찬란한 민족문화의 성과들은 나열하기가 힘들 정도이다. 여기에 4군 6진을 쌓아 압록강·두만강으로 경계가 이루어진 오늘날 한반도의 영토를 확정하는 등 세종시대의 면면을 들여다보노라면, 뭔가 자랑스러운 민족의 긍지 같은 것이 느껴지기도 하며, 위대한 왕 세종의 찬란한 역량을 되새겨보게 된다.

그러나 '함께하는' 정치야말로 무엇보다 중요한 세종시대의 리더십이다. 자신이 출중한 능력의 소유자였음에도 세종은 독단적으로 정국을 운영하지 않았다. 전국의 인재들을 불러모으고 이들이 마음껏 능력을 발휘할 수 있도록 여건을 만들어주었다. 공법이라는 토지세법을 정할 때 17만 명에 이르는 백성들에게 직접 의견을 물어본 것이라든가, 집현전을 설치하여 최고의 인재들로 하여금 국가정책을 생산케 한 것, 천민 출신의 과학자 장영실을 발탁한 것 등은 포용적인 리더십의 대표격이다. 김종서(金宗瑞)·최윤덕(崔潤德)과 같이 국방 개척에 소임을 다한 인물이나, 황희·맹사성·유관·허조 같은 청백리 정승들이 세종시대에 유난히 많았던 것도 국토와 민족에 대한 인식이 강화되고 도덕적으로 기강이 바로잡힌 시대 분위기를 대변해준다.

조선이 건국된 지 30여 년이 지난 즈음 세종이 왕위에 오를 무렵 조선은, 왕권과 신권 간 갈등 같은 초기의 정치적 시행착오를 수습하고 왕권과 신권이 함께 머리를 짜내어 조선이라는 나라를 안정시켜야 할 과제를 안고 있었다.

세종은 이 시대 조선이 나아갈 국정의 방향을 자주(自主), 민본(民本), 실용(實用)으로 삼았다. 세종은 가능한 한 국가의 인재를 최대한 활용하여 자주, 민본, 실용의 정치문화를 정착시킬 성과물들을 차근차근 마련해 나갔다.

집현전 설치와 인재풀의 활용

세종은 즉위 후 바로 집현전을 학문과 정책의 중심 기구로 발전시켰다. '집현전(集賢殿)'이라는 명칭은 고려 인종 때 처음 사용되었고 조선시대에도 정종 때 집현전이 있었으나 거의 유명무실한 기구였다. 세종은 즉위와 함께 집현전을 완전한 국가기관으로 승격시켜 학문의 중심 기구로 삼았다. 그리고 '재행연소자(才行年少者)'라 하여 재주와 행실이 뛰어난 젊은 인재들을 끌어모았다. 신숙주, 성삼문, 정인지, 최항 등 세종시대를 대표할 학자들이 속속 집현전으로 모여들었다.

집현전은 세종 2년(1420)에 설치되어 세조 2년에 없어질 때까지 약 37년간 존속하였다. 이처럼 짧은 기간임에도 불구하고 집현전이 우리의 뇌리 속에 깊이 각인되어 있는 것은 이곳에서 세종대의 대표적인 학문·문화활동이 완성되었기 때문이다.

세종대에서 단종대까지 총 96명의 학자가 집현전을 거쳐간 것으로 확인되고 있다. 그런데 조선시대 문과 합격자의 명단을 기록한《국조방목(國朝榜目)》을 보면, 집현전 학자 전원이 문과 급제자 출신이다. 그것도 수석인 장원 급제자가 정인지(鄭麟趾)를 비롯한 16명, 2등이 6명, 3등이 신숙주(申叔舟) 등 11명, 4등이 7명으로, 전체 집현전 학자의 절반에 가까운 46명이 과거에 5등 안에 합격한, 그야말로 국가의 최고 인재들이었다. 이들 인재들에게 세종은 독서와 학문 연구, 이를 바탕으로 한 정책 결정과 국가 주요 간행물의 편찬이라는 임무를 부여했다.

집현전은 현재의 경복궁 수정전 자리, 곧 국왕이 조회와 정사를 보는 전각인 근정전이나 사정전과 매우 가까운 곳에 자리잡고 있었다. 그만큼 집현전에 대한 세종의 관심이 컸다는 의미이다. 세종 자신도 학문이 뛰어난 군주였지만 홀로 정책을 결정하지 않고, 집현전과 같은 기구에서 배출된 학자들의 연구 성과를 충분히 반영했다는 점에서 다수의 의견을 존중한 면모가 잘 나타나고 있다.

집현전에서는 주로 고제(古制) 해석과 함께 정치 현안의 정책과제들을 연구했다. 주택에 관한 옛 제도를 조사한다거나 중국 사신 방문시의 접대 방안, 염전법에 관한 연구, 외교문서 작성, 조선의 약초 조사 등 다양한 연구와 편찬활동이 이곳을 중심으로 전개되었다. 그리고 집현전에 소속된 학자들은 왕을 교육하는 경연관(經筵官), 왕세자를 교육하는 서연관(書筵官), 과거시험의 시관(試官), 역사를 기록하는 사관(史官)의 임무도 동시에 부여받았다. 그만큼 세종은 이들을 국가의 기둥으

경복궁 수정전
경복궁 근정전 서쪽에 있는 건물로, 세종 때 집현전으로 사용되었다. 임진왜란 때 소실되었던 것을 고종 때 재건했으며, 이후 일제가 허물어버린 것을 최근 들어와 복건했다.

로 키운 것이다.

집현전에서는 각종의 편찬사업이 활발하게 이루어졌다. 역사서와 유교경서·의례·병서·법률·천문학 관련 서적이 그것으로서, 집현전 학자들은 국가에 필요한 서적 편찬의 과제가 부여되면 과거의 법제와 학문 연구를 통해 이를 완수하여 국왕인 세종에게 올렸다.

이러한 편찬사업은 세종 당대에 완성된 것도 많지만, 《고려사》와 같이 전대의 역사를 정리하는 편찬사업은 세종대에 시작되어 문종대에 완성을 보기도 했다. 그만큼 긴 안목을 가지고 과제를 부여하고 이를 완성한 것이다.

집현전은 세종의 각별한 배려 속에서 수백 종의 연구 보고서와 50여 종의 책을 편찬했다. 《향약집성방》·《삼강행실도》·《자치통감》·《국조오례의》·《역대병요》와 같이 의학·역사·의례·국방 등 전 분야에 걸친 많은 책들이 세종시대 문화의 꽃을 활짝 피웠다. 집현전의 설치는 무엇보다 세종이 혼자만의 힘으로 국가정책을 결정하지 않고 다수 인재들의 학문 연구를 지원하고 그 성과를 국가의 정책으로 활용했다는 점에서 의미가 크다. 그리고 집현전에서 배출된 쟁쟁한 인적 자원은 15세기 찬란한 민족문화를 완성하는 원동력이 되었다. 세종은 집현전이라는 국가 인재의 보고(寶庫)를 최대한 활용하면서 '함께하는 정치'의 모범을 보인 것이다.

세법의 확정, 10년에 걸친 여론조사

재위 12년(1430) 세종은 공법(貢法)이라는 새로운 세법 시안을 갖고 백성들에게 그 찬반 의견을 묻는 여론조사를 실시했다. 공법은 1결(結)당 일정하게 10두(斗)의 세금을 거두는 것이 그 핵심 내용으로, 관리가 직접 전답을 돌아보면서 농사의 수확량을 확인하고 그에 따라 세금을 정하는 방식인 '답험손실법(踏驗損失法)'에 관리의 주관적인 판단에 따라 세금이 매겨지는 문제점이 발견되었기 때문이다.

1430년 3월 5일부터 8월 10일까지 5개월에 걸쳐 여론조사를 벌인 결과, 무려 17만여 명이 조사에 참여하였고, 그중 9만 8,000여 명이 찬성, 7만 4,000여 명이 반대한 것으로 집계되었다. 찬반 상황이 지역별로 실록에 구체적으로 기록될 정도로 국가의 역량이 집중된 사업이었다. 당시 인구 수를 고려하면 17만여 명이라는 참여 인원 수는 모든 백성을 대상으로 한 것이나 다름없었다. 오늘날 국민투표와 비견할 만한 기록이다.

이처럼 세종이 공법 시행에 앞서 여론조사를 실시한 것은 그만큼 백성들의 의견을 중시한 때문이다. 이러한 점은 《세종실록》 세종 12년(1430) 7월 5일 기사에도 잘 드러나 있다.

> 정사를 보았다. 호조판서 안순(安純)이 아뢰기를, "일찍이 공법(貢法)의 편의 여부를 가지고 경상도의 수령(守令)과 인민들에게 문사온즉, 좋다는 자가 많고 좋지 않다는 자가 적었사오며, 함길·평안·황해·강원 등 각 도에서는 모두들 불가하다고 한 바 있습니다" 하니, 임금이 말하기를, "백성들이 좋지 않다면 이를 행할 수 없다. 그러나 농작물의 잘 되고 못 된 것을 답사 고험(考驗)할 때에 각기 제 주장을 고집하여 공정성을 잃은 것이 자못 많았고, 또 간사한 아전들이 잔꾀를 써서 부유한 자를 편리하게 하고 빈한한 자를 괴롭히고 있어, 내 심히 우려하고 있노라. 각 도의 보고가 모두 도착해 오거든 그 공법의 편의 여부와 답사해서 폐해를 구제하는 등의 일들을 백관(百官)으로 하여금 숙의(熟議)하여 아뢰도록 하라" 하였다.

결과에서 보이는 것처럼, 당시 찬반 의견이 워낙 팽팽한지라 세종은 바로 세법을 확정하지 않고 다시 면밀히 조사했다. 그리고 재위 19년(1437) 8월부터 마침내 전라도와 경상도를 대상으로 공법을 시범 실시했으며, 재위 23년(1441)에 충청도까지 확대 실시했다. 3년 뒤인 재위 26년(1444)에는 공법이 연분 9등·전분 6등법으로 최종 확정되었다. 여론조사를 실시한 지 14년 만의 일이었다.

농업이 근본 산업이던 당시로서는 백성들이 경작하는 토지에 대한 세금 결정이 민심의 바로미터였다. 이처럼 중요한 사안이었기에 세종은 오랜 시간을 두고 신하와 백성의 의견을 충분히 수렴한 끝에 결정을 내린 것이다.

흔히들 왕이 모든 것을 결정한다고 알고 있는 전제왕권시대에 이처럼 민주적인 의사결정과정을 거치고 있는 사실에서 세종대의 정치 수준을 짐작해볼 수 있다.

자주·민본·실용정신의 꽃, 《훈민정음》

자주, 민본, 실용으로 상징되는 세종의 정치문화 코드를 가장 대표하는 업적이 바로《훈민정음》의 창제이다. 오랜 연구 끝에 1446년 9월 세종은 '훈민정음', 즉 '백성을 가르치는 바른 소리'를 반포하였다. 그 서문은 다음과 같다.

> 나랏 말씀이 중국과 달라, 어리석은 백성들이 말하고 싶은 것이 있어도 제 뜻을 펴지 못하는 경우가 많다. 내가 이를 불쌍하게 여겨 새로 스물여덟 글자를 만드니, 사람마다 쉽게 익혀 생활에 편리하게 쓰도록 하라.

역사가 수천 년 되었지만, 이때까지 우리글은 없었다. 그동안 한자를 빌려다 쓰는 생활을 해오면서, 말과 글이 달라 백성들의 불편함은 이루 말할 수 없었다. 세종은 어려운 한자를 모르는 백성들도 쉽게 글을 읽고

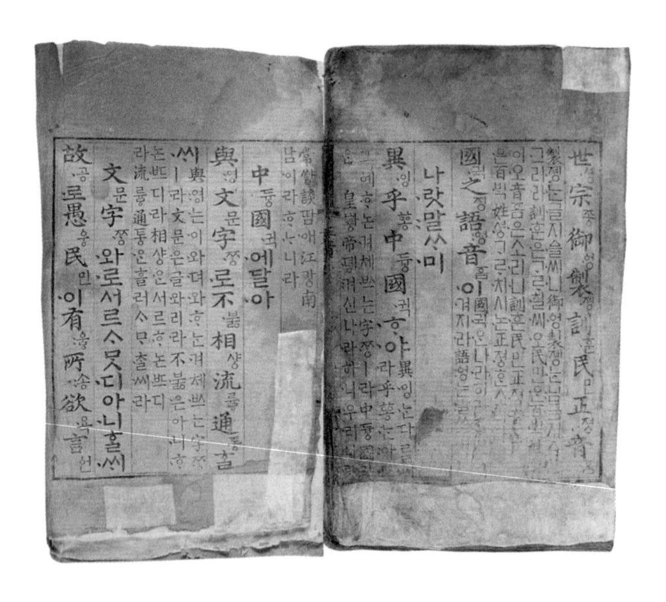
世宗御製訓民正音
國之語音이
나랏말ᄊᆞ미
異乎中國ᄒᆞ야
中國에달아
與文字로不相流通ᄒᆞᆯᄊᆡ
文字와로서르ᄉᆞᄆᆞᆺ디아니ᄒᆞᆯᄊᆡ
故로愚民이有所欲言

《훈민정음(해례본)》
1443년 세종은 《훈민정음》을 창제하고 시험 사용을 거쳐 3년 뒤인 1446년에 반포하였다.

쓸 수 있도록 자음과 모음 28자로 이루어진 훈민정음을 만들었다.

훈민정음은 1443년에 처음 완성된 이후, 3년 동안이나 궁궐에서 여러 학자와 대신들 사이에서 시험 사용되었다. 그 결과 여러 사람이 사용하기에 우수한 글임이 밝혀져, 이를 온 백성에게 가르치기로 한 것이다. 한자나 알파벳 문자가 만들어진 이유나 목적을 들어본 적이 있는가? 훈민정음은 특히 새로 스물여덟 글자를 만든 이유까지 밝혀놓은 서문이 있어 더욱 빛날 수 있었다. 여기에는 세종의 자주정신, 애민정신과 함께 실용정신이 녹아 있다.

28자의 자음과 모음으로 이루어진 훈민정음의 글자 모양은 발음기관과 삼재(三才, 천·지·인)를 따고, 문자 조직은 주역철학의 원리를 응용한 것이다. 훈민정음은 우리말을 가장 자연스럽게 표현할 수 있는 과학적이고 실용적인 문자로, 소리나는 대로 쓸 수 있다. 따라서 각 문자마다 뜻을 알아야 하는 한자보다 익히기가 훨씬 쉬워 많은 백성이 문자의 혜택을 누릴 것으로 기대되었다. 특히 조정에서《용비어천가(龍飛御天歌)》와 같은 시가나 각종 경서를 한글로 번역하여 일반 백성들에게 널리 보급하며 그 호응 정도를 검토한 결과, 비교적 반응이 좋은 것으로 확인되었다.

그러나 훈민정음에 대한 반대 여론도 만만치 않았다. 최만리(崔萬理), 김문(金汶) 등은 무엇보다 중국과의 관계를 문제삼았다. 중국과 다른 문자를 쓰는 것은 사대의 예에 어긋난다는 것이 주된 이유였다. 집현전 출신 학자 최만리는 1444년 2월 훈민정음 반포에 반대하는 상소문을 올렸다. 그에 따르면, 이제껏 중국의 제도와 문물을 받아들여오다가 우리의 독자적인 말과 글을 쓰게 되면 중국을 자극할 수 있고, 이미 이두(吏讀)가 있으니 한글은 필요가 없으며, 한글은 기예에 불과하다는 것 등이 주요 논리였다.

그러나 세종은 이를 논리적으로 반박하고 적극적으로 훈민정음의 반포를 주도해 나갔다. 이제 중국과는 다른 우리의 독자적인 문자, 어리석은 백성이라면 누구나가 쉽게 쓸 수 있는 글자가 우리 민족의 자주성과 민본, 실용을 위해 꼭 필요하다고 여겼기 때문이다. 세종이 최만리의 상소에 동조하여 훈민정음 창제에 반대한 김문을 장 100대에 처한 것도 훈민정음 반포에 대한 강력한 의지를 표현한 것이었다.

훈민정음의 창제로 어려운 한자시대가 가고 쉬운 한글시대가 도래했다. 양반 사대부들은 여전히 한자를 선호했지만, 글을 배우기 힘든 백성들이나 궁중의 여성들에게는 한글이야말로 가뭄 끝에 내리는 단비 같은 존재였다. 한글은 이후 한글소설이나 궁중문학의 발전으로도 이어져, 조선의 문화저변을 확대하는 데 크게 기여했다.

촌로들의 경험을 최대한 살린 《농사직설》

세종시대는 무엇보다 우리 농법, 우리 과학, 우리 문화, 우리 음악에 대한 애정이 충만한 시대였다. 세종은 중국과는 다른 우리 고유의 농업과 의학 그리고 과학과 문화에 깊은 관심을 가졌고, 그것은 다양한 성과물로 나타났다.

세종 재위 11년(1429)에는 우리 땅에 맞는 농법서인 《농사직설(農事直說)》이 간행되었다. 600년 전 이 땅의 백성 대부분이 농민이었고, '농업은 천하의 근본'이라는 말이 있을 정도로 가장 중요한 산업이었다. 농사의 풍흉에 따라 한 해의 삶이 결정될 정도였다. 따라서 보다 효과적으로 씨를 뿌리고 거름을 주고 김을 매는 작업이 매우 중시되었다. 이전까지 조선의 백성들은 중국에서 수입된 농서인 《농상집요(農桑輯要)》를 참조하여 농사를 지었지만, 기후와 풍토가 다른 관계로 효과적인 생산을 기대할 수 없었다.

이에 세종은 정초(鄭招), 변계량(卞季良) 등을 시켜 농업이 발달한 경상도와 충청도, 전라도 삼남지방의 관리들에게 자기 지방의 농사법을 자세히 적어 올리게 했다. 관리들은 고을 내 농사경험이 풍부한 나이 많은 농부들을 찾아가 농사짓는 방법을 자세히 듣고 이를 기록했다. 《농사직설》은 이러한 조사와 연구를 바탕으로 완성된 것이다.

세종은 이처럼 조선 농부들의 오랜 경험이 녹아 있는 《농사직설》을 간행하여 이를 농민들에게 배포했다. 이로써 농업 생산력이 증대되어 농민들의 생활 안정에 큰 도움이 되었다. 《농사직설》의 서문에는 "천지사방의 풍토가 다르고 작물에 따른 농법이 따로 있어 옛 책과 내용이 맞지 않음을 아시고 각 도의 관찰사들에게 명하여 고을의 지혜 많은 농부들이 경험한 바를 모두 적어 올리라"는 세종의 당부가 적혀 있다. 《농사직설》에는 기후와 토양·곡식의 종류에 따라 종자를 보관하는 법, 종자 뿌리는 법, 모내기하는 법, 김매는 법, 물 대는 법, 거름 주는 법, 고랑에 종자 뿌리는 법 등이 자세히 씌어 있다. 이제 우리 땅에 맞는 농사법으로 보다 큰 수확량을 기대할 수 있게 된 것이다.

《농사직설》이 완성된 후 세종은 친히 경복궁 후원에 1결의 땅을 갈아 농사를 지었다. 농서의 보급을 위해 국왕이 직접 팔을 걷고 나선 것이다. 세종은 직접 농사를 지어 《농사직설》의 효과를 백성들에게 확인시켜주려 했다. 경복궁 후원에 조의 씨를 2홉가량 뿌려 《농사직설》에 따라 농사를 지어본 결과, 조 1석을 수확했다. 기존의 농법대로 할 때보다 많은 수확량이었다. 이러한 실천을 통해 세종은 관리들을 더욱 독려하고 《농사직설》의 보급을 권장했다. 세종시대 민본정책의 싹은 바로 우리 것을 제대로 알고 여기에 맞는 정책을 직접 실천한 데서 나온 것이었다.

의학의 신토불이 《향약집성방》

세종 15년(1433)에는 의학에도 신토불이(身土不二) 바람이 불었다. 우리 산천에서 생산되는 약재를 중심으로 증상에 따른 처방을 기록한

《향약집성방(鄕藥集成方)》이 완성되어 간행되었다. 우리 것을 찾는 바람은 비단 농사에만 그치지 않았다. 우리 몸을 다스리는 데도 우리 땅에서 나는 약재가 그만이었다. 그간 의원들은 중국 의학서의 처방을 보고 약을 지어왔는데, 중국 약재는 값도 비쌀뿐더러 우리나라 사람들에게는 효과도 그다지 없었다. 1433년, 전국의 향약 처방을 모은《향약집성방》이 나왔으니, 우리 백성들의 질병을 치료하는 데 큰 도움이 되었다. 그 결과 인구가 늘고, 농업 생산력이 향상되었다.

재위 13년(1431) 가을에 세종이 집현전 학자 유효통(兪孝通), 노중례(盧重禮) 등에게 명하여 2년여에 걸쳐 연구와 작업을 거듭한 끝에 마침내《향약집성방》이 완성되었다(1433년 6월). '향약(鄕藥)'이라는 말은 우리 향토에서 나는 약재를 의미하는 것으로, 중국산 약재인 '당재'에 비해 우리 사람의 질병을 치료하는 데 효과가 크다.

《향약집성방》을 편찬하기 위해 집현전 학자들은 당시 조선에 소개된 바 있는 중국의 처방을 연구하는 한편, 그때까지 잘 알려지지 않았던 조선의 약재와 효과, 처방에 대해 상세히 조사해 보고하고 향약의 우수성을 밝혀냈다.

그런데《향약집성방》을 편찬하기까지는 많은 시간과 공력이 들었다. 1421년 10월 약재에 정통한 황자후라는 인물을 명나라에 보내 우리 땅에서 생산되지 않는 당재들을 널리 구해오게 했으며, 1423년에는 노중례 등을 명나라에 보내 우리 약재와 중국 약재의 효능을 계속해서 연구하게 했다.

우리 의관들로 하여금 중국의 의관들을 만나 약재의 효능에 대한 자문을 구한 것도 여러 번이었다. 1424년 11월에는 각 도의 관찰사들에게 명하여 각 도 각 읍에서 출토되는 토산품을 조사해 약초의 분포실태를 세밀히 보고하게 했다.

이러한 조사와 작업 끝에 1428년에 《향약채취월령(鄕藥採取月令)》이 간행되었다. 이 책은 이름 그대로 향약의 채취에 적합한 월령들을 기록한 것인데, 토산 약초 밑에 약효와 함께 채취시기를 적어 백성들이 적절하게 약초를 활용할 수 있도록 했다.

결국 《향약집성방》은 세종이 10여 년 이상의 시간을 투자한 끝에 펴낸 성과물이었다. 이 책은 모든 질병을 57대의 큰 항목으로 나누고, 959조의 소목을 달아 해당 병과 처방법을 자세히 기록한 것이다. 책의 제목을 '향약'이라고 한 것에서 보듯, 민간에서 사용되던 우리 고유의 의학전통과 중국에서 수입한 한의학 처방법을 조화시켜 우리 의학의 독자적인 전통을 찾으려 한 점이 특징적이다. 세종시대를 읽는 또 다른 코드, 우리 것에 대한 자부심을 확인할 수 있는 대목이다.

실용정신이 녹아 있는 과학기기들

세종의 민본정신과 우리 것에 대한 애정은 과학기술에서도 혁신적인 발명을 낳았다. 특히 농업 생산력을 증대하려면 무엇보다 농시(農時)가 절실한데, 종자가 아무리 좋아도 적절한 시기를 놓쳐버리면 풍년을 기대할 수 없기 때문이다. 농시의 중요성은 천문 관측기구와 시계의 발명으로 이어졌다.

조선 초기에 천문을 관측하는 기관인 서운관(書雲觀)에서 간의대(簡儀臺)를 설치한 바 있으나 아주 미흡하였다. 세종 재위 14년(1432)부터 대규모 천문의상(天文儀象) 제작사업을 시작해서, 16년(1434)에 경복궁 경회루 북쪽에 높이 약 6.3미터, 길이 약 9.1미터, 넓이 약 6.6미터의 석축 간의대를 준공했다. 세종 20년 3월부터는 이 간의대에서 서운관 관리들이 매일 밤 천문을 관측했다. 해시계인 '앙부일구(仰釜日晷)'도 만들었다. 해시계를 '일구(日晷)'라고 부른 것은 해의 그림자로 시간을 알려주기 때문이다. '앙부일구'는 '솥을 떠받치고 있는 모양의 해시계'란 뜻으로 마치 솥 모양으로 생겼는데, 일반 백성을 위해 혜정교와 종묘 남쪽 거리에 설치되었다. 우리나라 최초의 공중시계인 셈이다. 이외에 현주일구와 천평일구, 정남일구와 같은 휴대용 시계도 제작되었다. 세종대 조선은 그야말로 '시계왕국'이라고 불러도 될 만큼 다양한 시계들이 발명되었다.

세종 16년(1434)에는 노비 출신의 과학자 장영실(蔣英實)이 저절로 시각을 알려주는 물시계인 자격루(自擊漏)를 발명했다. 해시계는 날씨가 흐리거나 해가 지면 쓸 수 없는 단점이 있었다. 그래서 빛이 없어도 시각을 알 수 있는 물시계를 발명한 것이다. 물시계 역시 삼국시대부터 있었으나 사람이 꼼짝 않고 지키다가 일정한 시각이 되면 종을 쳐 시각을 알리는 것으로, 불편하기 그지없었다. 자격루는 그런 불편함을 덜어주는 물시계이다. 자동시보장치가 있어 시·경·점에 따라서 종·북·징을 자동으로 울리는 동시에 목각 인형이 솟아올라 시간을 알려주었다. 일종의 자명종 시계인 셈이다.

처음 이를 본 사람들은 그 움직임이 귀신 같다며 입을 다물지 못했다고 한다. 자격루는 경복궁 남쪽의 보루각(報漏閣)에 설치하여 조선시대 표준시계로 이용했다. 매 시각 자격루에서 종이 울리면 이는 곧바로 광화문-병조-공조-비각을 거쳐 종루(보신각)에 전해져 백성들이 시각을

자격루

물시계. 일종의 자명종 시계이다.

측우기

강우량을 측정하는 기계이다.

앙부일구

해시계. '솥을 떠받치고 있는 모양의 해시계'란 뜻이다.

알 수 있었다.

장영실은 중국계 귀화인 아버지와 기생 출신 어머니 사이에서 태어난 천민으로, 원래 동래현의 관노비였으나 세종의 눈에 띄어 일약 궁중의 과학기술자가 된 인물이다. 그만큼 세종은 인재를 보는 데 신분의 높고 낮음을 가리지 않았다.

재위 23년(1441) 8월에는 강우량을 측정하는 측우기(測雨器)를 발명하여 관상감(觀象監)과 각 도의 감영에서 강우량을 측정할 수 있게 했다. 봄 가뭄이 심한 우리 기후에선 강우량과 관개수를 어떻게 활용하느냐에 따라 한 해 농사가 결정된다. 특히 논농사가 많은 곳은 강우량 관찰이 필수적이다. 그래서 세종은 각 고을 수령들에게 강우량을 측정해 보고하라는 지시를 내렸다. 그러나 땅의 성질에 따라 빗물이 스며드는 정도가 달랐고, 흐르는 물은 잴 수도 없는 노릇이었다. 이 결함을 없애고자 개발한 것이 '빗물을 담는 구리그릇', 바로 측우기이다. 측우기 역시 농업 생산성을 높이기 위한 과학 발명품이다. 측우기는 세계 최초의 기상 관측장비라는 점에서도 의미가 크다.

세종시대에는 천문역법에도 혁명적인 바람이 불었다. 기존에는 중국 원나라의 수시력(授時曆)이나 명나라의 대통력(大統曆), 아라비아의 회회력(回回曆)과 같은 달력을 사용함으로써 우리나라의 역법체계와는 맞지 않은 부분이 많았다. 그러나 세종대에는 이들 역법을 종합하여 재위 26년(1444) 《칠정산내 · 외편(七政算內外篇)》이라는 우리의 독자 역법을 만듦으로써 보다 정확하게 천문을 관찰하고 이에 적합한 일력(日曆)을 제시할 수 있게 되었다.

세종은 시대적 과제인 조선의 기틀 세우기 작업을 각 분야에 걸쳐 거의 완벽하게 수행해냈다. 자주·민본·실용정신은 조선을 새롭게 세우는 정신적인 기반이었다. 세종은 자신에게 주어진 역사적 책무를 집현전 인재들과 함께 차분히 이행해 나갔다. 백성과 신하들의 의견을 최대한 반영했으며, 능력 있는 사람이 최대한 자신의 역량을 발휘할 수 있도록 조건을 만들어주었다. 세종대에 들불처럼 번져 나간 농업·의학·과학분야의 성과물들은 왕에서 백성에 이르기까지 무엇이든 하면 된다는 신념을 가졌기에 가능한 일이었다.

폐출된 형에 대한 배려

세종이 백성들의 존경을 받게 된 데에는 양녕대군에 대한 대우도 한몫을 했다. 알다시피 양녕대군은 14년간 세자의 자리에 있다가 아버지 태종에 의해 폐출된 한 많은 왕자이다. 물론 자신의 잘못도 있었지만, 그렇다고 한 나라의 후계자가 쉽게 자리에서 쫓겨나지는 않는 법이다. 양녕은 일찍부터 태종의 마음을 읽고 있었다. 부왕의 마음이 충녕에게가 있음을 헤아리고 선선히 왕세자의 자리에서 물러났다. 능력이 출중한 동생을 위한 명예로운 은퇴라고나 할까.

《연려실기술(燃藜室記述)》에는, "효령대군 보(補)는 일찍이 부처를 좋아했는데, 양녕이 미친 체하고 방황하니 효령대군이 그가 폐위될 것을 짐작하고 글공부에 전념하였다. 그러자 양녕이 지나다가 발로 차면서 '어리석도다. 네가 충녕에게 제왕의 덕이 있는 것을 알지 못하느냐?' 하였더니, 효령은 크게 깨닫고 곧 뒷문으로 나가 절간에 들어갔다"는 이야기가 전한다. 만약 양녕이 왕세자의 자리를 계속 고집했더라면, 왕자의 난 때와 같은 피비린내 나는 왕실의 비극이 재현되었을 지도 모른다.

이후의 조선 역사를 보면 소현세자, 사도세자와 같이 부왕과 갈등을 빚은 세자는 거의가 비극적인 최후를 맞았다. 왕에 이은 권력의 이인자 자리는 그만큼 정치적으로 부담이 큰 자리였다. 이러한 관점에서 보면, 양녕은 나름대로 자신의 분수를 지킨, 혜안을 가진 인물이라고 할 수 있다.

세종은 폐위된 후에도 기행을 일삼아 신하들의 거듭된 탄핵의 대상이 된 형 양녕의 허물을 덮어주는 우애를 보였다. 《세종실록》에는 "형이 나이가 이미 많으니 반드시 소년기습(少年氣習)이 없어졌을 것이라 하여, 서울 집으로 불러 돌아오게 하여 날마다 친히 대접하되, 조금도 혐의(嫌疑)하거나 간격이 없어 하니, 여러 신하들이 비록 옳지 않음을 고집하여도, 왕이 모두 듣지 않고 두 형을 섬기되 반드시 인정과 예절을 다하였다"고 평하여, 세종의 따뜻한 형제애와 온화한 인품이 드러난다.

즉위 초 아버지 태종 이방원에 의해 장인이 처형되고, 장모는 관노비로 전락하는 가슴 아픈 상황에서도 묵묵히 참고 견딘 세종. 현재의 관점에서 보면 유약하게 보일지도 모르지만, 세종은 그런 아픔을 속으로 삭이면서 시대의 과제들을 해결해 나간 인물이다. 자신의 왕위를 위협할 수도 있는 형을 따뜻하게 배려하고 아버지의 가혹한 처분까지도 감내해낸 인격의 소유자였기에 세종 주변에는 수많은 인재들이 모여들었던 것이다.

사실 세종은 개인적으로 불우한 측면이 많았다. 왕비와 자식을 먼저 저 세상으로 보내고 불교에 관심을 보인 적도 있다. 안질과 당뇨병 등의 질병이 평생을 따라다니며 왕성한 활동을 제약하는 악재로 작용하기도 했다.

그러나 세종은 물러서지 않았다. 한 왕조의 최고 통치자로서 역량을 최대한 쏟아붓는가 하면, 관리와 백성들에게 모범을 보임으로써 누구나 자발적으로 시대의 과제를 해결하는 일에 동참하도록 했다. 각종 질환에 시달리면서도 자신에게 맡겨진 역사적 책무를 다한 국왕 세종, 고통 속에서도 최선의 성과물들을 후손에게 남겨주었기에 그 모습이 더욱 아름답게 느껴진다.

● 세종에 관한 질병 보고서

《세종실록》에 나타난 세종의 질환 관련 기사는 모두 50여 건에 이른다. 세종이 20대 후반이던 재위 6년과 7년에는 두통과 이질에 관한 기록이 있으며, 30대 중반에는 풍병과 종기에 대한 기록이 자주 등장한다. 40대 중반에는 안질과 소갈증을 앓는다는 기록이 있으며, 수전증과 한쪽 다리가 말을 듣지 않는다는 기록도 있다. '걸어다니는 종합병원'이라는 말이 떠오를 정도이다.

《세종실록》 세종 21년 6월 21일 기사에는 세종이 건강상의 이유로 강무(講武)를 할 수 없으니, 큰일은 세자에게 맡기겠다는 취지의 발언을 하는 대목이 나오는데, 여기에 세종이 당시까지 앓아온 질병이 잘 나타나 있다.

> 내가 젊어서부터 한쪽 다리가 치우치게 아파서 10여 년에 이르러 조금 나았는데, 또 등에 부종(浮腫)으로 아픈 지 오래다. 아플 때를 당하면 마음대로 돌아눕지도 못하여 그 고통을 참을 수가 없다. (중략) 또 소갈증(消渴症)이 있어 열서너 해가 되었다. 그러나 이제는 조금 나았다. 지난해 여름에 또 임질(淋疾)을 앓아 오래 정사를 보지 못하다가 가을, 겨울에 이르러 조금 나았다. 지난 봄 강무한 뒤에는 왼쪽 눈이 아파 안막(眼膜)을 가리는 데 이르고, 오른쪽 눈도 인해 어두워서 한 걸음 사이에서도 사람이 있는 것만 알겠고 누구누구인지를 알지 못하겠으니, 지난 봄에 강무한 것을 후회한다. 한 가지 병이 겨우 나으면 한 가지 병이 또 생기매 나의 쇠로(衰老)함이 심하다. (중략) 이제는 몸이 쇠하고 병이 심하여 금년 가을과 내년 봄에는 친히 사냥하지 못할 듯하니, 세자로 하여금 숙위(宿衛) 군사를 나누어서 강무케 하라.

여기서 세종은 한쪽 다리가 아팠다는 것, 등에 부종이 생겼다는 것, 13년 동안 소갈증을 앓았다는 것, 임질, 눈이 아파 안막을 가린다는 것 등 자신이 각종 질환에 시달려왔음을 고백하고 있다.

그렇다면 세종이 앓았다는 등창, 소갈증, 임질 등의 병은 구체적으로 어떤 병일까? 《세종실록》의 기록을 현대의 전문의에게 문의한 결과, 안질은 요즈음으로 치면 백내장, 소갈병은 당뇨질환, 임질은 성병이라기보다는 전립선염이나 방광염을 뜻하는 것으로 나타났다. 특히 당뇨병은 여러 가지 합병증을 유발하는 병으로 안정을 취하는 것이 최선의 회복책이다.

물론 세종도 말년에는 세자(문종)에게 대리청정하게 했지만 자신에게 맡겨진 대사업에서 손을 뗄 수 없었다. 각종 질환에 시달리면서도 역사적 책무를 다한 국왕 세종. 각종 질환의 고통 속에서도 역사 속에 길이 남는 업적을 남겼기에 인간 세종의 모습이 더욱 아름다운 게 아닐까.

世宗實錄卷第八十五　四十三

指揮十八等來獻土物○上謂金墩曰予自少一脚偏痛至十餘年而
少愈又患背浮腫久矣當痛之時不能隨意輾轉其苦不可忍去癸丑
春予欲浴於溫井臺諫有言弊及於民大臣亦有言其不可者予因二
三人之請浴於溫井果有效驗其後雖或復發其痛則減於前矣又患
消渴已十三四年矣而今亦小愈去年夏又患淋疾久不視事至秋冬
小愈去春講武後患左目以致翳膜右目亦因而昏花跬步之間但知
有人而不辨爲某某也悔予去春之講武也一病纔愈一病又生予之
衰老甚矣予欲但決大事而小事則令世子處決爾等與大臣皆止之予
更思之予雖多病年今未老悔予輕易發言也但講武則國之大事而
祖宗已立之法也況今東西兩界戍禦方興武備其可緩乎予於向者欲
令世子講武大臣止之洪亦止之吾不知其可也況今衰病甚矣今秋
及來春似不能親狩欲令世子分宿衛軍士以講武事其軍中之事則
兵曹堂上一人兵房承旨同議處決如有大事則但告世子而已宗親
不過五六司僕亦分半驛馬百餘匹大事不廢而弊則除矣爾等與兵
曹堂上擬議事目以啓金墩對曰自古世子不可離君父之側臣向者
啓云以當世言之世子雖率三軍之士擧國而行孰有疑貳之心乎後
世以爲常事而行則必有小人之離間者矣 殿下謂臣曰汝言是矣

《세종실록》(부분)

세종의 질병 관련 사항이 기록된 대목.
《세종실록》 세종 21년 6월 21일 기사이다.

광해군 이혼

명분보다 실리를 택한 현실정치가

위태로워 죽기 직전에 있는 백성들을 보살펴주지
않는다면 백성의 부모된 도리가 아니다.

《광해군일기》 광해군 2년 1월 13일

광해군(光海君) 이혼(李琿)

생몰 1575년~1641년, 재위 1608년~1623년

1608년(즉위 원년) 선조 사망, 광해군 즉위, 일본과 국교 재개, 삼포 개항

1613년(재위 5년) 계축옥사, 영창대군을 강화도에 유배시킴

1618년(재위 10년) 명의 원병 요청 거부, 비변사와 파병 여부 놓고 논쟁

1619년(재위 11년) 명의 거듭된 요청에 강홍립 파병

1623년(재위 15년) 인조반정, 광해군 폐위

광해군이 눈물을 흘리면서 "오늘날의 계책으로는 동남(東南)에 주력하여 회복을 도모해야 할 것이요, 자보(自保)할 계책만을 세울 수는 없다" 하고, 평안도에서 강원도로 나와 이천(伊川)지방에 머물면서 열읍(列邑)에 격문을 돌려 원근의 인사들을 불러모았습니다. 이에 산곡에 도망가 숨은 백성들이 그 부름에 응하여 구름처럼 모여들면서 모두들 우리 임금의 아들이다 하였는데, 열흘도 못 되어 성세가 크게 떨쳤습니다. 그리하여 드디어 하나의 보장(保障)이 되어 영남 이북을 장악하고 기전(畿甸, 경기지방)을 통하며 황해의 인후(咽喉)를 막음으로써 충청·전라·경상도 사이에 호령이 막히지 않게 하였으며, 소재처의 군민이 의병을 규합하여 서로 앞을 다투어 목숨을 바쳐 적을 칠 것을 결심하였습니다. 결국 나라가 재건된 것은 실로 여기에서 기인한 것입니다.

위 《선조실록》 선조 32년(1599) 8월의 기록은 광해군이 임진왜란 때 백성들과 함께 적진을 누비면서 두터운 신망을 얻는 대목이다. 전란이 끝난 후 광해군이 어려운 후계자 지명전에서 결국 승리를 거둘 수 있었던 것도 직접 전장을 누빈 덕분이다. 주전론(主戰論)을 주장하며 의병 활동에 적극적이었던 정인홍(鄭仁弘) 등의 대북세력은 목숨을 걸고 광해군을 지지했다.

대북을 등에 업고 즉위한 광해군, 그러나 대북은 당시 정국에서 소수파였다. 소수파로서 정권을 잡은 북인은 광해군의 취약한 왕통을 강화하고 기존의 정치판을 뒤엎는 개혁에 승부수를 걸었다. 아직도 완전하지 않은 전란의 후유증 수습과 함께 북방에서 흥기한 여진족의 위협으로부터 국가를 보호할 수 있는 방안 강구가 과제로 대두된 시대, 광해군이 펼쳐나간 리더십의 빛과 그림자를 살펴본다.

광해군이냐, 영창대군이냐

임진왜란은 왕실의 세력판도에도 엄청난 변화를 가져왔다. 임진왜란 초기 관군의 방어선이 뚫리면서 위기를 맞은 국왕 선조(재위 1567~1608)는 서둘러 피난길을 재촉하는 한편, 광해군을 왕세자로 삼아 분조(分朝, 조정을 나눔)를 통해 혼란한 정국을 수습했다.

임진왜란 당시 왕세자의 신분이었지만 분조활동을 통해 전시(戰時) 정부를 이끈 광해군은 의병 모집을 진두지휘하는 등 군사전략가로서 자질을 보여주었다. 특히 직접 종군(從軍)하여 병사들을 독려함으로써 의주에 피난을 간 부왕 선조와 대비되면서 백성들의 믿음을 이끌어냈다.

광해군은 명나라 장수 유정(劉綎)이 "세자 광해군으로 하여금 신하들을 대동하고 밤낮으로 달려가서 본진의 명령에 따라 군무(軍務)를 숙련하고 병법을 강습하여 국가를 보전할 계책을 세우게 하는 것이 사실상

본국이 장래에 태평을 누릴 수 있는 복이 될 것입니다"라고 할 정도로, 명나라 장군에게도 전쟁 이후의 새로운 희망으로 인식되었다.

18세의 나이에 왕세자로서 분조를 이끌며 대왜항쟁에 나섰던 광해군은 강력한 주전론을 전개한 정인홍 등의 북인세력과 호흡이 잘 맞았다. 의주로 피난해 백성의 원성을 산 선조와는 다른 모습이었다. 임진왜란이 끝난 후 조야의 명망은 광해군에게 쏠렸고, 광해군의 왕위 계승은 무난한 것처럼 보였다. 그러나 선조 35년(1602) 정비 의인왕후가 사망하고 인목왕후가 계비로 들어오면서 왕실에는 미묘한 긴장감이 조성되었다.

선조는 정비 의인왕후 박씨와의 사이에 왕자가 없었다. 대신 후궁인 공빈 김씨와의 사이에 두 왕자, 곧 임해군과 광해군을 두었다. 임해군은 이미 자질에서 문제가 드러났고, 그렇기에 선조는 왜란이라는 국난을 맞아 둘째 광해군을 세자로 책봉하는 데 망설이지 않았다. 하지만 전란 후 광해군이 능력을 인정받으며 훌쩍 커버리자, 선조는 광해군을 커다란 부담으로 여기게 되었다. 왕이라는 지존의 자리를 두고서는 부자(父子)라는 관계도 정치적 라이벌로만 인식된 것일까?

이러한 상황에서 선조의 마음을 파고든 사람이 바로 계비 인목왕후가 낳은 영창대군이었다. 1606년 55세라는 나이에 비로소 적장자를 얻은 선조의 기쁨은 누구보다 컸다. 이러한 분위기는 조정에도 감지되어 선조의 환심을 사려고 은근히 영창대군의 세자 책봉을 청하는 세력들도 생겨났다. 정치판의 줄서기가 시작된 것이다. 과거의 정치판도 현대의 정치판과 결코 다르지 않음을 보여주는 사례다. 영창대군의 탄생을 계기로 북인은 다시 두 개의 당파로 나뉘었다. 광해군을 지지하는 대북과 영창대군을 지지하는 소북이 그것으로, 대북의 중심에는 정인홍이, 소북의 중심에는 유영경(柳永慶)이 있었다.

선조 재위 후반기에 드디어 영창대군을 지지하는 유영경이 영의정이 되면서 소북이 정권을 잡았고, 영창대군의 왕위 계승이 눈앞의 현실로 다가왔다. 광해군에게는 최대의 위기였다. 그러나 선조의 급작스러운 죽음으로 정국은 일변한다. 아직 어린 영창대군을 왕위에 올리는 것을 불안해한 선조가 이미 왕세자로 책봉된 광해군을 후계자로 지명한다는 유언을 남긴 것이다.

16년간의 세자생활을 청산하고 광해군이 어렵게 왕위에 오르면서 정국은 일순간에 대북 중심으로 짜여졌다. 광해군이 불안한 위치에 있을 때 광해군에 대한 의리를 지키면서 영의정 유영경을 탄핵하다가 귀양길에 올랐던 대북의 핵심 인물 정인홍은 곧바로 석방되어 정권을 뒷받침하는 산림(山林)의 영수로 떠올랐다. 이제 광해군과 대북정권은 새롭게 정치판을 짜 나가면서 시대의 난제들을 해결해야 할 임무를 띠게 되었다.

왕통 강화를 위한 무리수, 계축옥사

광해군 정권의 출범, 이것은 한편으로 가장 강력한 라이벌이던 영창대군과 그를 지지하는 세력에 대한 정치적 보복을 예고하는 것이었다. 숨을 거두기 전 선조가 훗날을 염려하여 7명의 신하를 따로 불러 '어린 영창대군을 잘 보살펴줄 것'을 신신당부했지만, 권력교체의 소용돌이 속에서 거침없는 숙청이 이어졌고 영창대군의 숨통이 조여들었다.

유영경이 선조 사후 한 달이 못 되어 처형당하고 잦은 옥사로 소북인사들이 대거 축출되는 등 정국은 혁명정국과도 같은 분위기였다. 광해군 5년(1613) 4월 25일, 조령에서 발생한 은상(銀商) 살해사건은 팽팽한 긴장감이 흐르는 정국에 기름을 붓는 격이었다. 은상 살해의 주범은 서인의 거물 정치인 박순의 서자 박응서(朴應犀)를 비롯, 서양갑·심우영·박치인·박치의·이경준·허홍인 등 7명의 서얼들로 밝혀졌다. 이들은 여주, 춘천 등지에 모여 강변칠우(江邊七友)를 자청하면서 '도원의 결의'를 맺고 무기와 양식을 준비했다. 서얼들이 차대받는 현실을 바꾸는 것이 이들의 궁극적 목표였다. 그들은 그 과정에서 자금을 확보하기 위해 은상을 살해했노라고 자백했다.

그런데 심문 도중 이이첨(李爾瞻)의 사주를 받은 박응서가 놀라운 진술을 한다. "거사자금을 확보해 김제남(金悌男, 영창대군의 외조부)을 중심으로 왕(광해군)과 세자를 죽이고 영창대군을 옹립하려 했다"는 내용이었다. 파장은 일파만파로 퍼져 나갔고, 정국은 초긴장 상태가 되었다.

결국 사건은 김제남의 처형으로 이어졌고, 불똥이 영창대군에게로 튀었다. 영창대군은 서인(庶人)으로 강등되어 강화도로 유배되었다. 광해군 6년(1614) 봄, 대북파 이이첨의 사주를 받은 강화부사 정항(鄭沆)이 영창대군을 작은 골방에 가두고 아궁이에 불을 지펴 증살(蒸殺)하였다. 대군의 나이 이제 8세로, 조선 초기 단종의 죽음과도 비견되는 안타까운 죽음이었다.

영창대군의 생모 인목대비는 이제 제정신이 아니었다. 광해군을 원수로 여긴 것은 자명한 일이었다. 두 사람이 어머니와 자식의 관계로 한 궁궐에 있는 것이 무척이나 부자연스러웠다. 재위 7년(1615) 추운

겨울, 광해군은 인목대비에게 문안을 드린 후 그녀를 서궁(경운궁, 지금의 덕수궁)에 모셔놓고 혼자서 창덕궁으로 돌아왔다. 후일에 광해군의 죄상 중 가장 큰 부분을 차지하게 될 인목대비 서궁 유폐가 시작된 것이다. 이 해 광해군은 교서를 반포해 흉측한 글을 유포시킨 인목대비의 죄상을 알리고 이에 연루된 나인들을 처형하는 강경한 조치를 취했다. 대비에 대한 광해군의 감정이 이러했으니, 인목대비의 서궁생활은 짐작하고도 남음이 있다.

이처럼 1613년 계축옥사(癸丑獄事)를 계기로 광해군은 왕통에 가장 큰 걸림돌이었던 영창대군을 제거하고 인목대비를 서궁에 유폐시킴으로써 정치적 부담을 없앤 것처럼 보였다. 그러나 일련의 사건들은 오히려 광해군 반대세력을 암암리에 결집시키는 빌미가 되었다. 권력에서 소외된 서인과 남인이 비밀회합을 하면서 광해군 정권 타도에 나섰고, 마침내 광해군 15년(1623) 3월 인조반정(仁祖反正)을 단행하기에 이르렀다. 폭군 연산군을 몰아낸 중종반정의 역사적 경험도 반정군들에게는 든든한 명분이 되었을 것이다.

서궁에서 분노와 복수로 점철된 삶을 산 인목대비에게 광해군을 몰아낸 1623년의 인조반정은 가뭄 끝에 단비였다. 그리고 인조반정을 성공시킨 인조가 인목대비를 왕실의 최고 어른으로 대접하면서, 그녀는 그동안 쌓여 있던 울분을 풀 수 있었다.

《인조실록》의 다음 기록은 광해군에 대한 인목대비의 분노가 어느 정도였는지를 보여준다.

> 한 하늘 아래 같이 살 수 없는 원수이다. 참아온 지 이미 오랜 터라 내

가 친히 그들의 목을 잘라 망령(亡靈)에게 제사지내고 싶다. 10여 년 동안 유폐되어 살면서 지금까지 죽지 않은 것은 오직 오늘날을 기다린 것이다. 쾌히 원수를 갚고 싶다.

인목대비의 표현대로, 광해군은 정말 한 하늘 아래 살 수 없는 원수같이 패륜적인 행위만 일삼은 국왕일까? 인조반정으로 광해군을 몰아낸 서인들의 입장에서가 아니라, 보다 공정하고 객관적인 입장, 그리고 현대의 관점에서 광해군의 빛과 그림자를 살펴보자.

전란의 상처 회복을 급무로 삼다

광해군을 몰아낸 인조반정의 주도세력은 광해군의 죄악상을 무엇보다 '폐모살제(廢母殺弟)'에 맞추었다. 어머니를 유폐하고 동생을 죽였다는 것이다. 또한 광해군이 주도한 명과 후금 사이의 중립외교를 전통적인 우방국인 명나라에 대해 은혜를 저버린 비인륜적인 정책으로 치부하여 '폐모살제'와 함께 광해군의 부도덕성을 부각시키는 논리로 만들었다. 그리고 광해군 후반에 추진된 궁궐 건축사업으로 백성들의 부담이 늘었다며 광해군의 죄상에 덧붙였다.

그러나 광해군에 대한 평가는 그리 간단한 문제가 아니다. 광해군에게는 패륜아라는 그림자와 함께 전란의 상처 회복이라는 빛이 존재하기 때문이다. 영창대군이 태어난 후 왕위 계승의 소용돌이 속에서 어렵게 즉위한 광해군에게 가장 큰 현안은 전란의 상처를 회복하는 일이었다. 광해군은 먼저 전쟁 중에 피폐해진 토지를 복구하고 민생의 부담을 덜어주는 데 공을 들였다. 토지 조사사업을 통해 토지를 전쟁 전 상태로 복구하는 데 주력하는가 하면, 대동법(大同法)을 실시하여 백성들의 부담을 줄여주었다.

16세기 이후 사회·경제적으로 가장 문제시되던 공납제(貢納制, 특산물을 세금으로 바치는 제도)를 개혁한 대동법이 본격적으로 실시되면서 기득권층인 양반 지주들의 부담은 증가한 반면, 일반 서민들의 부담은 상당히 줄어들었다. 기존에 호(戶)별로 부과하던 세금을 토지에 부과함으로써 땅이 많은 양반 지주들의 부담은 늘고 서민들의 부담은 훨씬 줄어든 것이다. 오늘날에 비유하면 재산이 많은 사람에게 세금을 많이 걷는 것과도 비슷한 방식이다. 대부분이 지주인 양반 관료들의 저항이 거셌지만 광해군은 대동법 실시를 강행했다.

전란과 기근으로 질병이 만연하여 인명손실이 계속되는 것을 막는 것도 국왕의 주된 역할이었다. 광해군은 선조 사망시 어의(御醫)로 있으면서 왕의 죽음을 막지 못했다는 이유로 잠시 유배를 가 있던 허준(許浚)을 불러들였다. 광해군은 '검증된 의사' 허준에게 아낌없는 지원을 했고, 허준은 《동의보감(東醫寶鑑)》의 편찬으로 화답했다. 허준은 광해군의 각별한 신임 속에 의서 집필에 혼신을 다하여 1613년경 이 책을 완성했다. 《동의보감》에 구체적인 질병의 치료방법 이외에 정신수양과 섭생(攝生)까지 기록하여 병의 근원을 치료하는 방안을 제시했다. 《동의보감》은 이후 중국과 일본, 베트남 등지에도 전파되어 조선의 높은 의학기술을 세계에 알리는 역할을 했다.

광해군은 전후 문화 복구사업에도 힘을 쏟았다. 임진왜란으로 많은 책들이 소실되자 편찬사업에 힘을 기울인 것이다. 광해군은 《동국여지승람》·《경국대전》·《악학궤범》·《삼강행실도》 등 조선 초기에 간행된

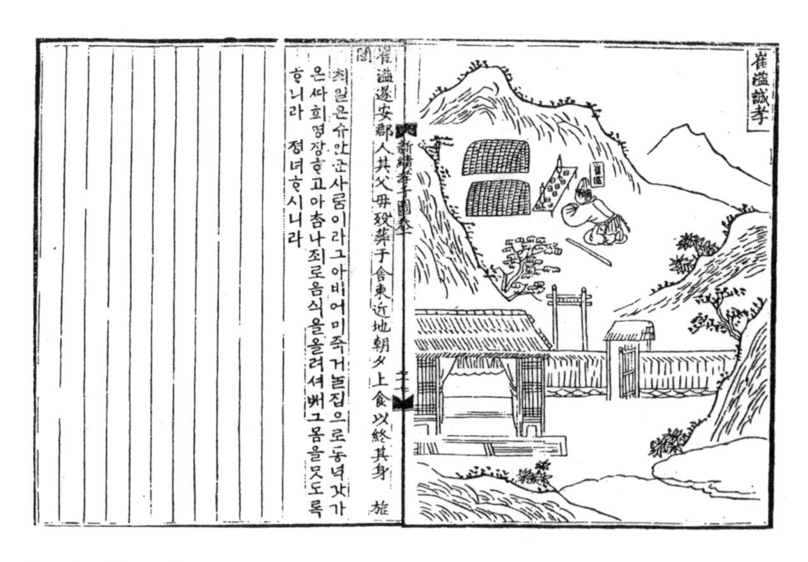

崔溢誠孝

崔溢遂安郡人其父母歿葬于舍東近地朝夕上食以終其身旌閭

최일은슈안군사ᄅᆞᆷ이라그아비어미죽거ᄂᆞᆯ집으로동녁갓가온ᄯᅡ희영장ᄒᆞ고아ᄎᆞᆷ나죄로음식을올려셔ᄡᅥ그몸을ᄆᆞᆺ도록ᄒᆞ니라 졍녀ᄒᆞ시니라

新續孝子圖卷一

《동국신속삼강행실도》

역대 행실도 가운데 가장 많은 1,590명의 효자, 충신, 열녀의 행적을 기록하고 있다.

서적들을 재간행해 국가의 통치자료로 활용함과 동시에 백성 교화에 주력했다.

《동국신속삼강행실도(東國新續三綱行實圖)》의 편찬에는 광해군이 내부 질서 정비를 위해 노력한 면모가 단적으로 드러난다. 《동국신속삼강행실도》는 조선의 충신·효자·열녀의 사적을 그림으로 정리한 것으로, 세종대의 《삼강행실도》와 중종대의 《이륜행실도》, 《속삼강행실도》의 흐름을 계승한 책이다. 이는 정조대의 《오륜행실도》에도 영향을 끼쳤다.

광해군은 《동국신속삼강행실도》 편찬의 전 과정을 정리한 《동국신속삼강행실찬집청의궤》도 편찬하여 자신의 시대에 행한 노력들이 후대에도 계승되게 했다. 《동국신속삼강행실도》의 편찬과 보급에서 광해군 정권이 성리학적인 질서 유지에도 상당한 노력을 기했음을 알 수 있다.

의리와 명분을 중시하는 유교이념과는 거리가 있어 보이는 광해군 대에 《삼강행실도》와 같은 책이 편찬되고, 거기에 더하여 이 책 편찬의 전 과정을 기록한 《동국신속삼강행실찬집청의궤》가 간행된 것은 광해군대 정권의 성격을 보다 다각적인 측면에서 파악해야 한다는 점을 시사한다. 즉, 외교 분야에서는 명분과 의리에 구속받지 않는 실리노선을 추구하면서도, 내정은 유교이념에 입각해서 충(忠)·효(孝)·열(烈)을 강조하는 시대상이 《동국신속삼강행실찬집청의궤》의 편찬에 반영되어 있는 것이다.

광해군은 전란 후 전주사고(史庫) 외에 지방에 설치한 외사고들이 모두 소실되자 사고 재건작업에 착수하여 전라도 무주에 적상산(赤裳山) 사고를 새로 설치했다. 《조선왕조실록》과 의궤 등 국가의 주요 기록물들이 다시 산간지역의 사고에 체계적으로 보관되기 시작하면서 조선시대의 많은 기록유산이 오늘날까지 전해지고 있는 것이다.

실리외교로 전쟁을 막다

광해군의 능력이 무엇보다 돋보인 분야는 외교정책이었다. 광해군 즉위 무렵 북방의 국제정세는 변화의 조짐이 농후했다. 전통의 강국 명나라는 임진왜란 때 조선에 원병을 파견한 것이 부담으로 작용하여 국력이 한층 약화되었다.

이 틈을 비집고 압록강 북쪽의 여진족 내부에서는 누르하치가 중심

〈양수 투항도〉

강홍립의 투항 장면을 담은 그림이다. 정조 때 간행된 《충렬록》에 실려 있다.

이 되어 통일운동을 전개했다. 그리고 1616년 마침내 국호를 '후금'이라 하고 누르하치가 '왕'으로 자처했다. 역대로 중국을 위협해온 북방족이 현실의 강국으로 자리잡은 것이다. 광해군은 임진왜란 때 종군한 경험을 바탕으로 당시의 국제정세를 냉정하게 인식했다. 그리고 전통적 우방 명나라와 신흥 강국 후금 사이에서 어느 한쪽에도 기울지 않는 외교정책이야말로 전후 복구가 필요한 조선 사회에서 최선의 방책임을 절감했다.

재위 11년(1619) 광해군의 외교노선이 시험대에 올랐다. 후금의 압박에 시달리던 명나라가 조선에 원병을 요청한 것이다. 조선은 임진왜란 때의 빚도 있고 하여, 명나라의 요청을 받아들여 파병을 결정했다. 그러나 광해군은 왕의 통역관으로서 신임이 두텁던 강홍립(姜弘立)을 따로 불러 총사령관에 해당하는 도원수의 직책을 부여하면서 전쟁상황을 보아 후금에 투항해도 좋다는 밀지를 내렸다. 광해군의 심중을 헤아린 강홍립은 명의 원군으로 전투에 잠시 참여하다가 곧바로 후금군에 투항한 후 '후금과의 전쟁을 원치 않는다'는 취지의 광해군 밀지를 전했다. 조선의 조정에서는 전투다운 전투도 벌이지 않고 오랑캐에게 바로 항복한 강홍립을 처단해야 한다는 목소리가 높았지만, 광해군은 끝내 강홍립을 보호했다. 후에 인조반정에 성공한 서인세력은 강홍립을 일컬어 '강오랑캐'라 멸시했다. 그러나 강홍립은 광해군의 국제인식을 충실히 수행한 장군으로서 앞으로 재조명되어야 할 인물이다.

조선에 자신들과 친교의 뜻이 있음을 확인한 후금은, 조선 침공을 유보한 채 명나라에 주력군을 파견했다. 이로써 광해군대에는 국제적 안정을 찾을 수 있었다. 이처럼 조선이 후금과의 일촉즉발의 위기상황에서 평화를 유지할 수 있었던 데는 냉철하게 현실을 인식한 광해군의 외교적 안목이 큰 몫을 했다.

광해군의 빛과 그림자

노무현 정권이 광해군 정권과 유사한 점이 많다는 견해가 제기되면서 광해군 정권이 관심의 대상으로 떠오른 적이 있다. 소수로 권력을 잡은 점, 개혁을 국정의 최대 과제로 삼은 점, 실리외교노선 추구, 수도의 천도(遷都) 시도, 과거사 바로잡기 등 실제 노무현 정권에 광해군대의 정국과 비견되는 사안이 많은 것은 사실이다. 특히 '코드 인사'로 대표되

광해군묘
광해군의 무덤에는 왕의 무덤을 뜻하는 '릉' 대신에 '묘'라는 호칭이 붙었다.

는, 지나친 자파세력 중심의 정치 운영은 광해군대 '북인의 비극'을 연상시킨다.

내정과 외교에 걸쳐 광해군은 혁혁한 성과를 거두었다. 하지만 광해군 정권은 결국 보수세력이 결집한 '인조반정'에 의해 무너졌다. 광해군을 지지한 북인정권은 대표주자 정인홍과 이이첨이 처형되고, 정치세력으로서 이름이 역사에서 지워질 정도로 혹독한 대가를 치렀다. 대북정권을 무너뜨린 서인세력에게 광해군은 동생을 죽이고 어머니를 유폐시킨 패륜아이자 전통의 국제적 신의를 저버린 인물, 탐욕에 눈이 멀어 무리한 궁궐 공사로 백성들을 고역에 빠뜨리고 종묘사직을 무너뜨린 군주로밖에 비치지 않았다. 특히 1623년 인조반정을 성공시키고 광해군을 폐위시킨 서인세력이 폐모살제와 함께 중립외교를 명나라에 대한 의리를 저버린 행위로 매도함으로써 광해군의 실리외교는 조선시대 내내 빛을 보지 못했다.

광해군은 '조(祖)'와 '종(宗)'으로 칭해지는 조선의 다른 왕들과는 달리 연산군과 함께 '군'이라는 왕자 시절의 호칭으로 남아 있다. 그의 묘도 '릉'으로 칭해지는 다른 왕들의 화려한 무덤과는 달리 '광해군묘'로 불리며, '묘'라는 이름에 걸맞은 쓸쓸한 모습이다. 연산군이야 검증된 폭군이라 그리 억울할 것도 없겠지만, 광해군의 경우는 조금 다르다. 강력한 전후 복구정책과 조선이 불바다가 되는 상황을 미연에 방지한 실리적인 중립외교는 오늘날에도 재평가받아야 할 부분이다. 한반도를 둘러싸고 세계 열강이 치열하게 경쟁하고 있는 지금도 과거 광해군이 보여준 능동적인 실리외교의 지혜는 유효하다.

광해군에 대한 평가는 최근 역사학계의 주요한 이슈 중 하나이다. 1623년 인조반정으로 폐위된 포악한 군주상에서, 대동법 시행과 화폐주조, 은광 개발 등 적극적인 사회·경제정책을 추진하고 탁월한 외교감각으로 실리외교를 수행한 현명한 군주라는 쪽으로 광해군을 보는 시각이 선회하고 있다.

그러나 광해군대에 대북세력이 추진한 무리한 왕권 강화책과 그로 인한 '폐모살제', 북인의 학문적 연원인 남명 조식(曺植)을 문묘에 종사하는 과정에서 빚어진 이언적과 이황의 문묘 출향(黜享) 논의는 사류들의 강한 비판을 받았다. 과거의 잘못을 바로잡는다는 명분을 가지고 추진한 조치였지만, 오히려 정권에서 소외된 서인과 남인이 결집할 빌미가 되고 말았기 때문이다.

1623년 인조반정으로 광해군과 북인정권은 역사의 전면에서 사라졌다. 그리고 광해군 정권의 실패는 비록 개혁의 방향이 옳다 하더라도, 정국 운영방식이 독선적이라면 더 큰 반동을 야기할 수 있음을 역사적으로 증명하고 있다.

● 광해군의 국방 강화 의지와 화기의 제작

광해군 재위 시절 국방의 중요성을 인식하고 구체적인 무기 개발에 힘쓴 상황을 보여주는 대표적인 책이 《화기도감의궤(火器都監儀軌)》이다. 광해군은 임진왜란 때 직접 참전하면서, 명과 후금의 사정에 정통했을 뿐만 아니라, 전쟁 중에 평안도·함경도 등 북변의 상황도 직접 점검할 수 있는 기회를 여러 번 가졌다. 선조를 따라 국경지역인 의주까지 피난을 떠났고, 분조를 이끌면서 평안도와 함경도 일대를 돌아다녔다. 이러한 경험은 외교와 국방의 중요성을 인식하는 바탕이 되었다. 누르하치가 이끄는 건주여진의 위협이 거세어지자 광해군은 본격적인 화기(火器) 개발에 나섰다. 특히 북방 오랑캐의 주력인 기마병을 무력화시킬 수 있는 화포 제작에 힘을 기울였는데, 그 성과가 바로 《화기도감의궤》이다.

1615년, 화기도감에서 불랑기(佛狼機, 화포)·삼안총(三眼銃) 등 각종 화약 무기를 제조한 과정을 기록과 함께 그림으로 정리한 《화기도감의궤》는 무기에 관한 내용을 다룬 유일한 의궤라는 점에서 광해군시대의 성격을 잘 대변한다고 할 수 있다. 《화기도감의궤》는 임란 이후 만주지역에서 흥기한 건주여진에 대한 조선 정부의 대책을 보여주는 사료이다. 전쟁 직후라 정부 예산이 부족하여 화기 제작에 많은 어려움이 있었지만 수성(守成)의 대비책으로 각종 무기 제조를 서두르는 한편, 제조가 이루어지는 즉시 북변으로 수송하여 실전에 대비한 당시 상황이 드러나 있다. 광해군 때의 외교는 흔히 실리외교로 이해되고 있다. 명과 후금 사이의 관계를 적절히 활용하여 조선에 유리한 방향으로 외교전략을 수립해 나갔다는 것이다. 물론 화기도감의 화기 제작은 후금을 대상으로 한 것이지만, 광해군은 1618년과 같이 실제로 후금과 충돌이 벌어졌을 때 화의를 택해 전쟁을 미리 막는 지혜를 보여주었다. 한편으로 화기 제작과 같은 구체적인 국방 강화 노력이 있었기에 후금 역시 조선을 만만치 않게 여겼을 것이다. 결국 국방에 대한 관심과 준비가 있었기에 광해군도 외교적 선택이 가능했던 것으로 판단된다.

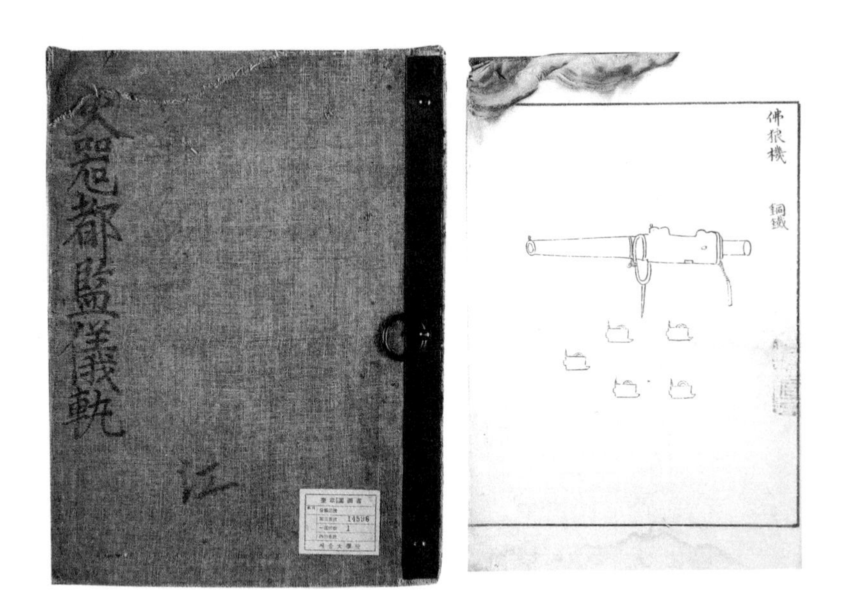

《화기도감의궤》의 표지와 불랑기 그림

효종 이호

북벌, 실현 불가능한 목표의 외길을 간 고독한 왕

조정의 신하와 백성이 일치단결하고 군사 10만 명을 양성하여 기습하고자 한다.

《송자대전》 악대설화

효종(孝宗) 이호(李淏)

생몰 1619년~1659년, 재위 1649년~1659년

1645년(인조 23년) 소현세자 사망, 봉림대군이 청에서 돌아와 세자에 책봉됨
1649년(즉위 원년) 인조 사망, 창덕궁 인정문에서 즉위
1651년(재위 2년) 호서 지방에 대동법 확대 실시
1652년(재위 3년) 연경에 천문학관 보내 시헌력법(時憲曆法) 배워오게 함
1653년(재위 4년) 하멜, 제주도에 표류
1654년(재위 5년) 나선 정벌

인조의 둘째 아들로 형 소현세자의 불의의 죽음 이후 갑자기 왕위에 오르게 된 효종. 그는 부왕 인조가 자신으로 하여금 왕위를 잇게 한 이유를 잘 알고 있었다. 바로 청나라 오랑캐에게 복수하여 자신이 당한 치욕을 씻어달라는 '복수설치(復讐雪恥)' 곧 북벌(北伐) 때문이었다. 그러나 당시 조선은 청과 공식적인 평화협정을 맺은 데다가 산성 수축 등 조선 내 군사적 준비가 허용되지 않은 시절이었다. 따라서 공식적으로 북벌을 내세우는 것은 청을 자극하는 '무모한 도전'에 다름 아니었다. 효종의 일대기를 기록한《효종실록》에서 의외로 북벌 논의를 찾아보기 힘든 것도 이 때문이다. 그러나 실록의 행간을 따라가다 보면, 효종 7년(1656) 7월의 다음 기록과 같이 효종의 북벌 의지가 굳게 배어나는 대목들을 볼 수 있다.

> 상(上, 임금)이 주강에 나아가《시전(詩傳)》하인사장(何人斯章)을 강독하였다. 강독을 마치자 상이 이르기를 "우리나라의 군졸은 갑옷을 입지 않아 갑자기 적을 만나면 화살과 돌을 막기가 어렵다. 나무방패를 활용하면 좋을 것 같다" 하자, 훈련대장 이완이 아뢰기를 "나무방

패는 가지고 다니기가 매우 어렵습니다. 신은 군인들이 각기 하나의 큰 무명자루를 소지하였다가 급박할 때에 임해서는 흙을 담아 쳐들어오는 형세를 방어한다면 나무방패보다 못하지 않을 것으로 여깁니다" 하니, 상이 이르기를 "그렇다. 일찍이 들으니 명나라 장수 장춘(張椿)의 군대가 무명자루를 소지하였다가 넓은 들판에서 오랑캐의 기마병을 만나면 흙을 자루에다 넣어 보루(堡壘)를 만들었는데, 오랑캐 군사가 감히 핍박하지 못하였다고 한다"고 하였다.

조선 후기 국가의 방향을 결정할 중대한 시기에 즉위한 국왕 효종. 그는 결국 청나라 오랑캐에게 복수하겠다는 '북벌'을 국가의 지표로 설정했다. 효종은 왜 북벌을 추진하는 데 일생을 바쳤을까?

심양으로 간 두 왕자, 소현세자와 봉림대군

1636년 12월의 병자호란과 이어진 1637년 삼전도의 굴욕은 조선 왕실뿐만 아니라 조선의 역사에 씻을 수 없는 상처를 남겼다. 이제까지 오랑캐라고 멸시해온 청나라에게 힘 한번 써보지 못하고 처참하게 패했다는 치욕과 울분은 조선의 왕실, 사대부, 백성 모두에게 크나큰 정신적 충격을 안겨주었다. 그뿐 아니라 그들은 현실적인 굴욕도 감수하여야 했다. 청나라와 끝까지 싸우자고 주장하던 선비들이 줄줄이 청에 끌려가고, 여인네들은 승전국 청나라의 전쟁 노리개로 전락하였다. 인조의 항복을 미심쩍어 한 청나라 태종은 인조의 두 왕자마저 인질로 보내라고 요구했다. 두 왕자는 언제라도 조선이 마음이 변하여 청을 공격할 것에 대비한 일종의 보험이었던 셈이다.

아버지 인조가 청나라 황제 앞에 끌려나가 굴욕적인 항복의식을 치르는 장면을 생생히 지켜본 두 왕자 소현세자와 봉림대군은 복수를 생각할 겨를도 없이 심양으로 떠나야 했다. 이국생활에 대한 불안감과 두려움을 극복하자고 다짐했을 두 형제, 동병상련의 아픔을 느끼며 기필코 치욕을 갚으리라 마음을 다잡았을 두 형제의 운명은 이후 완전히 다른 모습으로 나타난다. 한 명은 의문의 죽음으로 생을 마감하고, 다른 한 명은 조선 역사에서 가장 강하게 청나라에 대한 복수를 외친 '북벌'의 군주로 자리매김하게 된다. 이렇게 두 형제의 운명을 가른 것은 다른 무엇도 아닌 9년간의 청나라 인질생활이었다. 그동안 무슨 일이 있었던 것일까?

인조 23년(1645) 왕위 계승을 눈앞에 둔 세자가 9년간의 인질생활을 끝내고 귀국한 지 두 달 만에 의문의 죽음을 맞는다. 국가의 공식기록인 실록에조차 그의 죽음은 의문투성이로 남아 있다.

> 소현세자의 졸곡제(卒哭祭)를 행하였다. 전날 세자가 심양에 있을 때 집을 지어 단확(丹雘, 고운 빛깔의 빨간 흙)을 발라 단장하고, 포로로 잡혀간 사람들을 모집하여 땅을 경작해서 곡식을 쌓아두고는 그것으로 진기한 물품과 무역을 하느라 관소(館所)의 문이 마치 시장과 같았으므로, 왕(인조)이 그 사실을 듣고 불만스러워하였다. (중략) 세자는 본국으로 돌아온 지 얼마 안 되어 병을 얻었고 병이 난 지 수일 만에 죽었는데, 온몸이 전부 검은 빛이고 이목구비의 일곱 구멍에서는 모두 붉은 피가 나오므로 검은 천으로 그 얼굴 반쪽만 덮어놓았으나, 곁에 있는 사람도 그 얼굴빛을 분별할 수 없어서 마치 약

물(藥物)에 중독되어 죽은 사람과 같았다.

위의 《인조실록》 인조 23년 6월 27일 기사는, 소현세자가 청나라 심양에 있을 당시 청인들과 무역한 것을 인조가 못마땅하게 여겼다는 내용과 더불어 세자가 귀국 후 곧바로 사망한 사실을 기록함으로써 세자의 죽음에 인조가 관련된 사실을 암시하고 있다.

실제 인조는 세자의 장례를 서둘러 마치는 한편, 가장 중요한 후계 문제에서도 특별한 결정을 내린다. 당시 소현세자에게 세 아들이 있었지만, 인조는 나이가 어려 세손에게 왕위를 물려줄 수 없다면서 자신의 둘째 아들이자 죽은 소현세자의 동생인 봉림대군을 후계자로 지목했다. 이것은 정상적인 왕위 계승 원칙에 어긋나는 일이었다. 뒷날 아들인 사도세자를 죽인 영조조차 왕위는 죽은 세자의 아들인 정조에게 물려준 사실을 고려해보면, 인조의 조치는 파격적임이 분명하다.

왜 소현세자는 의문의 죽임을 당한 것일까? 그 비밀의 열쇠는 소현세자가 심양에서 보낸 9년간의 생활에서 찾을 수 있다.

심양에서 새롭게 눈을 뜬 소현세자

병자호란과 삼전도의 굴욕은 조선 후기 정국의 전개에 커다란 영향을 끼쳤다. 먼저 인조의 두 아들인 소현세자와 봉림대군이 인질로 끌려갔고 남녀노소를 불문하고 수많은 백성이 전쟁포로로 청에 잡혀갔다. 청과 끝까지 싸울 것을 고집한 홍익한(洪翼漢), 윤집(尹集), 오달제(吳達濟)는 청나라에서도 자신들의 주장을 굽히지 않다가 처형되었다. 조선 조정에서는 이들을 '삼학사(三學士)'라 칭하고 충절을 기렸지만, 이제까지 오랑캐라고 인식해온 청나라에 치욕을 당했다는 데서 민족적 자존심은 여지없이 무너져내렸다.

그러나 이러한 현실을 냉정하게 바라보자는 사람들도 나타났다. 즉, 청나라를 과거처럼 야만국으로 치부할 것이 아니라 그들이 정치·문화의 강국임을 현실적으로 인정한 바탕 위에서 국제관계를 유지해야 한다는 입장이었다. 이런 논의의 중심에 선 인물이 바로 소현세자였다. 인조의 뒤를 이어 차기 대권주자 1순위로 꼽히던 왕세자가 이처럼 전향적인 생각을 한 것이 주목된다.

부왕 인조의 치욕적인 항복의식을 목격한 소현세자는 초기에 강한 반청 감정을 표시했다. 그러나 심양에서 생활하면서 청나라의 놀라운 발전에 자극받았다. 중국 대륙을 통일한 후 신생대국으로서 거침없이 뻗어나가는 청나라의 군사력과 함께 문화적인 잠재력을 읽을 수 있었다.

당시 청나라는 아담 샬과 같은 선교사들을 통해 천주교뿐 아니라 화포, 망원경 같은 서양의 근대 과학기술을 적극 수용하고 있었다. 소현세자는 아담 샬과의 교류를 통해 조선에도 서구의 과학문명이 필요함을 절감했으며, 서구문명 수용에 개방적인 청나라 조정과도 우호적인 관계를 유지했다. 예수회 선교사로서 해박한 과학지식을 바탕으로 명나라 조정에서 인정받은 바 있는 아담 샬은 청나라가 북경을 점령한 이후 청나라의 과학기술 발전에도 공헌했다.

소현세자는 북경 남문 남천주당에 머물고 있던 아담 샬과 자주 만나면서 새로운 서양문명과 천주교를 접할 기회를 가졌고, 조선 역시 변해야 한다는 생각을 굳혀갔다. 소현세자가 귀국길에 화포와 천리경 등을

북경 남천주당
소현세자는 이곳에서 아담 샬과 교유하면서 서양문명과 천주교를 접할 기회를 가졌다.

가져온 것도 이러한 의식을 실천하려는 의지에서 나온 행동이었다.

1644년, 명나라를 멸망시키면서 중원을 완전히 장악한 청나라는 이제 소현세자의 귀국을 허락한다. 그러나 1645년 소현세자가 오랜 인질 생활을 끝내고 돌아왔을 때, 조선 조정에는 그의 귀국을 달가워하는 사람이 거의 없었다. 소현세자에 대한 청나라의 호의적인 입장과 신뢰는 인조를 비롯한 조정 대신들에게 결코 반가운 일이 아니었다. 무엇보다 장성한 소현세자는 이제 왕의 아들을 넘어 차기 국왕 후보였고, 그런 소현세자가 즉위하면 인조와 서인정권이 추진해온 숭명반청(崇明反淸)의 이념이 퇴색될 것을 우려한 때문이었다.

조정 관료들 대부분이 남한산성의 치욕을 안겨준 청나라를 현실의 군사대국·문화대국으로 보지 않고 여전히 오랑캐로 인식하고 있었다. 따라서 청의 과학기술 수용에 적극적인 세자는 경계의 대상이 될 수밖에 없었다. 그리고 인조는 무엇보다 청이 자신의 지위를 소현세자에게 넘길지도 모른다는 위기의식을 갖고 있었다. 쿠데타로 집권한 왕으로서 본능적으로 왕위 유지에 집착하면서 아들까지 경쟁자로 본 것은 아닐까?

뜻하지 않던 왕의 자리, 그리고 북벌

소현세자가 귀국할 당시 인조와 조정 대신들은 지나치게 냉담했으며, 얼마 안 가 소현세자는 의문의 죽음을 맞았다. 그리고 왕통도 죽은 세자의 아들이 아니라 동생인 봉림대군에게 넘어갔다. 이러한 일련의 사태는 인조와 소현세자 간 갈등의 골이 무척이나 깊었음을 보여준다. 야사에는 "소현세자가 청나라의 물건을 가져와 인조에게 내 놓자 인조가 벼루를 던져 세자가 죽었다"고 기록될 정도로, 이들 부자는 정적에 가까운 관계였다.

심양에서 청의 신문물을 보며 북학(北學)의 기운을 조선에 심으려 한 소현세자의 죽음, 그리고 봉림대군의 즉위. 이것은 조선의 역사에서 중요한 전기였다. 병자호란 이후 조선은 사상적으로 북벌과 북학의 갈림길에 서 있었다. 그 갈림길에서 북학 의지가 큰 소현세자가 의문의 죽임을 당하고 봉림대군이 즉위하면서 조선에는 오랑캐의 나라 청을 물리쳐야 한다는 '북벌'이 국시(國是)로 자리를 잡게 되었다.

북학의 전도사 역할을 하려던 형이 의문의 죽임을 당하면서 부왕에 의해 생각지도 않던 왕의 자리에 오른 봉림대군은 자신이 무엇을 하여야 할지 누구보다 잘 알고 있었다. 자신을 왕으로 밀어준 선왕의 치욕을 대신 갚는 것, 바로 복수설치(復讐雪恥, 복수하여 치욕을 씻음)를 위한 북벌의 길로 나아가는 것이었다.

효종은 자신이 왕위에 오르게 된 것이 형인 소현세자와 아버지 인조의 갈등, 바로 북학과 북벌을 둘러싼 갈등 때문이었음을 인식하고 있었다. 자신의 즉위 뒤에는 부왕 인조와 집권 서인의 이념인 '복수설치'와 '숭명반청', 즉 북벌사상이 자리하고 있음을 잘 알았다. 효종은 심양에서 조선인 포로의 비참한 생활을 직접 목격했으며, 청 황제를 따라 수렵을 다니면서 중국의 사정과 지형도 면밀히 관찰했다. 그리고 이러한 경험들은 이후 북벌의 든든한 자산이 되었다.

북벌 추진의 허와 실

효종은 즉위 후 김자점(金自點) 등 친청파를 제거하고, 김상헌(金尙憲)·김집(金集)·송시열(宋時烈)·송준길(宋浚吉) 등 반청척화파를 등용하여 북벌을 국가의 주도 이념으로 설정했다. 특히 대군 시절 자신의 스승이었던 송시열을 불러들여 북벌의 이념을 널리 전파할 북벌의 전도사로 삼으려 했다. 이와 동시에 중앙 상비군인 훈련도감(訓鍊都監)을 강화하고, 북벌을 추진할 중심 기구로 어영청(御營廳)을 설치한 후 이

완(李浣)을 어영대장으로 삼았다.

이완이야말로 실제 효종과 코드를 맞추며 북벌을 추진한 유일한 인물이다. 이완은 이후에도 관례적으로 공신이나 왕실의 친인척이 도맡아오던 야전 사령관격인 훈련대장에 발탁되어 현종 때까지 16년 동안 훈련대장직을 역임했다. 효종은 병자호란 때 참전한 경험이 있는 데다가 평안도·함경도의 병마절도사를 지내면서 보여준 이완의 능력과 친명반청적인 성향을 북벌 추진의 긴요한 요건이라고 판단했고, 이완은 효종의 바람에 충실히 따랐다. 이완은 효종의 북벌정책을 실천한 유일한 장수였음은 물론, 자신이 죽으면 효종의 능 인근에 묻어달라고 유언할 정도로 철저한 효종의 사람이었다. 이외에도 효종은 훈련도감과 남한산성의 수비대인 수어청(守禦廳)에 대한 군비 증강사업과 군량미 확보 등을 통해 북벌 준비를 구체화했다.

그러나 정작 송시열이나 송준길과 같이 효종의 기대를 받은 산림들은 북벌 자체보다 북벌을 위한 준비단계로서 내수(內修)의 중요성을 강조했다. 효종이 즉위 5년경에 발표한 교서에서 "지금 씻기 어려운 수치심이 있는데도 모든 신하들이 이를 생각하지 않고 매양 나에게 수신(修身)만을 권하고 있으니, 이 치욕을 씻지 못하면 수신한들 무슨 소용이 있겠는가?"라고 토로한 것도, 북벌을 뒷받침하는 정치세력이 부재한 상황을 드러낸다.

백성들이 그간의 전쟁에 지쳐 전쟁에 회의적인 점도 북벌정책의 크나큰 걸림돌이었다. 임진왜란과 두 차례의 호란을 겪으면서 전쟁의 참상을 경험하고 기근에 시달려온 백성들은 북벌 준비를 위한 정부의 군비 증강과 재정 부담에 호의적이지 않았다. 특히 훈련도감군은 모두가

이완 장군의 묘

경기도 여주군 여주읍 상거리 소재. 효종의 북벌정책에 충실히 따랐던 이완은 죽어서도 효종의 능 가까이에 묻혔다.

월급을 받는 급료병으로 증원에 막대한 예산이 소요되었는데, 그 부담이 백성들에게 고스란히 전가되었다. 이미 멸망한 '명나라를 위한 복수'라는 명분도 하루하루 생활에 급급한 백성들에게는 그리 큰 호소력을 갖지 못했다.

여기에 더하여 중국의 형세도 이미 청나라가 명나라 잔존세력을 뿌리뽑고 확고하게 중원의 지배자로 자리잡아가는 양상이었다. 청나라의 감시체제도 북벌 준비의 장애요소였다. 청나라 측은 수시로 조선을 시찰하면서 조선의 군사력 증대를 억제했으며, 산성 수축 등 군비증강사업을 어김없이 감시했다.

《송자대전(宋子大全)》 송서습유, 권7, 악대설화(幄對說話)에 보면, 재위 10년(1659) 3월 효종은 승지와 사관을 모두 물리치고 산림의 영수 송시열과 단독으로 면담하면서, 처음이자 마지막으로 북벌계획을 구체적으로 밝힌다.

> 저 오랑캐들은 이미 망할 형세에 있다. 10년을 기한으로 군사훈련을 하고, 군장비와 군량을 비축하여 조정의 신하와 백성이 일치단결하고 군사 10만 명을 양성하여 틈을 타서 명과 내통하여 기습하고자 한다.

효종은 송시열에게 오랑캐가 반드시 망할 형편이라며 정예 포병 10만을 길러 공격할 작정이며 세자는 이런 어렵고 위태로운 일을 할 수가 없으니 기력이 쇠하지 않는 한 자신이 10년을 기한으로 삼아 북벌을 추진하겠다고 한다. 그러나 송시열은 북벌을 위해서는 내수(內修)가 필요하고 내수를 위해서는 학문에 전념해야 한다는 원론적인 말 외에 더 이상 효종을 후원하지 않았다.

이처럼 효종은 즉위의 명분인 북벌을 실현하기 위해 각고의 노력을 기울였지만, 그 뜻을 이루지 못한 채 재위 10년 만에 승하하게 된다. 청나라의 계속적인 군사력 축소 압박과 내수에 치중해야 한다는 송시열 등의 의견, 전쟁의 공포에 휩싸인 사대부와 백성들의 소극적인 입장이 맞물리면서 북벌은 현실에서 구체화되지 못한 채 꿈으로 끝나버렸다. 북벌 실천을 위해 즉위했고, 재위 10년 동안 실제로 북벌에 매진한 왕 효종. 그의 죽음과 함께 '중원을 정벌하여 삼전도의 치욕을 씻을 것이다'라는 북벌의 꿈도 사라졌다.

그러나 북벌의 사상적 이념만은 조선 사회에서 완전히 사라지지 않았다. 조선의 사대부들은 여전히 조선이 명나라의 계승자라고 자부하면서 청나라 연호를 사용하지 않고 멸망한 명나라의 연호를 사용했으며, 숙종대에는 궁궐 후원 깊숙한 곳에 임진왜란 때 조선을 도와준 명나라 황제 신종(神宗, 재위 1572~1620)을 제사지내는 제단인 대보단(大報壇)을 건립하기도 했다. 그리고 이제 중화문화의 중심은 조선에 있다는 '소중화(小中華)사상', 나아가 '조선중화사상'이 이념화되면서 고유문화에 대한 자부심과 함께 민족의 자존심을 지켜주는 논리로 발전했다.

하멜의 표류와 나선 정벌

효종대에는 네덜란드인 하멜이 표류하고 두 차례에 걸쳐 나선정벌(羅禪征伐)이 이루어지기도 했다.

효종 4년(1653) 하멜은 네덜란드 동인도회사 소속 무역선을 타고 자바와 대만을 거쳐 일본 나가사키로 향하던 중 풍랑을 만나 제주도 산방선 근처 해안에 상륙했다. 이들을 발견한 백성들은 즉시 제주목사에게 이 사실을 고했고, 생존자 36명은 제주에 억류되었다가 서울로 압송되었다. 이후 이들은 전라도의 여러 지역에 분산 수용되었고, 효종은 이들에게 조총 등 신식무기 제작을 명한다. 우연한 기회였지만 북벌 준비에 구체적으로 착수하려는 효종의 의지가 엿보이는 대목이다.

하멜 일행은 1666년 여수를 탈출하여 나가사키를 거쳐 1668년 마침내 고국인 네덜란드의 암스테르담에 도착하였고, 이후 억류상황을 정리하여 《하멜표류기》를 내놓았다. 《하멜표류기》는 조선을 서양에 최초

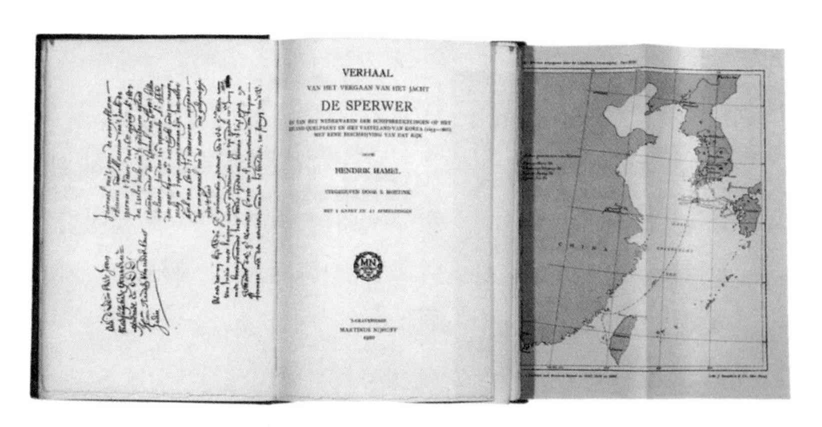

《하멜표류기》

1653년 제주도에 표착한 하멜은 1666년에 조선을 탈출했다. 이후 억류상황을 정리한 《하멜표류기》를 저술해 조선을 유럽에 알렸다.

로 소개한 책자로, 17세기 조선의 구체적인 사회상황을 이해하는 데 도움이 되는 저술이다. 2002년 월드컵 4강 신화로 대한민국을 세계에 알린 히딩크보다 330여 년 앞선 시기에 네덜란드인 하멜이 미지의 나라 조선을 세계에 소개한 것이다.

한편, 북벌을 강력히 추진하던 중에 오히려 청나라에서 조선군 파병을 요청하는 사건이 발생했다. 국경을 맞대고 있던 러시아군과 충돌이 생기자, 조총으로 무장한 조선 포수(砲手)들의 실력을 높이 평가한 청나라가 조선에 파병을 요청해온 것이다. 효종은 고심 끝에 수백 명의 조총수들을 1654년, 1658년 두 차례에 걸쳐 길림 근처에 파견한다. 내심과 달리 현실적으로는 청의 요구에 응할 수밖에 없었기 때문이다. 청을 주적(主敵)으로 삼고 북벌을 준비하는 과정에서 역설적으로 적국의 출병 요구에 응해 함께 러시아 정벌에 나선 이 사건은 당시 조선의 현실을 그대로 보여준다. 조선은 대국 청나라를 상대할 만큼 높은 군사력을 보유하지 못한 것이다.

오랑캐라고 업신여기던 민족에게 두 차례나 참패한 후 군사적 힘이 뒷받침되지 않은 현실에서 '북벌'을 국가의 주요 이념으로 설정한 효종의 선택은 시대착오적이라고도 볼 수 있다. 그러나 끝날 것 같지 않던 동서 냉전의 시기가 가고 격의 없이 동구권과 교류하는 시대를 맞이한 것처럼, 당시에도 일종의 '완충적'인 시기가 필요했는지 모른다. 만약 소현세자가 왕위에 올라 친청적인 북학노선을 추구했다면 조선은 더 빨리 근대화를 맞이하지 않았을까 가정해보는 사람도 있을 것이다. 그러나 그랬더라면 서구 문물의 수용은 빨랐을지 몰라도 민족의 정체성 확립과 구심점 찾기에는 상당한 혼란이 있었을 것이다.

결론적으로 효종의 시대는 운명적으로 북벌을 기치로 삼을 수밖에 없는 시대였다고 판단된다. 의리와 명분을 중시하는 성리학을 국시로 선택한 이상, 조선 사회에는 상처받은 자존심을 치유할 시간이 필요했다. 특히 인조와 서인의 지원 속에서 즉위한 효종으로서는 이들의 이념과 사상을 무시할 수 없었다.

그러나 효종의 북벌 추진은 고독한 일이었다. 송시열, 송준길 등 믿었던 신하들이 '북벌'의 이념에는 찬성했지만, 정작 현실적인 북벌 추진에는 소극적이었기 때문이다. '내수(內修)'를 바탕으로 '외양(外攘)'을 하자고 한 것은 이들의 입장을 대변하는 것이다. 가까이는 두 차례의 호란부터 멀리는 임진왜란까지 경험한 백성과 사대부들로서는 '전쟁의 공포'를 또다시 떠올리기 싫었을 것이다. 그렇다고 효종이 '북벌'이라는 국가지표를 쉽게 포기할 수도 없는 상황이었다. 성리학적 의리와 명분론이 대세를 이루는 시대에 최고 권력자인 국왕이 그 이념을 버리고 다른 길을 선택하기에는 부담이 너무 컸기 때문이다.

효종은 소현세자의 의문사에서 북벌이념의 포기가 곧 왕위 포기임을 알아챘던 것은 아닐까 하는 생각도 든다. 효종시대 북벌 추진은 운명적인 역사상황 속에서 긍적적이든 부정적이든 간에 자신이 선택한 길을 걸어갈 수밖에 없는 고독한 국왕의 길을 보여준다.

● 현실의 패배와 소설 속 승리, 《박씨전》의 탄생

생김새가 너무 추해 매력이라곤 전혀 없던 여인이 절세미인이자 영웅여걸로 대변신하다! 조선 후기 소설 《박씨전》의 기본 줄거리이다. 신분지위가 요즘에 비해 매우 낮은 조선의 여인, 그것도 박색이라는 엄청난 콤플렉스를 지닌 박씨. 정상적인 상황에서는 쉽게 출현할 수 없는 캐릭터임이 분명하다. 그러나 박씨는 병자호란, 북벌로 이어지는 긴박한 역사의 흐름 속에서 영웅으로 재탄생할 수 있었다.

병자호란은 조선 역사상 유례없는 치욕적인 사건이었다. 정치·경제적 손실은 물론이고, 백성들에게 돌이킬 수 없는 패배의식을 안겨주었고, 민족의 자존심에 엄청난 상처를 남겼다. 병자호란 이후 조선에는 청을 물리쳐야 한다는 '북벌'이 국시로 자리잡게 되었다. 청나라에 우호적인 입장을 취한 인조의 맏아들 소현세자가 의문의 죽임을 당한 후 즉위한 효종은 부왕의 복수설치를 위한 북벌계획에 혼신의 힘을 쏟다가 꿈을 이루지 못한 채 세상을 뜨고 말았다. 병자호란의 상처는 현실에서 회복되지 못한 채 결국 조선인의 가슴속에 응어리로 맺히게 된 것이다.

《박씨전》은 오랑캐에게 철저히 당했다는 현실적인 분노와 고통을, 소설이라는 가상의 공간에서나마 풀어내고 싶어하는 시대적 욕구가 반영된 소설이다. 특히 가부장제 사회에서 억압받으며 살아온 여성을 주인공으로 설정하고, 이 여성에게 초인적인 능력을 부여함으로써 보다 통쾌하게 청나라에 복수를 하고 있다.

현실적으로 패배한 전쟁 병자호란은 소설 《박씨전》을 통해 승리한 전쟁이 되었다. 조선의 장수들과 국왕까지 마음껏 농락하던 청나라 장수들을 조선의 여걸 박씨 앞에서 무릎 꿇고 항복하게 만들어 치욕과 분노를 대신

풀어준 것이다. 소설이라는 가상의 세계에서나마 민족적 울분을 통쾌하게 씻어내려던 조선 사람들의 욕망, 이 욕망이 추녀에서 절세미인이자 영웅여걸로 변신하는 신비의 여인 박씨를 통해 표현되었다.

한편, 정조대에 박지원이 저술한 《허생전》에는 허생이 북벌을 주도한 인물인 이완을 일방적으로 꾸짖으며 공격하는 등, 북벌이념을 노골적으로 비판하는 내용이 나온다. 《박씨전》과는 완전히 다른 분위기이다. 이처럼 고전소설에는 시대의 이념과 이에 대한 지식인과 백성들의 생각이 반영되어 있다.

숙종 이순

붕당정치 국면을 돌파한 카리스마의 정치

송시열에게 사약을 내려라. 약을 가지고 가다가
만나는 곳에서 즉시 거행하게 하라.

《숙종실록》 숙종 15년 6월 3일

숙종(肅宗) 이순(李焞)

생몰 1661년~1720년, 재위 1674년~1720년

1679년(재위 5년) 상평통보 주조하여 전국적으로 유통
1690년(재위 16년) 세자의 생모 장희빈을 왕비에 책봉
1701년(재위 27년) 장희빈 사사(賜死)
1706년(재위 32년) 이이명, 사신으로 청나라에 갔다가 〈요계관방지도〉를 올림
1711년(재위 37년) 북한산성 축성 시작
1712년(재위 38년) 청나라에서 백두산 정계비를 세움

"내가 나이가 어려 글을 잘 보지 못하고 예도 알지 못하지만 반드시 (송)시열이 예를 그르쳤다고 쓴 뒤에라야 선왕의 처분하신 뜻이 명백해질 것이니, '소인례(所引禮)'의 '소(所)' 자를 '오(誤)'자로 고치게 하라" 하였다. 그때 임금의 나이 열네 살이었다. 조정 안에 이 말을 듣고 떨지 않은 이가 없었다.

《당의통략(黨議通略)》 숙종조에 나오는 대목이다. 14세의 나이 어린 왕 숙종은 당시 정계의 최고 원로로 대접받으며 할아버지 효종이나 아버지 현종도 어려워하던 노정치가 송시열의 잘못을 바로 짚어내는 대담함을 보였다. 송시열은 그야말로 호적수를 만난 셈이다. 이후 숙종 15년(1689) 기사환국(己巳換局) 때 숙종은 마침내 송시열에게 사약을 내린다. 왕권을 위협하는 신권에 대해서는 비록 한 나라를 대표하는 상징성을 지닌 인물이라 할지라도 대담하게 제거하겠다는 뜻을 실천한 것이다.

최고의 정치가이자 사상가이던 송시열에게 숙종이 대응한 방식, 선왕들과는 다른 과감함은 숙종의 리더십을 이해하는 또 다른 열쇠이다.

숙종 카리스마의 원천

어린 나이에 즉위한 조선의 왕 하면 누구를 떠올릴까? 대부분 숙부 수양대군에 의해 희생된 단종을 떠올릴 것이다. 세조로 즉위한 수양대군이 어린 단종을 영월의 청령포로 귀양보낸 후 비참하게 죽여 단종에게 '어리고 불쌍한 왕'이라는 이미지가 따라다니기 때문인지도 모르겠다. 세조 이후 '노산군'이라는 왕자 시절의 칭호로 강등된 단종을 '왕'으로 복권시켜준 왕이 바로 숙종이다. 그런데 숙종 역시 14세의 어린 나이에 즉위한 왕이라는 사실을 아는 사람은 흔치 않다. 장희빈이나 인현왕후와 같은 궁중 여인들이 그의 정치사에 함께 등장하면서 숙종은 언제나 성숙한 왕으로 그려졌기 때문이다.

그러나 숙종은 즉위 직후부터 서인정권의 판세를 뒤엎고 남인들을 정국에 등용하는 등 나이가 무색하리만큼 대단한 정치역량을 보였다. 어린 시절부터 정치현장에서 보인 이런 대담함이, 숙종대에 그 많은 정치적 파란을 몰고온 원인이 된 것은 아닐까?

이제까지 숙종대 치열하게 전개된 환국에 대해 주로 서인과 남인의 당쟁 격화라는 관점에서 이해하는 경향이 컸다. 그러나 어린 시절부터 형성된 숙종의 강한 카리스마와 대담함을 고려하면, 환국의 실질적인 주역은 숙종이라는 생각을 지울 수 없다. 숙종이 어린 시절부터 이처럼 대담한 기질을 발휘한 원천은 무엇일까? 아무래도 현종의 적장자라는 정통성이 한몫했을 것이다.

앞에서도 언급한 바와 같이, 조선시대에는 원칙에도 불구하고 적장자가 왕위를 계승한 예가 거의 없었다. 적장자 계승이라 할지라도 문종, 단종과 같이 병약하거나 신권에 휘둘렸고, 연산군과 같이 정통성에 기대어 패륜의 극치로 치닫기도 했다. 이후 세자의 요절이나 두 차례의 반정 등을 이유로 적장자 계승이 끊겼다가 현종이 효종의 적장자로서 왕위를 계승하고, 현종의 뒤를 이어 숙종이 적장자로서 왕위를 계승한다. 조선 왕실의 입장에서 보면 2대를 이어 적장자가 왕위를 계승하는 경사를 맞이한 것이다. 모친 명성왕후 또한 청풍(淸風) 김씨 명문가의 피를 이은 인물이었다. 이처럼 숙종은 혈통상의 하자도 없고 별다른 경쟁자도 없이 왕세자 교육을 받으며 차기를 준비해왔다. 그러던 숙종의 눈에 유일하게 걸림돌로 비친 것이 바로 신하들의 지나친 정권 다툼, 곧 '당쟁(黨爭)'이었다.

특히 부왕 현종의 재위 마지막 해(1674)에 일어난 갑인예송(甲寅禮訟)은 어린 숙종에게 붕당정치의 문제점을 보다 확실하게 일깨워주었을 것이다. 숙종이 즉위 후 예송(禮訟, 예의 해석을 둘러싸고 벌이는 논쟁)의 중심에 있던 인물 송시열의 잘못을 꼬집은 것도, 어리지만 강한 왕권을 대내외에 인식시키기 위한 조치였다. 어려서부터 숙종이 왕권 다지기에 주력한 점을 고려한다면, 숙종대에 치열하게 전개된 붕당 간의 다툼인 환국은 숙종을 중심에 두지 않고서는 이해하기 힘들다.

급박하게 바뀌는 정국의 연출자

숙종대는 조선 왕조에서 당쟁이 가장 치열하게 전개된 시기이다. 서인과 남인의 정권교체와 함께 엄청난 정치보복이 수반된 경신환국(1680), 기사환국(1689), 갑술환국(1694)은 숙종대의 치열한 정치사를 잘 대변해준다. 그러나 이처럼 치열한 당쟁 속에서도 왕권은 흔들림이 없었다. 오히려 숙종 자신이 서인과 남인의 정치적 대립을 이용한 측면이 크다.

숙종 때 일어난 세 차례의 환국은, 신하들의 입장에서 보면 큰 불행이었지만, 신권이 왕권에 쉽게 도전하지 못할 분위기를 만들어놓았다. 정치가로서 숙종의 강심장을 엿볼 수 있는 대표적인 사례가 1689년 지난 40여 년간 신권의 좌장 역할을 해온 송시열을 사사(賜死)시킨 사건이다. 그 후 숙종 20년(1694) 서인들이 집권에 성공하면서 송시열의 죽음은 순교로 받아들여졌다. 송시열은 이제 중국의 공자, 맹자에 버금가는 '송자(宋子)'라는 호칭으로 불렸고, 그를 모신 화양동 서원은 서인들의 성지가 되었다. 송시열을 탄압한 남인들은 커다란 정치보복에 휘말렸지만, 정작 송시열을 죽인 장본인인 숙종의 권위는 끄떡없었다. 숙종은 오히려 송시열의 후배들인 서인들과 함께 후반기 정국을 이끌어 나갔다. 1716년의 병신처분(丙申處分, 소론의 영수 윤증이 노론 스승 송시열을 배사한 것으로 판정함)과 같이, 최후의 판정은 국왕의 몫이 되었다. 신하들이 권력의 중심이었던 예전의 국왕들에 비하면 숙종은 탁월한 정치력의 소유자였음에 틀림이 없다.

숙종은 정치사의 굴곡 속에서도 장기집권(46년간 재위)하면서 굵직한 업적들을 남겼다. 광해군대에 실시되기 시작한 대동법을 전국적으로 확대 실시한 것을 비롯하여, 병자호란 이후 계속된 토지개혁의 종결, 상평통보의 전국적 유통, 강화도 돈대 설치나 압록강변의 2진 설치와 같은 국방경비 강화 등 사회·경제정책에서 괄목할 만한 성과를 쌓았다. '노산군(魯山君)'이던 단종의 묘호 회복과 장릉(莊陵)의 성역화사

화양서원터

충북 괴산 소재. 화양서원은 조선 후기 정치·사상적 영수인 송시열을 배향한 서원이다.
1868년 흥선대원군의 서원 철폐령에 의해 철폐되었다.

업, 사육신 복권과 노량진 일대 사육신 묘 조성, 소현세자빈 강씨의 복위 등 이전의 정권에서 해결하지 못한 '과거사'를 성리학 이념에 맞게 정리하는, 이념 및 명분 강화를 구체적으로 실천했다. 성리학 이념을 전파하고 실천하는 서원과 사우(祠宇)가 숙종대에 가장 많이 설치된 것도 이러한 국가의 이념과 맥락을 같이한다.

장희빈과 인현왕후, 두 여인의 치마폭에 싸여 궁중비사의 단골 주인공으로 등장하던 숙종. 그러나 숙종은 결코 나약하거나 무능한 왕이 아니었다. 붕당의 힘으로 왕을 압박하는 '당쟁'이 가장 치열하게 전개되던 시기에 숙종은 왕의 입장에서 최선의 선택을 했기에 46년간 장기집권하면서 정치·문화·경제의 초석들을 놓을 수 있었고, 영조·정조시대 정치·문화 황금기의 바탕을 마련할 수 있었다.

서인을 정권의 파트너로 삼다

숙종의 리더십을 이해하는 데 있어 빼놓을 수 없는 것이 치열하게 전개된 붕당 간의 다툼과 이에 대한 숙종의 대응이다. 세 차례의 환국은 말할 것도 없고, 1683년경의 노론과 소론의 분열, 1716년의 병신처분, 1717년의 정유독대(丁酉獨對) 등 숙종대는 붕당 간 대립과 여기서 파생된 정치 거물의 희생, 정치세력의 국왕 마음잡기 움직임과 각종 처분이 난무한 시대였다. 그리고 그 중심에는 늘 숙종이 있었다. 주요 사건들의 정황과 함께 숙종의 정치적 대응들을 살펴보자.

현종 15년(1674)의 2차 예송에서 남인이 승리하면서, 인조반정 이후 야당에만 머물러 온 남인이 서인을 대신해서 정권의 중심에 섰다. 숙종 즉위 초에도 이러한 정국은 지속되어 윤휴(尹鑴), 허적(許積) 등 남인이 정권의 실세가 되었다. 그러나 오랜 집권 경험이 있는 서인의 움직임도 만만치 않았다. 숙종 즉위 초부터 윤휴, 허적 등 남인의 전횡을 비판하면서 정계의 중심으로 복귀를 노리던 서인들은 척신으로서 공작정치에 능한 김석주(金錫胄)를 중심으로 남인정권 축출에 나섰고, 숙종 6년(1680) 마침내 기회를 맞았다.

그 해 3월, 남인의 영수 영의정 허적이 자신의 조부 허잠에게 시호가 내려진 것을 축하하는 잔치를 베풀었다. 허적은 당시 최고의 정치 실세로서 많은 사람이 그 집 문전에 모여들었다. 그런데 그날 마침 비가 내렸다. 이 행사를 알고 있던 숙종은 특별히 대궐에서 쓰는 유악(帷幄, 기름을 먹인 장막)을 가져다주라고 지시했다. 그런데 이미 허적이 유악을 갖다 썼다는 보고를 받고는, 권력을 믿고 방자하게 처신한 허적에게 분노했다. 더구나 척신인 김석주 등이, 남인들이 권력을 잡은 후 전횡을 일삼는다는 보고를 여러 차례 올린 바 있었다. 숙종은 내시를 시켜 거지차림을 하고 허적의 잔치를 염탐하게 했다. 잔치에 참여한 사람은 거의가 남인이고 서인은 김만기(金萬基), 오두인(吳斗寅) 등 몇몇뿐이었다. 그야말로 남인만의 잔치였다. 그 규모 또한 대단했다. 오늘날로 치면, 여당 실세가 주관한 잔치가 대통령이 주관한 모임과 맞먹는 규모라고 할까.

남인의 권력 독주에 제동을 걸어야겠다고 마음먹은 숙종은 훈련대장을 남인인 유혁연(柳赫然)에서 서인인 김만기로 교체하는 일을 시작으로 남인과 서인의 권력교체를 단행했으니, 이것이 경신환국(庚申換局)이다. '환국'이란 정치국면이 바뀐다는 뜻이다. 경신환국 이후 김익훈(金益勳), 신여철(申汝哲) 등 서인들이 다시 요직을 차지했으며, 갑인예송의 패배로 철원으로 유배 가 있던 김수항(金壽恒)은 석방과 동시에 영의정에 올랐다.

그러나 경신환국은 남인 축출의 신호탄에 불과했다. 경신환국이 단행되고 일주일 후 공작정치의 명수 김석주가 자신이 파견한 정탐조를 통해 허적의 서자인 허견 등이 남인과 가까운 복선군(인조의 3남인 인평대군의 아들)을 왕으로 삼으려 한다는 내용의 고변서를 올렸고, 결국 이에 연루되어 숙종 초반을 이끌던 남인의 영수 허적과 서인 송시열의 영원한 숙적 윤휴가 사사(賜死)된다.

거대한 장벽, 송시열을 희생시키다

경신환국으로 다시 서인의 시대가 열렸다. 그런데 숙종이 왕통을 계승할 아들을 낳지 못하면서 정국은 다시 혼미에 빠진다. 숙종의 정비인 인경왕후가 왕자를 낳지 못하고 죽자, 숙종은 1681년 15세의 신부 인현왕후 민씨(1667~1701)를 계비로 맞이한다. 그러나 인현왕후 역시 5년이 넘도록 후사를 낳지 못했다. 이때 숙종의 마음을 사로잡은 여인이 바로 나인으로 뽑혀 처음 궁중에 발을 들여놓은 장희빈이다. 장희빈은 후견인 역할을 한 역관 장현과 정권에서 밀려난 남인의 적극적인 지원 속에 마침내 숙종의 마음을 사로잡았다. 그리고 숙종 14년(1688) 그토록 원하던 왕자(후의 경종)를 낳음으로써 왕비의 지위에 오를 수 있는 발판을 마련한다. 숙종으로서는 혼인한 지 15년 만에 얻은 첫아들이었다. 기쁨에 넘친 숙종은 새로 태어난 왕자를 원자로 삼고 그 이름을 정할 것을 지시했다.

그러나 정국의 실세인 서인들은 중전인 인현왕후가 23세로 아직 젊다는 사실을 들어 원자의 정호를 정하는 것이 신중하지 못한 처사임을 지적하고, 중전의 왕자 생산을 좀 더 기다려 보자고 하였다. 더구나 중전은 서인의 실세 민유중(閔維重)의 딸이 아니던가! 그러나 숙종은 이를 왕권에 대한 서인의 도전으로 인식하고, 좀처럼 고집을 꺾으려 하지 않았다.

숙종이 워낙 강경하게 나오자 서인의 영수 송시열이 고령의 몸으로 앞에 나섰다. 송시열은 거듭 상소문을 올려 원자의 정호를 올리는 일이 부당함을 지적했다. 그러나 송시열의 상소는 오히려 숙종을 자극하고 말았다. 서인들이 정국에 포진해 있는 한 왕권 강화를 달성할 수 없다고 판단한 숙종은 원자 정호사건을 빌미로 1689년 다시 환국을 단행한다. 서인들을 물리치고 남인들을 재등용한 것이다. 조정은 권대운·목내선·김덕원 등 남인들의 차지가 되었고, 송시열의 상소문을 기화로 100명 이상의 서인이 처벌되었다. 반면 윤휴를 비롯해 경신환국에서 화를 당했던 남인들은 신원(伸冤)되었다.

1689년 기사환국은 인조 때부터 조선의 사상사·정치사의 중심 인물로 활약해온 송시열에게 죽음의 그림자를 드리웠다. 원자 정호에 반대하는 상소를 계속 올리다가 이 해 3월 제주도에 위리안치되었던 송시열은 6월 3일 숙종의 명을 받고 압송되던 중 마침내 정읍에서 사약을 받고 숨을 거두었다. 할아버지, 아버지의 신임을 한 몸에 받았을 뿐만 아니라, 신하로서 대표성을 띠고 있던 노정객에게 사약을 내릴 만큼 숙종은 강심장이었다.

정국 돌파의 급처방, 환국

기사환국으로 이제 정국이 바뀌어 남인의 시대가 열렸다. 장희빈의 오빠인 장희재를 중심으로 한 장씨 일가의 득세로, 폐비 민씨의 안국동 생활도 5년째로 접어들고 있었다. 이 무렵 무수리 출신의 한 궁녀가 숙종의 눈에 띄기 시작했다. 바로 영조의 생모 숙빈 최씨이다. 숙빈 최씨는 인현왕후궁에 출입하던 인물로, 폐위 후에도 인현왕후에 대한 의리를 끝까지 지켜 숙종을 감동시켰다. 그런데 이 무렵 숙빈 최씨에 대한 장희빈 측의 독살설이 불거져 나왔고, 장희빈을 중심으로 한 남인세력의 서인세력 제거 움직임이 포착되었다.

숙종은 이제 남인들의 권력 강화에 염증이 났고 민비를 폐위시킨 일도 후회스러웠다. 그럴수록 인현왕후에 대한 장희빈의 질투는 강도를 더해갔다. 재위 20년(1694) 4월, 숙종은 남인인 민암(閔黯) 등이 서인을 제거할 목적으로 일으킨 고변사건을 계기로 삼아, 남인의 핵심인 우의정 민암이 "군부를 우롱하고 신하들을 도륙하려 했다"며 권력에 포진해 있던 남인들을 대거 숙청하는 조치를 단행한다. 이것이 1694년의 갑술(甲戌)환국이다. 갑술환국으로 권력은 다시 남인에서 서인으로 넘어갔고, 남인 측의 지원을 받아온 장희빈의 폐출도 예정된 수순이었다. 남인들의 피해는 기사환국 때보다 컸기에 더 이상 정치적으로 재기할 수 없을 정도였다.

1680년의 경신환국, 1689년의 기사환국, 1694년의 갑술환국은 서인과 남인의 붕당정치가 치열하게 전개되던 상황을 보여주는 대표적인 사건들이다. 여기에는 정비와 후궁의 힘겨루기, 원자의 세자 책봉문제 등이 복잡하게 얽혀 있었고, 정경유착·정보정치 등 정치 주도권을 쥐기 위한 각 당파의 역량이 총집결되어 있었다. 그리고 이러한 환국의 중심에는 왕권 강화를 노리는 숙종의 노련한 정치력이 숨어 있었다. 어느 한 당파의 정치적 독주를 허용하지 않으면서 왕권을 강화하려는 숙종의 이러한 조치는 영조대에 탕평책을 실시할 수 있는 바탕이 되었다.

성리학 이념이 구현되는 나라 만들기

숙종시대는 조선 사회의 지배이념인 성리학이 사회 곳곳에 완전히 침투된 시기였다. 국가적으로도 성리학의 의리와 명분에 맞게 과거사가 정리된 시기였다. 노산군으로 강등된 단종의 묘호 회복과 사육신 복권은 대표적인 조치였다. 조선시대 정치사의 전개에 있어 사육신의 복권은 뜨거운 감자나 다름없는 사안이었다. 성리학을 이념으로 한 조선 사회에서 '의리'와 '충절'이라는 성리학 이념을 가장 적극적으로 실천한 인물이 바로 사육신이지만, 이들의 충절을 국가적으로 공인하게 되면 선왕인 세조의 즉위가 부적절했음을 인정할 수밖에 없는 상황이기 때문이다.

그러나 사육신의 충절은 16세기 이래 재야 사림파 학자들 사이에서 높이 평가받으며 신하의 모범으로 받들어졌다. 이런 분위기 속에서 사육신을 국가적으로 포상해야 한다는 논의가 꾸준히 제기되었지만, 어느 왕도 사육신을 '국가의 충신'으로 공인하는 데는 주저했다. 그런데 숙종대에 드디어 이 일이 단행된 것이다. 숙종은 재위 17년(1691) 사육신의 관작(官爵)을 회복하고 국가에서 이들을 제사지낸다는 특단의 조치를 단행한다.

> 해조에 특별히 명하여 성삼문 등 여섯 사람을 복작(復爵)하고, 관원을 보내 제사지내게 하였다. 사당의 편액(扁額)을 '민절(愍節)'이라 내리고, 비망기를 내리기를 "나라에서 먼저 힘쓸 것은 본디 절의를 숭장(崇奬)하는 것보다 큰 것이 없고, 신하가 가장 하기 어려운 것도 절의에 죽는 것보다 큰 것이 없다. 저 육신이 어찌 천명과 인심이 거스를 수 없는 것인 줄 몰랐겠는가마는, 그 마음이 섬기는 바에는 죽어도 뉘우침이 없었으니, 이것은 참으로 사람이 능히 하기 어려운 것이다. (중략) 당세에는 난신(亂臣)이나 후세에는 충신이라는 분부에 성의(聖意)가 있었으니, 오늘의 이 일은 실로 세조의 유의(遺意)를 잇고 세조의 큰 덕을 빛내는 것이다" 하였다.

위의 《숙종실록》 숙종 17년 12월 6일 기사를 보면, 숙종은 사육신에 대해 '당세에는 난신이나 후세에는 충신'이라는 논리를 내세웠다. 그래서 사육신의 복권조치가 결코 선왕인 세조의 뜻에 어긋나지 않는 것임을 강조했다. 사육신의 복권과 함께 재위 24년(1698) 11월 6일에는 노산군에게 '단종'이라는 묘호를 올렸다. 민심 속에 살아 있던 단종이 역사 속에 되살아나는 순간이었다. 사육신의 복권과 단종의 묘호 회복은 왕실이 주체가 되어 성리학의 충의(忠義)이념을 회복하려는 의지를 실천한 조치였다.

재위 30년(1704)에는 창덕궁 후원 깊숙한 곳에 대보단(大報壇)을 세웠다. 임진왜란 때 조선을 도와준 명나라의 은혜를 잊지 않고 조선이 명의 유교문화를 계승한 유일한 문명국가임을 확인하기 위해 군대를 보내준 명나라 황제 신종을 제사지내는 제단을 만든 것이다. 이외에도 숙종은 이순신(李舜臣)에게 '현충(顯忠)'이라는 호를 내리고(1707), 의주에 강감찬 사당을 건립하여(1709) 충의이념을 백성들에게 강조했다. 이러한 시대 분위기 속에서 전국에 서원이 넘쳐나고 사우(祠宇)들도 지방 곳곳에 세워졌다. 왜란과 호란을 거치면서 사회·경제문제 해결이 최우선 과제였던 시기를 지나 정치적·사상적 안정기가 도래하면서, 잠시 흔들렸던 성리학 중심의 국가 모습이 다시 본래 모습을 찾게 된 것이다.

주전론의 등장과 상평통보의 유통

임진왜란과 호란을 겪은 이후 17세기 전반 조선 사회는 전란의 후유증을 조기에 극복하고, 국가 재건의 기틀을 다지기 위한 다양한 사회·경제정책이 전개되었다. 대동법·호패법·호포법·양역변통·화폐 주조론 등이 대표적인 것들로서, 이러한 정책들은 조선 사회가 농업 일변도에서 점차 상공업에도 관심을 가져야 할 만큼 시대가 변화했음을 보여주고 있다. 거듭되는 자연재해를 극복하기 위해서도 가뭄이나 홍수에 취약한 농업 이외에 다른 산업의 육성이 요구되었다. 그와 함께 관료·학자들의 다양한 경세론이 등장했다. 화폐의 주조와 유통에 대한 논의는 이러한 시대적 배경 속에서 출현한 것이다.

화폐 주조를 주장하는 '주전론(鑄錢論)'은 조선 사회가 농업경제만으로는 극복할 수 없는 사회적 현상을 수용하는 방안이라는 측면에서 17세기 이래 줄기차게 제기되어왔다. 생산력의 발달과 국제교역의 성장, 대동법의 실시로 인한 조세의 금납화에 따라 화폐 사용 요구가 커지게 되었으며, 자연재해를 입은 기민(饑民)들을 진휼하고 국가의 재정을 확대하기 위한 수단으로서도 화폐가 국가의 적극적인 관심의 대상이 되었다. 숙종은 실제로 백성들이 사용할 수 있는 동전의 주조와 그 유통을 실천했다.

재위 4년(1678) 국왕 숙종은 대신과 비변사의 여러 신하들이 모인 자리에서 화폐 주조에 관한 의견을 주고받았다. 먼저 화폐는 천하에 통행(通行)하는 재화(財貨)인데, 조선에도 누차 시행하려 했으나 행해지지 못한 것은 동전이 토산(土産)이 아닌 데다가 중국과는 달리 화폐를 유통시키는 분위기가 크지 않았음이 지적되었다. 이어 허적, 권대운 등의 대신들이 변화하는 사회상에 대응하기 위한 방안으로서 화폐의 시행을 적극 건의하고, 숙종은 군신들의 의견을 재차 구했다. 참석한 신하 대부분이 화폐 유통의 필요성에 공감을 보이자, 드디어 숙종은 호

상평통보

조·상평청·진휼청·어영청·사복시·훈련도감 등에 명하여 상평통보를 주조하여 시중(市中)에 유통시키게 했다. 이때 동전 400문(文)을 은 1냥 값으로 정했다. 1문은 1푼이라고도 했는데, 10푼이 1전, 10전이 1냥, 10냥이 1관의 가치였다. 은 1냥은 동전(상평통보) 4배의 가치를 가지게 되는 셈이었다.

상평통보 유통 초기에 백성들은 조그만 동전으로 쌀이나 옷을 과연 살 수 있을지를 두려워하여 유통에 소극적이었다. 이에 정부에서는 동전을 가져오는 자에게 직접 명목가치에 해당하는 현물을 주는가 하면, 중앙 관리를 지방에 파견하여 동전 사용을 독려했다. 또한 정부가 직접 시범 주점과 음식점을 설치하여 화폐 유통의 편리함을 널리 홍보하였으며, 세금을 화폐로 받는가 하면, 한성부·의금부 등에서 죄인의 보석금도 현물 대신에 동전으로 받아 화폐 유통을 촉진했다.

숙종대에 상평통보가 전국적으로 유통되게 된 배경에는 국가의 화폐 유통 의지와 함께 조선 후기 농업 사회가 서서히 상공업 사회로 전환되는 시대적 상황이 자리잡고 있었다. 즉, 조선 후기 상업과 수공업의 발달은 화폐로서 쌀이나 옷감보다 편리한 금속화폐의 필요성을 대두시켰다. 그뿐 아니라 세금과 소작료도 동전으로 대납할 수 있게 만든 조세의 금납제(金納制)가 시행됨으로써 화폐의 유통이 보다 촉진되었다. 이는 오늘날 현금보다 신용카드로 결재하는 것이 훨씬 편리한 것과도 유사하다. 한편, 국가의 입장에서도 국가재정을 위한 재원 확보정책으로서 상업과 수공업의 중요성이 대두되었다. 무엇보다 화폐의 유통은 동전의 재료가 되는 광산 개발과 상업의 발달을 촉진하는 효과를 가져왔다.

이처럼 상평통보의 유통을 적극 추진한 것에서 실물경제에도 밝은 숙종의 모습을 엿볼 수 있다. 서원과 사우의 설치, 사육신의 복권 등 성리학 이념 구현에 철저한 숙종이 실물경제의 중요성을 간파한 점은 '균형감각'을 갖춘 지도자로서 높은 점수를 줄 수 있다.

영조·정조시대의 서막을 연 리더십

숙종시대는 대개 정치적으로는 환국과 같은 붕당정치의 극성기로, 사회적으로는 서원이나 사우의 남설(濫設)에서 보듯 성리학 이념이 전국으로 전파되어가는 시기로 이해되고 있다. 그러나 숙종은 상평통보의 주조와 유통을 강력히 추진할 만큼, 유통경제에 대해서도 확고한 인식을 갖추었다. 그리고 중국에 사신으로 파견된 이이명(李頤命)이 중국의 지도를 입수하여 〈요계관방지도〉를 제작하여 숙종에게 바치고 강화도를 비롯한 국방 요충지의 방어시설을 구축한 것에서 보이듯, 국방 강화에 대한 신념도 탁월했다. 치열한 붕당 간의 대립 또한 강력한 신권에 대응하기 위한 국왕 숙종의 피할 수 없는 정치적 선택이었던 것으로 보인다. 숙종 말년에 붕당 간의 대립을 종식시키려는 탕평책이 발의된 것도, 당쟁의 시대를 넘어 탕평의 시대로 나아가려는 국왕의 의지가 반영된 것으로 볼 수 있다.

숙종은 조선 후기 당쟁이 가장 격렬한 시기를 살았다. 그러나 어린 나이에 왕위에 올라 신권에 맞서 싸우며 46년간 장기집권하면서 왕권이 결코 호락호락하지 않음을 보여주었다. 사상적으로는 사육신의 복권이나 창덕궁 후원 내에 대보단을 설치한 것에서도 잘 나타나듯이, 성리학의 의리론과 명분론을 철저하게 조선 사회 내에 구현함으로써 도덕국가, 문화국가를 지향한 면이 뚜렷하다. 그러나 숙종은 이념만을 추구한 왕이 아니었다. 숙종은 상평통보의 유통과 같이 실리적인 경제 개혁을 단행하여 상업과 유통경제가 균형 있게 발전해갈 기틀을 마련했다. 그리고 효종 때에 이념으로 그친 '북벌'의 구체적인 준비를 위해 산성 수축과 강화도 돈대 설치를 독려하면서 국방 강화에도 주력했다.

이제 숙종은 기존의 사극 드라마에서 흔히 보던 이미지, 곧 인현왕후와 장희빈의 치마폭에 둘러싸여 궁중 음모에 휘말리던 왕이라는 이미지에서 벗어나야 한다. 숙종은 적장자 계승이라는 정통성을 바탕으로 강력한 왕권을 행사하면서, 성리학 이념이 조선 사회 곳곳에 뿌리내리도록 만든 왕이다. 어떻게 보면 사상적으로 현재 우리가 연상하는 조선의 전형이 갖추어진 시대가 숙종시대라 해도 과언이 아니다. 송시열과 같은 거대한 산을 제거한 대담한 정치력, 성리학 이념에 대한 확신, 경제와 국방문제에도 결코 소홀하지 않은 균형감각, 이러한 것들이 어우러져 숙종시대는 왜란과 호란의 상처를 딛고 조선이 본격적으로 팽창할 수 있는 기틀을 놓은 시대였다.

영조·정조시대를 흔히 조선의 르네상스이자 정치·문화의 황금기라고 말한다. 숙종은 정치·경제·문화의 측면에서 영조·정조가 황금기를 연출할 수 있게 그 바탕을 마련한 왕이었다.

● 숙종시대 〈요계관방지도〉 제작의 의미

숙종대는 청과 조선의 국경문제가 가장 쟁점화된 시대이기도 하다. 숙종의 명을 받고 청나라에 사신으로 파견된 이이명은 숙종 32년(1706) 1월 당시 청나라 측의 대외비로 분류된 지도들을 입수하여 〈요계관방지도〉를 제작, 숙종에게 바쳤다. 이는 요동지방에서 중국 북경 근처의 계(薊)지역에 이르는 성책(城柵)과 장성(長城) 등을 세밀히 그린 관방지도로, 1705년 이이명이 청에서 입수한 명대의 지도인 〈주승필람(籌勝必覽)〉, 청나라의 〈산동해방지도(山東海防地圖)〉와 〈성경지(盛京志)〉, 조선의 〈서북강해변계도(西北江海邊界圖)〉 등을 참고하여 제작한 것이다.

〈주승필람〉을 구입하는 데 성공한 이이명은 곧 〈산동해방지도〉를 입수하는 일에 착수했지만 쉽지가 않았다. 청나라에서 이 지도를 대외 유출 금지 도서목록에 올려놓았기 때문이다. 이이명은 수행한 화원을 시켜 현지에서 급히 이 지도를 베껴 그리게 했고, 서울에 도착한 뒤 지도를 숙종에게 올렸다. 이후 숙종의 명을 받아 1706년 1월 만주지역과 조선의 서북지역까지 함께 그려넣은 〈요계관방지도〉를 바치게 된다. 〈요계관방지도〉는 숙종에게 바치는 어람용으로 비단에 그려져 병풍으로 제작되었다. 특히 영산(靈山)으로 인식된 백두산은 '백두(白頭)'라는 단어의 뜻처럼 흰색으로 크게 강조되었다. 아마도 숙종은 이 지도를 가까이에 두고서 잃어버린 영토를 수복하리라는 꿈을 품었을 것이다. 〈요계관방지도〉는 왕명을 받은 이이명이 사신의 임무를 수행하면서 중국 측의 자료를 비밀리에 입수하여 제작한 국경지도라는 점에서 큰 의미가 있다. 또한 전란에 대한 위기감이 가시지 않은 당시, 숙종의 국경지역에 대한 관심과 대응책을 상징적으로 보여주고 있다.

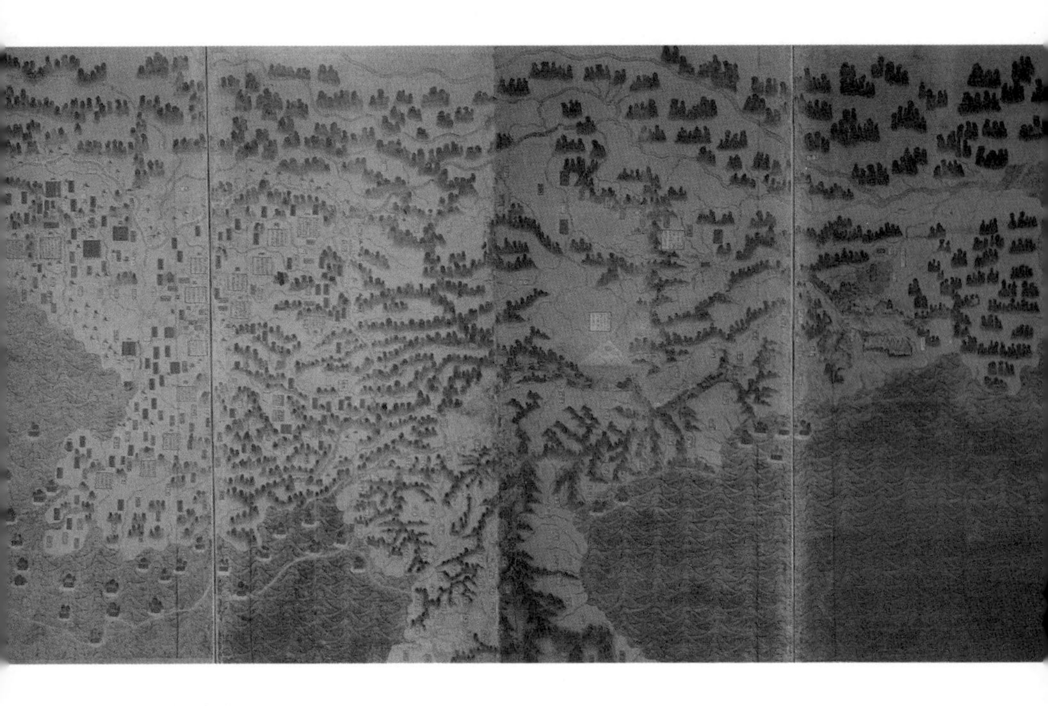

〈요계관방지도〉

이이명이 청나라에 사신으로 다녀온 후 화원들을 시켜 제작한 지도다. 10폭 병풍. 규장각 소장.

영조 이금

왕조의 중흥을 이끈 뚝심과 포용의 추진력

나는 다만 마땅히 인재를 취하여 쓸 것이니,
당습黨習에 관계된 자를 내 앞에 천거하지 마라.

《영조실록》 영조 3년 7월 4일

영조(英祖) 이금(李昑)

생몰 1694년~1776년, 재위 1724년~1776년

1725년(재위 1년) 붕당의 폐해를 하교
1736년(재위 12년) 원자를 세자로 책봉(사도세자)
1740년(재위 16년) 각 지방의 도량형기를 통일
1742년(재위 18년) 탕평비를 수표교에 세움
1762년(재위 38년) 사도세자 뒤주에 갇혀 절명
1774년(재위 50년) 첩의 자식에게 상속권을 인정

아! 당습(黨習)의 폐단이 어찌하여 이미 뼈가 된 세 신하에게까지 미치는가? 무변(武弁) · 음관(蔭官)이 색목(色目)에 어찌 관계되며 이서(吏胥)까지도 붕당에 어찌 관계되기에 조정의 진퇴가 이들에게까지 미치는가? 이미 신칙(申飭, 단단히 타일러 경계함)하였어도 전만 못하면 조정의 명령을 따르지 않은 죄로 다스릴 것이다. 이번 처분은 다름이 아니라, 지난날 신하들이 사사로이 원수를 앞세우고 국사를 뒤로 미루어도 양사(兩司, 사간원과 사헌부)에서 아뢰는 것은 잔뜩 움켜쥐며 청대(請對)하는 일은 외람되게 잘 따라서 마침내 임금을 농락하는 지경에 이르렀으므로 내가 이 때문에 크게 경장(更張)한 것이다. 나는 다만 마땅히 인재를 취하여 쓸 것이니, 당습에 관계된 자를 내 앞에 천거하면 내치고 귀양을 보내 국도(國都)에 함께 있게 하지 않을 것이다. 사문(斯文)의 일로 말하면 본디 조정에 올릴 일이 아니니, 만일 다시 어지럽히면 반드시 엄하게 배척할 것이다. 아! 임금의 마음은 이러한데 신하가 따르지 않는다면, 이는 내 신하가 아니다.

영조는 《영조실록》 영조 3년(1727) 7월 4일의 위 기록에 보이는 것처럼, 탕평책과 균역법 실시로 정치와 경제의 안정을 꾀하고 조선 후기 문화의 중흥을 이끈 강력한 리더십을 지닌 군주로 알려져 있다. 그러나 그 이면에는 아들을 죽인 비정한 아버지라는 그늘도 있다. 83세라는 장수기록 이외에 52년이라는 최장기 집권기록도 가지고 있는 왕 영조, 집권 과정에서의 어려움을 극복하고 왕위에 올라서는 조선 최고의 전성기를 연출한 리더십의 비결은 무엇일까?

쓰라린 당쟁의 경험과 탕평책

영조는 조선의 역대 국왕 중에서 가장 오래 집권한 왕으로 알려져 있다. 균역법, 탕평책 등을 떠올리게 하는 그의 치세기간 52년은 조선 후기 정치·문화의 부흥기였다. 영조는 숙종 20년(1694) 숙종과 무수리 출신 숙빈 최씨 사이에서 출생했다. '무수리'란 원래 몽골의 궁중어에서 유래한 말로, '궁중에서 허드렛일에 종사하는 어린 계집종'을 일컫는다. 이처럼 영조의 생모는 7세에 궁중에 들어가 허드렛일을 맡아 하던 무수리 출신으로, 우연히 국왕인 숙종의 눈에 들어 후궁의 자리에 오름으로써 일약 신데렐라로 떠올랐다. 그런 그녀가 1694년 마침내 왕자 연잉군(후의 영조)을 낳은 것이다.

영조는 숙종과 최나인의 드라마틱한 결합으로 탄생했지만, 미천한 신분의 후궁 소생이라는 신분적인 콤플렉스가 따라다녔다. 영조가 왕위에 오르는 과정 역시 순탄하지 못했다. 장희빈 소생의 원자 경종이 소론의 지원에 힘입어 왕위에 오른 후 영조는 노론의 적극적인 후원을 받았다. 그러나 1721년과 1722년에 일어난 신축년과 임인년의 옥사에서 그를 후원하던 노론 4대신이 목숨을 잃는 참변을 겪기도 했다. 영조는 왕위에 오르는 과정에서 벌어진 노론과 소론 간의 대립에 마음을 조였다. 한순간이라도 방심하면 차기 후계자에서 '역모의 중심'으로 목숨이 날아갈 위기에 처할 수도 있었다. 왕세제 시절 은인자중하고 있었지만, 영조는 당쟁의 폐단을 누구보다 뼈저리게 인식하고 있었다. 영조가 바라는 나라는 당쟁이 종식되고 국왕이 중심이 되어 정치력을 발휘할 수 있는 나라, 영조가 지향하는 국왕이란 탄탄한 왕권을 바탕으로 정치·경제·문화의 중흥을 이끌어낼, 능력 있는 왕이었다.

1724년, 소론이 후원한 경종의 뒤를 이어 영조가 왕으로 즉위하였다. 경종 시절 노론 4대신의 죽음과 같은 희생 속에서 얻은 왕위, 노론이 목숨을 걸고 얻어낸 왕위였다. 따라서 영조는 노론들에 대한 정치적 보상을 부채로 떠안아야 했다. 그러나 즉위 초 무엇보다 탕평의 중요성을 강조하고 이를 구체적으로 실천하려는 노력을 전개하게 된다.

'탕평(蕩平)'은 원래 유교경전인 《서경(書經)》의 '편이 없고 당이 없이 왕도는 탕탕하며〔無偏無黨 王道蕩蕩〕, 편이 없고 당이 없이 왕도는 평평하다〔無偏無黨 王道平平〕'에서 나온 말로서, 그 연원이 무척 오래된 것이다.

영조는 탕평책을 효과적으로 실시하기 위한 방안으로서, 먼저 당파의 시비를 가리지 않고 어느 당파이건 온건하고 타협적인 인물을 등용했다. 노론 측의 강경파인 준로(峻老)와 소론 측의 강경파인 준소(峻少)를 권력의 핵심에서 배제하고, 온건파인 완로(緩老)와 완소(緩少)를 중용했다. 그리고 자신과 호흡을 맞추어 일할 탕평파 대신들을 정국의 일선에 포진시켰다. 송인명(宋寅明)·조문명(趙文命) 등이 대표적인 탕평파 대신들로서, 영조와 코드가 맞는 인물들이었다. 영조는 탕평책을 바탕으로 한 초당적 정치 운용으로 왕권의 강화를 꾀하고자 한 것이다.

당쟁의 여파로 국왕에 올랐지만 누구보다 당쟁의 폐해를 뼈저리게 인식한 영조는, 국정의 기본 방향을 모든 당파가 고르게 정치에 참여하는 탕평정치로 잡았다. 사실 탕평에 대한 논의는 숙종대 후반 박세채(朴世采) 등에 의해서 제기되었고, 경종 연간에도 조문명이 지도한 소론 온건파가 왕세제인 영조를 보좌하면서 탕평정치의 필요성을 설득했다.

특히 영조를 가르친 박세채의 제자 이진망은 이들의 주장에 동조하여 영조에게 각 당파 안에 온건파인 완론(緩論)을 키우고 이들을 중심으로 하는 인사탕평책을 우선적으로 실시할 것을 건의했다. 영조는 당쟁에 대한 자신의 경험과 함께 탕평파 대신들의 보좌를 받았기에 적극적으로 탕평책을 추진해 나갈 수 있었다.

재위 3년(1727) 탕평교서를 반포하고, 재위 18년(1742) 성균관에 탕평비를 건립한 것은 이러한 의지의 표현이었다. 현재 성균관대학교 구내에 남아 있는 탕평비에는 '주이불비 군자지공심(周而不比 君子之公心) 비이불주 소인지사의(比而不周 小人之私意)'라 하여 '편당을 짓지 않고 두루 화합함은 군자의 공평한 마음이요, 두루 화합하지 아니하고 편당을 지음은 소인의 사심이다'라는 글이 새겨져 있다. 군자와 소인의 구분을 탕평에 두었던 것이다.

영조의 탕평책은 재위 4년(1728) 소론과 남인 급진파가 일으킨 무신란으로 위기를 맞기도 한다. 당시 반란 주도층이 선왕 경종의 억울한 죽음을 천명하면서 '의거(義擧)'임을 선전하자, 정부에 불신을 보이던 일부 백성들이 동조하면서 반란군의 규모가 커진 것이다. 반란군의 타도

탕평비

영조는 1742년 성균관에 탕평비를 건립하여 탕평책 실천 의지를 굳건히 하였다.
현재 성균관대학교 구내에 남아 있다.

대상이었지만 반란 진압에 따라 오히려 노론 중심의 정치체제를 공고히 할 계기를 마련한 영조는, 반란의 원인을 다음과 같이 평가했다.

> 하나는 조정에서 붕당만을 일삼아 재능 있는 자를 등용하지 않은 데 있다. (중략) 또 하나는 해마다 기근이 들어 백성들이 죽을 처지에 있

> 는데도 구제하여 살릴 생각을 하지 않고 당쟁만을 일삼아 백성들이 조정이 있음을 모른 지 오래인지라 와해되어 적도들에 투입하였다. 이는 백성들의 죄가 아니요, 실로 조정의 허물이다.

영조는 이렇게 당쟁과 여기서 파생된 백성들의 삶의 문제가 해결되지 못한 것에 반란의 원인이 있음을 지적하였다. 영조는 무신란 이듬해인 1729년 기유처분(己酉處分)을 통해 당쟁에 조종을 울리며 탕평을 반포하면서 탕평정치에 대한 인식을 강화해 나갔다.

서민군주 표방과 균역법 여론조사

영조는 조선시대 어느 왕보다도 서민군주로서의 면모를 보였다. 아래 《영조실록》 영조 26년(1750) 2월 10일의 기록은 영조의 서민적인 풍모를 잘 나타내주고 있다.

> 내가 일생토록 얇은 옷과 거친 음식을 먹기 때문에 자전께서는 늘 염려를 하셨고, 영빈(暎嬪, 영조의 후궁, 사도세자의 어머니)도 매양 경계하기를 '스스로 먹는 것이 너무 박하니 늙으면 반드시 병이 생길 것'이라고 하였지만, 나는 지금도 병이 없으니 옷과 먹는 것이 후하지 않은 보람이다. 모든 사람의 근력은 순전히 잘 입고 잘 먹는 데서 소모되는 것이다. 듣자 하니, 사대부 집에는 초피(貂皮)의 이불과 이름도 모를 반찬이 많다고 한다. 사치가 어찌 이토록 심하게 되었는가?

영조는 당시 사치의 문제점을 지적하는 가운데, 자신이 병이 없는 것은 일생 동안 거친 음식을 먹고 얇은 옷을 입었기 때문이라 했다. 영조의 어머니는 후궁 출신이었다. 따라서 영조는 정통 왕세자교육을 받지 못했고, 18세부터 28세까지는 궁궐이 아닌 사가(私家)에서 지냈다. 그러나 백성들 사이에서 섞여 산 경험은 왕이 된 영조의 건강을 유지시키는 힘이 되었을 뿐만 아니라 균역법, 청계천 공사 등 영조가 서민 위주의 경제정책을 펴는 데 큰 영향을 끼쳤다. 실제 영조는 83세까지 살아 조선 역사를 통틀어 최장수한 왕으로 기억되고 있다. 조선시대 왕들의 평균 수명이 47세 정도임을 감안할 때 영조의 장수는 파격적이라 할 만하다.

서민군주로서 영조의 면모는 정책으로 연결되었다. 재위 25년(1749) 《국혼정례(國婚定例)》를 정해 혼인의 사치를 막고, 재위 28년(1752) 《탁지정례(度支定例)》를 제정하여 국가재정의 절약을 꾀했다. 이외에도 가체(假髢) 금지령을 내려 여인들의 가체에 머리장식하는 풍조를 엄금하여 사치와 낭비를 방지하는 데 주력했다.

영조는 66세 되던 해 15세의 신부 정순왕후를 계비로 맞이한 혼례식에서도 거듭 사치의 방지를 강조했다. 영조와 정순왕후의 혼례식 전 과정을 기록한 《영조정순후가례도감의궤》에는 결혼식의 사치를 방지하려는 영조의 의지가 잘 드러나 있다. 이것은 왕실에서 먼저 모범을 보여 민간에도 전파시키려는 의도가 컸다.

서민군주임을 자처한 영조는 백성들의 삶의 문제 해결에 도움이 될 수 있는 구체적인 정책들을 추진해 나갔다. 당쟁의 온상이던 서원을 정리하고 태종대에 설치되었다가 별로 실효를 보지 못한 신문고를 부활한 것도 백성을 위하려는 의지의 표현이었다. 그러나 무엇보다도 균역

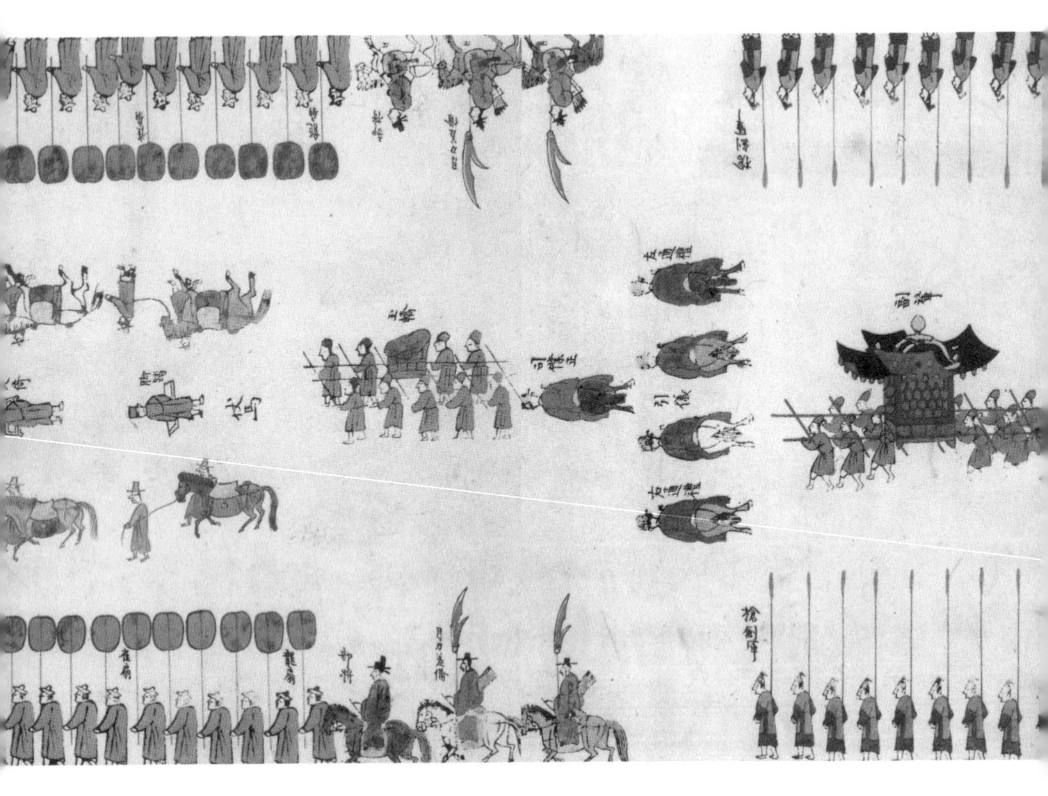

《영조정순후가례도감의궤》 반차도 중 왕의 행차(부분)

1759년 66세의 영조가, 15세 신부인 정순왕후를 맞이하기 위하여 별궁으로 행차하는 모습이다.

에 대한 부담을 시정한 균역법 실시에서 백성을 위한 영조의 의지는 가장 큰 빛을 발하게 된다.

조선시대에 백성들이 국가에 납부해야 하는 세금은 크게 전세와 공납, 군포였다. 공납의 문제는 17세기 대동법 실시에 따라 백성의 부담을 덜어주는 방향으로 어느 정도 해결이 되었으나, 군역의 의무를 직접 수행하는 대신에 세금으로 납부하는 군포는 17세기 이후 백성들에게 가장 큰 부담으로 다가왔다. 영조는 군역의 부담으로 납부하는 군포를

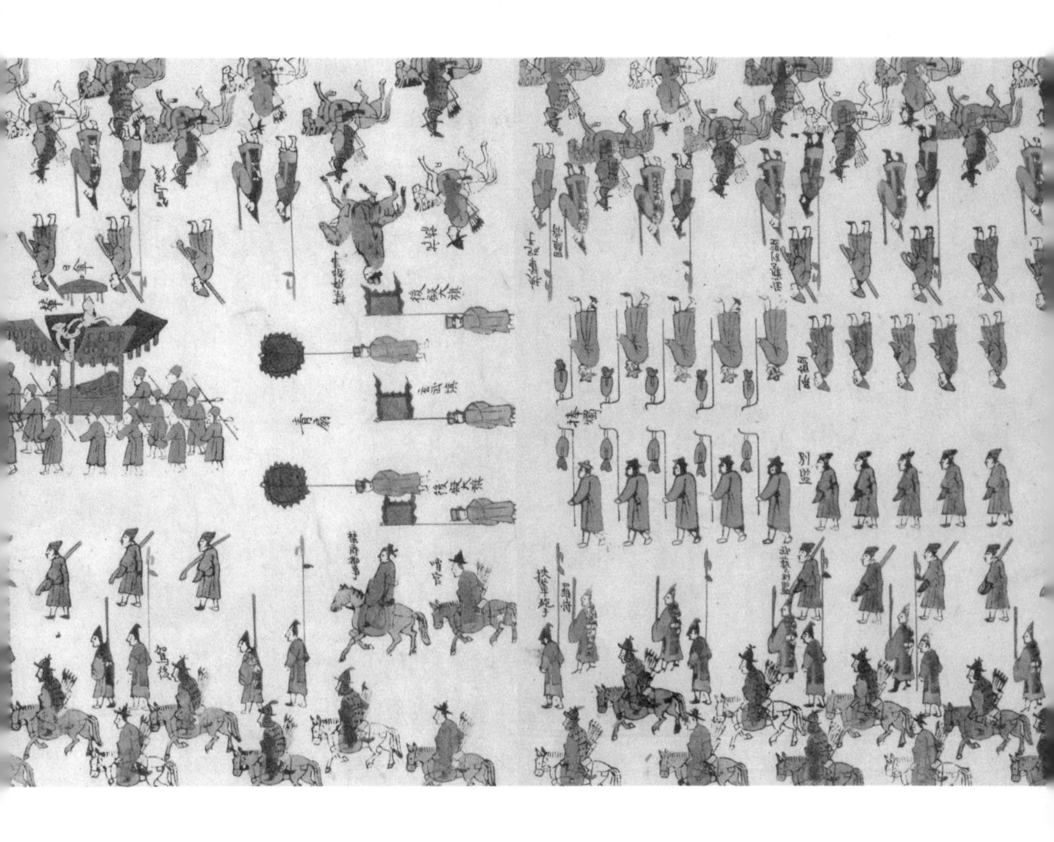

경감하는 것이 백성들의 어려운 삶을 해결해주는 일임을 인식하고 있었다. 영조가 탕평책으로 정치적 안정을 이룬 이후 군역문제에 눈을 돌린 것도 이 때문이다. 이것은 서민군주를 자처하고 백성들의 편에 서려 한 자신의 입지와도 크게 관련되는 문제였다.

임진왜란을 경험한 조선 정부는 유명무실한 오위제(五衛制) 대신 훈련도감 등 오군영(五軍營)체제로 군제를 개편했다. 훈련도감은 국가가 직업군인을 양성하고 그 재정을 양인의 군포로 충당하는 군영이다. 훈련도감 이외에 어영청, 수어청, 금위영과 같은 군영의 군포 부담도 백성들에게 지웠다. 일반 백성들에게 몸으로 군역을 부담하는 대신 1년에 군포 2필을 납부하게 한 것이다.

그러나 군역은 공평하게 부과되지 않았다. 양반은 군역의 의무에서 제외되어 있었기 때문에 일부 양인들이 관직을 사거나 족보와 호적을 위조하여 군역의 법망에서 벗어났고, 임진왜란 때 전공을 세워 공명첩을 받아 양반 신분을 획득하거나 아예 군역을 피하기 위해 노비로 자청하는 양인들도 늘어났다.

이처럼 군역 회피를 빌미로 양반과 노비의 숫자가 증가하자, 모자란 부분만큼 힘없는 백성들의 군역 부담이 늘어났다. 당시 군역의 의무를 져야 했을 호(戶)를 추정하면 약 50만 호가 되었으리라 보는데, 실질적으로 군역의 부담을 진 호는 10만 호에 불과했다. 부족분이 나머지 양인들에게 고스란히 부과된 것이다. 따라서 죽은 사람(백골징포)이나 군역의 의무가 없는 어린아이(황구첨정)에게까지 군역이 부과되었고, 군역의 부담을 이기지 못해 도망간 경우에는 이웃(인징)이나 친척(족징)에게 그 부담이 넘어갔다.

전란 이후 이러한 사회현상이 만연하면서 17, 18세기에는 군역이 일반 백성들을 가장 괴롭히는 의무가 되었다. 현실을 간파한 영조는 여론조사를 바탕으로 근본적인 개혁책을 마련하기 시작했다.

재위 26년(1750) 5월, 영조는 직접 창경궁 홍화문 앞에 나아갔다. 군역 부담과 관련하여 백성들의 생생한 목소리를 듣기 위해서였다. 이후에도 영조는 양인들의 군역에 관한 절목(節目) 등을 검토하고, 7월에는 양역(良役)에 관한 유생들의 의견을 듣는 등 적극적인 여론조사와 양역

개선방향에 대한 면밀한 검토를 거듭했다.

이 해 7월 11일, 마침내 균역청을 설치하고 본격적으로 균역법을 실시했다. 균역법은 백성들의 부담을 1년에 군포 2필에서 1필로 줄이는 것이 핵심이었다. 한 호(戶)당 장정수를 3, 4명으로 가정하여 납부해야 할 군포값을 돈으로 환산하면 대략 20냥 정도가 되는데, 당시 1냥의 가치는 현재의 2~3만 원 정도로 일반 백성들에게는 결코 만만치 않은 액수였다. 더구나 16세 이상 60세 이하의 장정이 아닌데도 군포를 내야 하거나 이웃 또는 친척의 군역마저 부담해야 하는 상황에서 부담을 반으로 줄이는 조치를 취했으니, 일반 백성들로서는 크게 환영할 만한 일이었다.

그러나 균역법의 실시로 국가의 재정 부담이 커져, 영조는 부족한 재원 마련을 위한 작업에 들어갔다. 우선 일정한 직업이 없이 놀고 있는 재력가들에게 '선무군관(選武軍官)'이라는 명목으로 군포를 거두었다. 이들은 양반과 비슷한 복장을 하고 호적에 '유학(幼學)'이라고 칭하던 자들로서, 종래에는 군역을 지지 않던 계층이다. 조선 후기 상공업의 발달과 함께 이들 계층이 점차 확대되는 추세였기 때문에, 국가는 이들에게 선무군관이라는 명칭을 주는 대신 이들에게서 군포를 징수한 것이다.

이외에도 결작(結作)이라는 토지세를 신설하여 지주들에게서 1결당 쌀 2말이나 5전의 돈을 징수하여 땅이 많은 양반 지주들의 부담을 늘렸고, 기존에는 왕실의 재원으로 활용하던 어세·염세·선세(船稅)를 군사재정으로 충당했다. 결과적으로 균역법의 실시에 따라 백성들의 부담은 줄어드는 대신 양반층, 특히 땅이 많은 지주들의 부담이 커지게 되었다.

조선시대 양반들이 가진 큰 특권 중의 하나가 바로 군역의 부담을 지지 않는 것이다. 원래 영조는 신분을 막론하고 가호(家戶)마다 군포를 납부케 하는 호포제(戶布制)를 실시하려고 하였으나, 양반층의 강력한 반발에 부딪혀 균역법 정도에서 개혁을 마무리지을 수밖에 없었다. 양반들도 모두 군포를 내야 하는 호포법은 균역법이 실시되고 100여 년이 지난 흥선대원군 때 강력한 개혁정치를 펴면서 비로소 실시된다.

최근의 대통령 선거에서도 후보 자녀들의 병역문제가 선거의 쟁점이 될 만큼, 병역의무는 국민들의 정서를 자극하는 측면이 크다. 역사 속에서 영조와 흥선대원군처럼 개혁 지향성과 추진력이 강한 집권자들이 군역을 개편한 점은 주목할 필요가 있다.

홍수 방지와 도시 실업자를 위한 청계천 공사

몇 년 전 청계천 복원공사를 둘러싸고 여러 차례 논쟁이 있었다. 그러다가 2003년부터 본격적인 청계천 복원사업에 착수해 2005년에 완공을 보았고 지금은 전 국민의 휴식처로 각광을 받고 있다. 그런데 조선시대에도 서울 한복판을 가로지르는 하천인 청계천의 준천사업을 둘러싸고 여러 차례 논란이 있었다. 무엇보다 서울이라는 도시는 홍수에 취약한 구조였다. 북악산이나 인왕산, 낙산 등지에서 내려와 청계천에 모인 물이 남산에 막혀 바로 한강으로 빠져나가지 못하고 서쪽에서 동쪽으로 흘러 중랑천을 통해 한강으로 나가기 때문에, 비가 많이 오면 청계천이 넘쳐 도성 안이 홍수 피해로 몸살을 앓는 경우가 많았다.

이런 문제점을 극복하기 위해 태종, 세종대에도 청계천의 준천사업을 논의하였고, 후기인 영조대에 와서 본격적으로 청계천에 쌓인 토사의 준설(浚渫), 즉 준천사업을 국가사업으로 추진하게 된 것이다. 특히 이 당시에는 상업의 발달에 따라 농촌 인구가 도시로 몰려오면서 청계천 주변에 가난한 백성들이 움막을 짓고 살았는데, 이들이 버린 오물이나 하수 때문에 청계천이 심한 몸살을 앓았다. 또한 인구의 증가로 도성 안의 벌채가 심해져 비가 많이 올 때면 토사가 밀려와 청계천에 쌓이곤 하여 홍수 피해 우려가 한층 심각해졌다.

영조는 이 점을 간파하고 청계천의 준설을 명하였다. 준천사업을 통해 도시로 들어와 실업자가 된 사람들에게 일자리를 만들어주고 청계천을 정비해 홍수에 대비하는 한편, 보다 쾌적한 도시를 만들려는 의도였다. 이는 실업자 구제와 도시환경 정비라는 두 마리 토끼를 동시에 잡으려는 정책이라 할 수 있었다.

재위 36년(1760) 4월, 영조는 청계천 준천(濬川)사업을 마무리짓고 '경진지평(庚辰地坪)'이라는 네 글자를 새긴 표석을 세워 공사의 대미를 장식했다. 더 이상 도성이 홍수 피해로 몸살을 앓는 일이 없기를 바라는 소망의 표현이었다. 그 얼마 전(3월 16일)에는 공사의 전말을 기록한 《준천사실(濬川事實)》이라는 책을 편찬했다.

그러나 공사가 완성되기 전부터 영조는 준천사업에 큰 관심을 기울였다. 1752년에는 친히 광통교(廣通橋)에 행차하여 주민들에게 준천에 대한 의견을 물어 보았고, 1758년 5월 2일에는 준천의 가부 여부를 신하들에게 물으면서 구체적인 방안들을 추진할 계획을 세웠다.

이날 영조는 숭문당에서 청계천 다리 중 광충교(廣衝橋)가 작년에 비해 더욱 흙이 빠져 막혀 있음을 우려했다. 어영대장 홍봉한(洪鳳漢)은 “만약 홍수를 만나면 천변(川邊)의 인가는 반드시 표류하거나 없어지는 화를 입을 것입니다”라면서 하천 도랑의 준설이 매우 시급함을 건의했다. 일부 사관들은 도랑 준설이 급한 일이나, 만약 백성을 동원한다면 초기에는 백성들의 불만이 많을 것임을 우려했다. 영조는 여러 신하의 의견을 종합하여 장기적인 대책을 세우라고 지시했다.

1759년 10월 6일, 마침내 준천의 시역(始役)이 결정되었다. 준천을 담당할 임시 관청인 준천소(濬川所)가 설치되었고, 홍봉한·홍계희(洪啓禧) 등이 준천소 당상으로 임명되었다. 한성부좌윤 구선복(具善復)은 직접 현장에 가서 준천도(濬川圖)를 그려오기도 했다. 본격적인 준천사업은 1760년 2월 18일에 시작되어 4월 15일에 끝났다. 57일의 공사기간 동안 21만 5,000여 명의 백성이 동원되었는데, 도성의 방민(坊民)을 비롯하여 각 시전의 상인, 지방의 자원군(自願軍), 승군(僧軍), 모군(募軍) 등 다양한 계층이 참여했다. 실업상태의 백성 6만 3,000여 명은 품삯을 받았는데, 공사기간 동안 대략 3만 5,000냥의 돈과 쌀 2,300여 석의 물자가 소요되었다.

공사가 진행되는 동안 영조는 사업에 관심을 가지고 친히 동대문에서 공사를 독려했으며, 완공을 기념하여 모화관에서 시재(試才)를 베풀어 국가의 경사를 자축했다. 또한 일을 감독한 사람들을 인솔하여 연융대(鍊戎臺)에서 연회를 베풀면서 이들의 노고를 치하했다. 당시 영조가 친히 공사 참여자들을 격려하던 모습이 〈준천시사열무도(濬川試射閱武圖)〉라는 그림으로 남아 있어 공사현장의 구체적인 모습을 살펴볼 수 있다. 이 그림에는 당시 공사에 동원된 소와 수레, 쟁기 등을 비롯하여

〈준천시사열무도〉

1760년 청계천 공사현장을 담은 그림이다. 공사에 동원된 소와 수레, 쟁기가 보이며, 상단에는 영조의 자리가 마련되어 있다.

영조가 동대문에서 관리들과 함께 친히 공사현장을 목격한 모습 등이 생생히 나타나 있다.

영조는 청계천 준천사업에 대해 균역법과 함께 '자신의 재위기간에 이룩한 가장 중요한 사업'이라고 평가할 만큼 자부심을 보였다. 이 청계천 준천사업을 통해 도성 내 백성들이 일상에서 겪어온 홍수의 위협이 해소되었고, 공사과정에서 일부 도시 실업자들의 일자리를 창출하는 효과를 거두었다. 영조는 국정 방향에서 최우선으로 삼은 민본사상을 청계천 준천사업을 통해 구체적으로 실천한 것이다.

아들을 죽인 비정한 아버지

영조는 탕평책이나 균역법과 같은 정책을 통해 백성을 따뜻하게 보살피는 서민군주의 면모를 보여주었지만, 아들을 뒤주에 가두어 죽인 비정한 아버지로서도 우리의 뇌리에 깊이 박혀 있다. 백성을 위한 정치를 편 국왕이 아들에게는 왜 그토록 잔인했던 것일까?

영조는 즉위 초반까지 무척 힘든 시간을 보냈다. 어머니의 신분이 미천하여 주위 사람들에게 무시받으며 성장했으며, 왕위 계승을 둘러싼 정쟁에 휩싸여 형 경종을 독살했다는 따가운 시선을 받았다. 그래서 영조는 매사에 조심했으며 의리에 관계되는 일이라면 물불을 가리지 않는 일종의 강박증이 있었다. 그리고 한결같이 탕평을 외쳤지만 근본적으로 노론의 지지 속에 즉위한 왕이라는 정치적 부담을 안고 있었다. 이러한 영조에게 첫아들 효장세자(孝章世子)를 잃고 42세라는 나이에 얻은 사도세자는 더 없이 귀한 아들이었다. 영조는 당연히 세자에게 큰 기대를 걸었다.

그러나 불행히도 세자는 성격부터 영조의 마음에 차지 않았다. 세자는 말이 없고 행동이 날래지 못하여, 세심하고 민첩한 영조를 늘 답답하고 화나게 만들었다. 또 커가면서 공부에는 별다른 관심을 보이지 않고 칼싸움이나 말타기와 같은 놀이에만 열중하여, 학문에 정진하기를 바라는 영조의 기대에 미치지 못했다. 영조는 자신의 기대에 어긋나기만 하는 세자를 따뜻하게 타이르기보다는 여러 사람 앞에서 꾸중하거나 흉을 보는 등 미워하기 시작했다.

부자 사이는 영조 25년(1749)에 15세의 세자가 대리청정하면서 회복할 수 없는 지경으로 벌어졌다. 형 경종을 독살하고 왕위에 올랐다는 혐의를 받고 있던 영조는 왕위에 연연하지 않는 모습을 보이기 위해 일찍부터 세자에게 양위한다는 일종의 정치적 제스처를 취해왔다. 그러던 중 세자에게 대리청정을 명한 것이다.

경륜이 부족한 세자가 국정 운영에 미숙한 것은 당연하나, 영조는 사사건건 세자의 부족함을 꼬집으며 못마땅히 여겼다. 재위 28년(1752)에는 세자가 멋대로 일을 처리하였다며 진노하여, 세자는 홍역을 앓는 몸으로 3일 동안이나 눈 속에 꿇어앉아 용서를 구해야 했고, 영조가 왕위를 넘기겠다며 창의궁으로 거처를 옮겼을 때에는 이마에서 피가 나도록 땅에 머리를 조아리며 사죄해야 했다.

그러나 세자에 대한 영조의 미움은 더해가기만 했다. 날이 가물거나 천재지변이 나도 모두 세자가 덕이 부족해서 그렇다고 푸념하여, 세자는 날이 흐리기만 해도 또 꾸중을 듣지 않을까 걱정할 정도였다.

영조의 질책이 심해지면서 세자는 부왕에 대해 공포심을 갖게 되었고, 주색에 탐닉하는 등 노골적으로 반발을 했다. 영조가 내린 금주령을 비웃기라도 하듯 술을 마셨으며 여자를 데려다가 살림을 차린 일도 있었다. 그때마다 영조의 심한 질책이 따랐고, 세자는 그런 영조의 질책에 우물로 뛰어드는 극단적인 행동으로 맞섰다.

영조의 질책과 세자의 기행이 반복되는 가운데, 20세를 넘어가면서 세자는 정신이상 증세를 보이기 시작했다. 특히 가학증은 세자 스스로 "심화가 나면 견디지 못하여 사람을 죽이거나 닭과 같은 짐승을 죽이거나 하여야 마음이 풀린다"고 영조에게 고백할 정도로 심각한 수준이었다. 내관과 나인들 여럿이 세자의 손에 목숨을 잃기도 했다. 제대로 옷을 입지 못하는 의대증(衣襨證)이라는 기괴한 증상도 있었다. 옷 한벌 입으려 하면 수십 벌의 옷을 늘어놓고 귀신에게 기원하며 불을 지르는 등 이상행동을 하였으며, 옷수발을 제대로 못한다는 이유로 자신의 아들을 둘이나 낳은 후궁 빙애를 죽이기까지 했다.

세자에 대한 신뢰가 완전히 무너지고 영조 스스로 특단의 조치가 필요하다고 판단할 즈음인 1762년 5월, 고변사건이 터졌다. 나경언(羅景彦)이 세자가 역모를 꾸미고 있다며 투서하고, 아울러 세자의 비행을 10여 조목에 걸쳐 나열한 것이다. 세자가 내관을 방에 대신 앉혀놓고 20여 일 동안 평양을 몰래 다녀온 일이 발각된 지 얼마 지나지 않아서였다. 세자는 나경언의 고변이 무함(誣陷)이라며 대질까지 요구하며 극구 부인했고, 세자의 비행을 고발한 나경언은 결국 역적으로 몰려 죽임을 당했다. 그러나 이 사건은 영조와 세자를 영원히 갈라서게 만들었다.

재위 38년(1762) 윤5월 12일 오후, 영조는 세자를 창경궁 휘령전(현재의 문정전)으로 나오라 명하였다. 불길한 예감이 들었던지 세자는 휘령전으로 가기에 앞서 혜경궁 홍씨를 둘러보았다. 죽음을 예감하였던 것일까? 휘령전에서 영조는 세자에게 칼을 휘두르며 자결을 명했다. 세자는 옷소매를 찢어 목을 매려 하였지만 세자시강원의 관원을 비롯한 신하들이 이를 저지했다. 세자는 세손(후의 정조)과 이별할 시간을 달라고 애원했지만 영조는 이마저 들어주지 않았다. 세자는 결국 영조가 직접 뚜껑을 닫고 자물쇠를 채운 뒤주 속에서 8일 만에 28세의 나이로 생을 마감하였다. 왕세자가 뒤주에서 죽임을 당하는 전대미문의 사건이었다. 이날의 사건은 1762년 임오년에 일어나 '임오화변(壬午禍變)'으로 불린다.

《한중록》

사도세자의 부인 혜경궁 홍씨가 회고 형식으로 쓴 기록이다.

세자가 죽은 후 영조는 곧 세자의 죽음을 안타까이 여긴다는 뜻에서 '사도(思悼)'라는 시호를 내리고 묘지문도 친히 지어주었지만, 이 일을 절대 거론하지 말라고 엄명하였다. 사도세자는 영조의 장기집권에 최대 장애물이었고, 그것이 그의 죽음을 재촉한 것은 아니었을까?

이 사건은 이후 정국에서 뜨거운 감자가 되었다. 영조 후반 사도세자의 죽음에 깊이 관여한 노론세력은 세손(정조)의 즉위를 결사적으로 막으려 했다. 그러나 위기 끝에 왕위에 오른 정조는 부친에 대한 본격적인 추숭작업에 착수하여 반대세력을 무력화시키는 방안을 강구하게 된다. 아버지가 뒤주에 들어간 그날의 기억은 정조의 뇌리에서 결코 사라지지 않았다.

정치·경제·문화의 중흥을 이끌다

탕평책과 균역법 추진으로 정치·경제적 안정을 꾀한 영조는 각종 문화·학술사업과 경제 개혁에도 힘을 쏟았다. 재위 26년(1750) 직접 백성들의 여론을 수렴하여 백성들에게 최고의 부담이던 군역의 부담을 덜어주었으며, 지리지인 《여지도서(輿地圖書)》와 지도인 〈해동지도〉, 수도방위체제를 정리한 《수성윤음(守城綸音)》을 비롯하여, 《속오례의(續五禮儀)》·《속대전(續大典)》·《속병장도설(續兵將圖說)》 등 속편 시리즈를 연이어 편찬, 간행하여 조선 후기 학술·문화운동의 단초를 마련했다.

이외에도 영조는 당쟁의 온상이던 서원을 정리하고 신문고제도를 부활시켰으며, 고문과 남형(濫刑, 법을 벗어나 멋대로 형벌을 적용하는 일)을 금지하는 등 형벌제도를 개선했다. 영조대의 이러한 정치·경제·문화사업의 성과 뒤에는 정치적 안정을 꾀한 강력한 왕권과 그 왕권을 바탕으로 백성을 위한 경제정책에 구체적으로 착수한 영조의 실물경제 감각이 있었다.

자신의 손으로 아들을 죽이면서까지 왕위를 유지하려 한 영조. 성에 차지 않는 세자와의 인간적인 갈등이 가장 큰 원인이었겠지만, 세자에게 왕위를 물려주고 은퇴하기에는 너무나 의욕적인 영조의 기질도 한몫한 것은 아닐까?

사도세자를 제거하고 정조를 즉위시킨 영조의 모습에서 세자 양녕대군을 폐위하고 능력 있는 셋째 아들 세종을 즉위시킨 태종을 떠올리고, 아들이라는 장애물을 극복하고 장기집권에 성공한 그의 모습에서 초대 대통령에 대한 중임 제한을 철폐하기 위해 헌법을 개정한 이승만이나 영원히 집권하기 위해 유신헌법을 만들어낸 박정희를 떠올리게 된다.

물론 조선은 왕조 사회이니만큼 죽지 않는 한 후계자에게 왕위를 물려주어야 할 의무는 없지만, '정신이상자'로 몰린 사도세자의 죽음이 석연찮은 부분도 있다. 어쨌든 영조는 52년간 장기집권하면서 조선 후기 정치·문화 중흥의 기틀을 단단히 다졌고, 능력 면에서 자신을 꼭 빼닮은 손자 정조에게 후계자 자리를 물려줌으로써 조선의 역사에서 손꼽히는 성군으로서 그 지위를 현재까지도 누리고 있다.

● 청계천 준설공사

영조의 청계천 준설사업에 대한 의지는 《승정원일기(承政院日記)》 1760년 2월 23일 기록에 자세히 나와 있다. 영조는 "나의 마음은 오로지 준천사업에 있다"면서 최대 역점사업을 청계천 공사에 두고 있음을 알렸다. 이에 이제 막 호조판서가 된 홍봉한이 "현재 역사(役事)에 금위영·어영청 소속 군사들이 동원되어 공사를 진행하고 있다"고 보고하였고, 영조는 가장 어려운 공사인 오간수문(五間水門) 공사가 6일 만에 끝난 사실에 매우 흡족해했다. 홍봉한은 당시 맹인들도 부역에 참여하고 싶어한다는 보고를 했고, 영조는 모든 백성의 적극적인 협조에 기뻐했다. 이처럼 영조대의 준천사업은 국가사업으로 모든 백성이 적극 협력하는 과정에서 이루어졌다.

그리고 마침내 1760년 3월 16일, 공사가 끝나고 공사의 전말을 기록한 《준천사실》이 편찬되었다. '준천사실(濬川事實)'이라는 책 제목은 영조가 직접 정했다. 영조는 공사 책임자인 홍봉한에게 "준천한 뒤에 몇 년이나 지탱할 수 있겠는가"를 물었고, 홍봉한은 "그 효과가 100년을 갈 것입니다"라고 답하여 공사에 대해 자신감을 보였다. 이어 구선행 등이 굴착이 끝난 후 각 다리에 표석(標石)을 만들자고 건의하였고, 영조는 표석에 '경진지평(庚辰地平)' 네 글자를 새기게 했다. 1760년에 공사가 완성되었음을 알리는 동시에 네 글자 중 한 글자라도 토사에 파묻히면 후대 왕들에게도 계속 준천할 것을 당부하겠다는 의지였다.

이처럼 청계천 공사는 국왕 영조의 지속적인 관심과 관리들의 독려 속에서 결실을 보았다. 특히 사후에도 후대 왕들이 준천사업의 성과를 이어가도록 한 것에서 영조의 뛰어난 정치역량과 지도력을 느낄 수 있다.

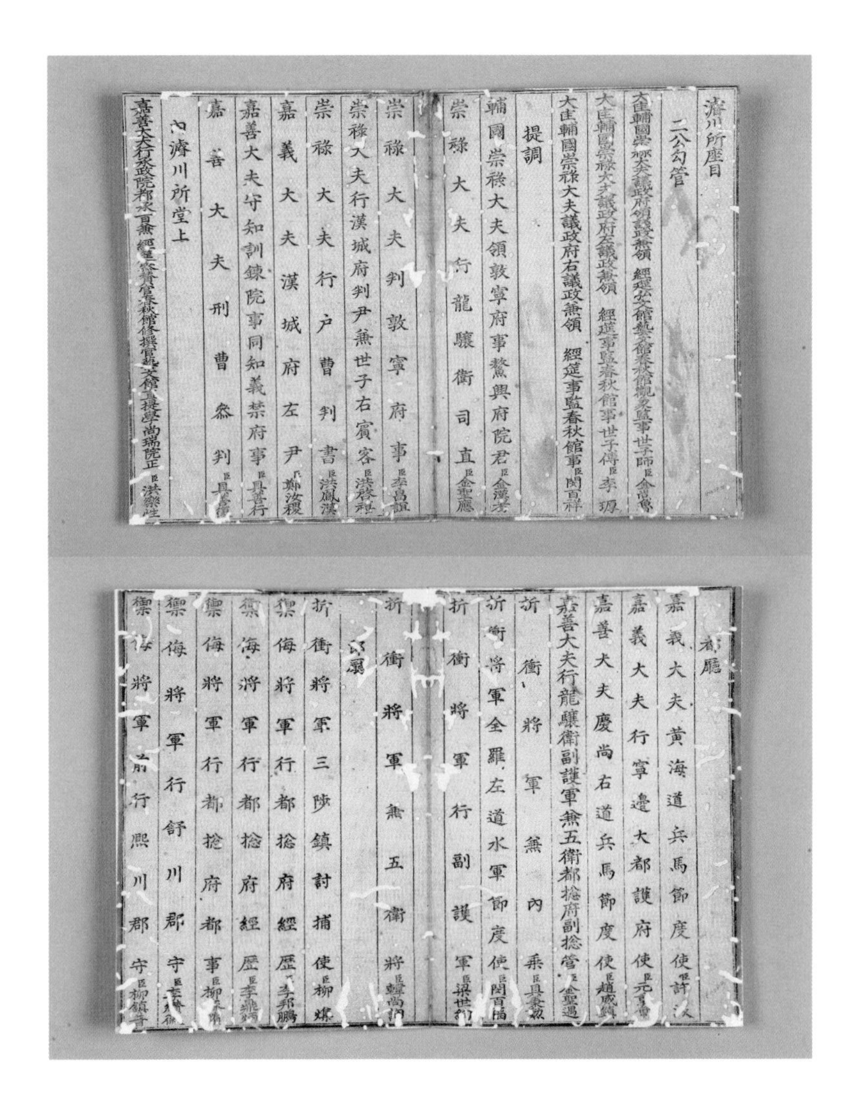

濬川所座目

二公勾管

大匡輔國崇祿大夫議政府領議政兼領 經筵弘文館藝文館春秋館觀象監事世子師 臣 金尙魯

大匡輔國崇祿大夫議政府左議政兼領 經筵事監春秋館事世子傅 臣 李[illegible]

大匡輔國崇祿大夫議政府右議政兼領 經筵事監春秋館事 臣 閔百祥

提調

輔國崇祿大夫領敦寧府事鰲興府院君 臣 金漢耈

崇祿大夫行龍驤衛司直 臣 金聖應

崇祿大夫判敦寧府事 臣 李昌誼

崇祿大夫行漢城府判尹兼世子右賓客 臣 洪啓禧

崇祿大夫行戶曹判書 臣 洪鳳漢

嘉義大夫漢城府左尹 臣 鄭汝稷

嘉善大夫守知訓鍊院事同知義禁府事 臣 具善行

嘉善大夫刑曹參判 臣 具[illegible]

濬川所堂上

嘉善大夫行承政院都承旨兼經筵參贊官春秋館修撰官藝文館直提學尙瑞院正 臣 洪樂性

郎廳

嘉義大夫黃海道兵馬節度使 臣 許[illegible]

嘉義大夫行寧邊大都護府使 臣 元[illegible]

嘉善大夫慶尙右道兵馬節度使 臣 趙[illegible]

嘉善大夫行龍驤衛副護軍兼五衛都摠府副摠管 臣 金聖遇

折衝將軍兼內乘 臣 具[illegible]

折衝將軍全羅左道水軍節度使 臣 閔百[illegible]

折衝將軍行副護軍 臣 梁世[illegible]

折衝將軍兼五衛將 臣 韓尙[illegible]

折衝將軍三陟鎭討捕使 臣 柳[illegible]

禦侮將軍行都摠府經歷 臣 李邦鵬

禦侮將軍行都摠府經歷 臣 李[illegible]

禦侮將軍行都摠府都事 臣 柳[illegible]

禦侮將軍行舒川郡守 臣 李[illegible]

禦侮將軍行熙川郡守 臣 柳鎭[illegible]

《준천소좌목》

1760년 3월의 청계천 준설공사에 참여한 관리들의 명단을 기록한 책이다.

정조 이산

개혁군주의 실천과 좌절

내 임금이 바로 내 스승이시며 오늘날
사림의 영도자가 주상이 아니고 누구이겠습니까.

《정조실록》 정조 20년 9월 6일

정조(正祖) 이산(李祘)

생몰 1752년~1800년, 재위 1776년~1800년

1777년(재위 1년) 경모궁의 악기 조성 위해 악기도감 설치
1789년(재위 13년) 사도세자의 능 공사비로 18만 냥 소요
1791년(재위 15년) 시전특권 금지한 신해통공 공포
1794년(재위 18년) 화성 축조 시작
1795년(재위 19년) 어머니 회갑년을 맞아 화성 행차
1799년(재위 23년) 규장각에서 국왕 문집 《홍재전서》 간행

정조 하면 누구나가 세종과 더불어 조선시대를 대표하는 군주로 기억한다. 부친 사도세자의 참변을 목격한 정조는 노론의 집요한 반대를 뚫고 왕위에 올랐다. 즉위 직후 궁궐에 자객이 들어올 정도로 신변을 위협받았던 정조. 그에게는 무엇보다 자신을 지지할 정치세력이 절실했다. 정조의 의지는 친위부대인 장용영과 학문기구이자 정치기구인 규장각의 확대 건립으로 이어졌다. 학문에 바탕을 둔 인재 양성과 참신한 개혁세력의 수혈, 규장각에서는 정조의 뜻에 맞는 인재들이 널리 배출되었다.

그동안 권력에서 소외되어온 남인과 서얼들을 적극 등용하면서 개혁정치의 파트너로 삼은 정조시대는 무엇보다 국왕이 모든 면에서 모범을 보이면서 신하들을 이끈 시대였다. 개인 문집 《홍재전서》 100책을 남길 만큼 학문을 겸비한 데다 정치·경제·문화감각도 뛰어난 군주 정조는 선왕 영조가 기틀을 잡아놓은 정치·경제·문화의 중흥을 완성해야 할 위치에 있었다.

그러나 그의 시대는 불행하게도 그리 길지 않았다. 그의 사후 어렵게 이룩해놓은 각 부문의 성과들이 19세기 세도정치기를 맞아 일거에 무너지는 것을 보면서 무덤 속 정조는 어떤 생각을 했을까?

개혁정치의 산실 '규장각'

우리 역사에서 정조시대는 '왕조 중흥과 문화 중흥의 꽃이 활짝 핀 조선의 르네상스'이다. 그러나 정조가 이 모든 것을 이루는 과정은 그리 간단하지가 않았다. 무엇보다 정조는 정치적으로 불안한 위치에 있었다. 그는 열한 살의 나이에 아버지의 죽음을 목도하고 힘겹게 왕위에 오르면서 정치의 냉엄함을 뼈저리게 느꼈다. 그리고 자신의 왕권을 위협할 수 있는 '죄인의 아들'라는 멍에를 벗기 위해 정치역량을 집결시켰다.

정조는 위기를 극복할 수 있는 방안으로 왕권의 강화를 추진했는데, 이는 '권도(權道)'·'탕평(蕩平)'·'정학(正學)'의 이념을 국왕의 입장에서 해석한 '성왕론(聖王論)'이라는 새로운 정치이념으로 정당화되었다. 성왕론은 국왕을 정치의 핵심 주체이자 적극적인 정치가로 보는 입장으로서, 붕당(朋黨)이 공론 형성과 관련된 본래의 기능을 상실하고 각 당의 이해관계를 대변하는 전위조직으로 전락했다는, 부정적인 붕당관에서 나온 것이다.

정조는 자신을 '성인(聖人)'이 아니라, 정치를 떠날 수 없는 정치가 '성왕(聖王)'으로 이해하면서 중국의 성인군주인 요·순·우 삼대의 인물을 모범으로 삼았다. 이것은 국왕 중심의 개혁정치를 강력하게 추진할 의지를 비춘 것이다. 재위 22년(1798) 정조는 자신의 호를 '만천명월주인옹(萬川明月主人翁, 온 냇가에 비추는 밝은 달과 같은 존재)'으로 정하는데, 여기에는 성인군주가 되리라는 자신감이 깔려 있었다.

정조는 왕위에 오른 직후 자신의 왕권을 위협하는 세력에 대한 정비 작업에 들어갔다. 우선 왕위 등극에 누구보다도 힘이 되어준 홍국영(洪

國榮)을 권력을 함부로 휘두르며 파벌을 만든다는 이유로 축출했다. 왕권 강화에는 자신의 외가도 예외일 수 없었다. 당시 막강한 권력을 휘두르던 외종조부 홍인한을 사사(賜死)시키고 그를 뒷받침하던 인물 상당수를 극형에 처해버렸다. 그리고 즉위하는 과정에서 여러 차례 신변의 위협을 느꼈던 터라 자신의 생명을 지켜줄 친위부대를 새로이 창설했으니, 장용영(壯勇營)이 바로 그것이다.

정조는 왕권 강화를 바탕으로 적극적인 개혁정책을 추진해 나갔다. 그리고 그 중심 기관으로 규장각(奎章閣)을 설치했다. 규장각은 세조 때에 양성지가 설치를 제창했으나 시행되지 못하다가, 숙종대에 이르러 종정시(宗正寺)에 작은 건물을 별도로 지어 '규장각'이라 쓴 숙종의 친필 현판을 걸고 역대 왕들의 어제(御製)와 어필(御筆) 등 일부 자료를 보관하는 장소가 되었다. 이후 유명무실해졌다가 정조가 '계지술사(繼志述事, 선왕의 뜻을 계승하여 정사를 편다)'의 명분 아래 자기 정치세력의 근거지 내지 문화정책 추진기관으로 힘을 실어주면서, 역대의 도서들을 수집하고 연구하는 학문 연구의 중심 기관이자 정조의 개혁정책을 뒷받침하는 핵심 정치기관으로 거듭나게 되었다.

정조는 당파나 신분에 구애 없이 젊고 참신한 인재들을 쏙쏙 규장각에 모았다. 정약용을 비롯하여 박제가, 유득공, 이덕무 등 당대를 대표하는 학자들이 규장각에 나와 연구하면서 개혁정치의 파트너가 되었다. 규장각의 가장 중요한 업무는 역대 왕들의 글이나 책 등을 정리하고 이것을 바탕으로 개혁정치의 방향을 설정하는 것이었다. '법고창신(法古創新, 전통을 본받아 새 것을 창출한다)'은 규장각 설립취지에 가장 부합되는 정신이었다. 규장각은 역대 왕들의 업적을 토대로 새로운 정

창덕궁 주합루

정조시대 규장각의 본관 건물이다. 1층이 규장각, 2층이 주합루였다.

책을 만들어내는 작업을 통해 권력의 핵심 기관으로 자리를 잡았다.

정조는 당대 최고의 인재들을 이곳에 발탁하였을 뿐만 아니라, 규장각에 힘을 실어주기 위해 아무리 관직이 높은 신하라도 함부로 규장각에 들어올 수 없게 함으로써 외부의 정치적 간섭을 배제시켰다. '객래불기(客來不起, 손님이 와도 일어나지 말아라)'와 같은 현판을 직접 내려 규장각 신하들이 학문에만 전념할 수 있도록 배려했고, 때로는 그들과 밤새도록 대화를 나누며 학문을 토론했다. 세종이 집현전을 설치하여 학문의 전당과 유교 정치이념을 전파하는 중심 기관으로 만든 것처럼, 정조 역시 규장각을 통해 학문적 연구성과를 바탕으로 하는 개혁정치를 펼쳤다. 규장각에서는 정조와 규장각 신하들의 학문적 열정이 담긴 수많은 책을 간행했다.

규장각은 규장각 신하인 각신(閣臣)들이 모여 연구를 하는 건물인 규장각 이외에 여러 부속 건물이 있었다. 우선 창덕궁의 정문인 돈화문 근처에 사무실에 해당하는 이문원(摛文院)이 있었고, 역대 왕들의 초상화, 어필 등을 보관한 봉모당(奉謨堂)을 비롯해서, 국내의 서적을 보관한 서고(西庫)와 포쇄(曝曬, 서책을 정기적으로 햇볕이나 바람에 말리는 작업)공간인 서향각(西香閣), 중국에서 수입한 서적을 보관하는 개유와(皆有窩)와 열고관(閱古觀), 그리고 휴식공간인 부용정이 있었다. 이 중에서 개유와와 열고관에는 청나라에서 수입한 《고금도서집성》(5,022책) 등이 보관되었는데, 이러한 책들은 청나라를 통해 들어온 서양의 문물을 연구하는 데 큰 도움이 되었다.

한편, 정조는 규장각에서 젊은 관리들을 재교육하는 제도인 초계문신(抄啓文臣)제도를 만들었다. 이것은 이미 과거를 거친 사람 가운데 37살 이하의 젊은 인재를 뽑아 3년 정도 특별 교육을 시키는 제도로서, 여기서 뽑힌 인재들은 매월 두 차례에 걸쳐 시험을 치르는 등 강도 높은 교육을 받으며 개혁정치의 방향을 학습했다. 이 제도는 정조의 친위세력을 양성하는 정치적 장치였는데, 정조 5년(1781)부터 재위 마지막 해인 1800년까지 19년 동안 10여 차례에 걸쳐 시행되었으며 총 138명이 배출되었다. 이 중 가장 대표적인 인물이 정약용으로, 그는 탁월한 재능을 인정받아 정조의 절대적 신임을 받으며 개혁정치의 중심 인물로 성장하게 된다.

시전상인들의 특권을 뿌리뽑다

조선 후기에는 특히 상업계에서 변화가 두드러졌다. 17세기 이래 농업 생산력이 증대되고 수공업 생산이 활발해지면서 상품의 유통이 활성화되었다. 세금을 돈으로 납부하게 한 정책도 상품화폐경제의 발달을 촉진시켰으며, 농촌에서 도시로 인구가 유입됨에 따라 상업활동이 활발해졌다. 특히 17세기 이후 대동법이 시행되면서 탄생한 공인(貢人)과 사상들이 상업활동을 촉진시켰다.

공인은 대동법 실시 이후 나타난 어용상인(御用商人)으로서, 관청에서 공가(貢價)를 미리 받아 필요한 물품을 구입하여 납품했다. 공인들은 관청별 또는 품목별로 공동출자를 해서 계를 조직하고 상권을 독점하였으며, 납부할 물건을 수공업자에게 위탁하여 수공업의 성장을 뒷받침하기도 했다. 그들은 서울의 시전뿐만 아니라 지방의 장시를 무대로 활동했고, 특정 물품을 대량으로 구입하여 독점적 도매상인인 도고(都賈)로 성장하면서 조선 후기 상업의 발달에 큰 몫을 했다.

한편, 18세기 이후에는 사상(私商)들이 성장하여 서울을 비롯한 각지에서 활발한 활동을 벌였다. 초기에는 행상에 지나지 않았지만 점차 자본을 축적하여 대량으로 물건을 판매하는 도고로 성장했다. 이들은 인구가 밀집한 서울의 3대 시장인 종루, 동대문 부근의 이현(梨峴)과 남대문 밖의 칠패(七牌)를 거점으로 삼으려 했다.

그러나 이곳은 이미 조정의 후원을 받아온 시전상인들에 의해 금난전권(禁亂廛權)이 형성되어 있어서, 새로운 상업세력으로 성장한 사상들이 진입하려면 시전상인들과 마찰을 빚을 수밖에 없었다. '금난전권'이란 육의전을 포함한 주요 시전들이 관청에 물품을 공급하거나 중국에 보내는 공물을 부담하는 등의 국역(國役)을 지는 대신에, 도성 안과 성 밖 10리 안에서 자신들이 취급하는 상품을 독점적으로 판매할 수 있는 특권을 받아 이를 어기는 상인을 난전(亂廛)으로 규정하고 규제할 수 있는 권리다.

사회의 변화상을 예의주시하고 있던 정조는 마침내 재위 15년(1791) 신해통공(辛亥通共)을 발표하여 육의전을 제외한 시전의 금난전권을 혁파한다고 발표했다. 시전상인들에게만 주어졌던 오랜 특권인 금난전권이 폐지된 것이다. 정조는 금난전권의 폐지를 요지로 하는 신해통공 조치를 이례적으로 한문과 한글로 동시에 적어 4대문과 번화가에 내걸게 함으로써 조정의 의지가 확고함을 알렸다.

1788년에 정조가 자신의 개혁을 추진할 인물로 전격 발탁한 남인 정승 채제공(蔡濟恭)이 금난전권의 폐지를 주도한 인물이다. 채제공은 세손 시절부터 정조를 항상 측근에서 보필했으며, 이원익(李元翼)－조경－허목(許穆)으로 이어지는 근기남인의 학맥을 계승한 인물이다. 채제공 발탁은 권력에서 소외되어온 남인들에게 큰 희망으로 다가왔다. 정조는 보수 기득권세력인 노론의 반대에도 불구하고 개혁파 대신 채제공을 중용했고, 채제공은 노론 권력가와 시전상인 간 정경유착의 고리를 끊어낸 것이다.

금난전권의 폐지는 수백년 동안 기득권을 가지고 막대한 상업상 혜택을 누려온 시전상인들에게는 큰 충격이었지만, 조선 후기 상업 발달의 기운과 함께 새롭게 성장한 사상들에게는 자유로운 상업활동을 보장하는 획기적인 조치였다. 1791년에 단행된 신해통공은 조선 후기 상업에 역동성을 부여한 주요한 조치로 평가할 수 있다.

'나는 죄인의 아들이 아니다!', 화성 건설과 행차

현재 화성(華城, 수원성)은 조선시대의 성 중에서 가장 복원이 잘 되어 있다. 그리고 화성을 구성하는 각각의 건축물은 저마다 특징을 지니면서 화성의 가치를 높여주고 있다. 화성은 역사적 가치뿐만 아니라 건축물로서의 가치도 인정받아 1997년 12월 세계문화유산으로 지정된 바 있다. 그런데 화성을 완벽하게 복원할 수 있었던 데에는 화성 건축의 시말을 완벽하게 정리한 공사보고서《화성성역의궤(華城城役儀軌)》의 역할이 컸다.

재위 18년(1794), 정조는 수도의 남쪽 요충지인 수원에 화성을 건설하기 시작했다. 공사기간이 2년여, 공사에 투입된 인원만도 연 70여만 명, 공사비가 80만 냥에 이르는 거대한 공사였다. 정조가 화성에 깊은 관심을 가진 것은 사도세자의 묘인 현륭원(顯隆園)을 조성한 1789년부터였다. 사도세자의 묘는 원래 경기 양주의 배봉산(拜峰山, 현재 서울시립대학교 자리)에 영우원(永祐園)이란 이름으로 조성되어 있었다. 그러나 그 터가 좋지 않아 정조는 늘 마음이 편치 않았고, 마침내 천하의 명당이라는 화산(花山) 아래로 묘를 옮긴 것이다.

정조는 현륭원을 조성한 자리가 원래 수원부의 읍치(邑治)가 있던 자리라는 것을 고려하여 수원부의 백성들을 지금의 화성으로 옮겨 살게 하고 화성 건설에 착수했다.

공사 1년 전(1793) 정조는 '수원'이란 이름을 '화성(華城)'으로 고치고, 이곳에 유수부(留守府)를 설치했다. '유수부'란 지방 도시에 중앙의 고관을 파견하여 다스리게 한 것으로, 오늘날의 직할시 개념이다. 조선시대에는 화성 이외에 개성(開城)·강화·광주(廣州)에도 유수부가

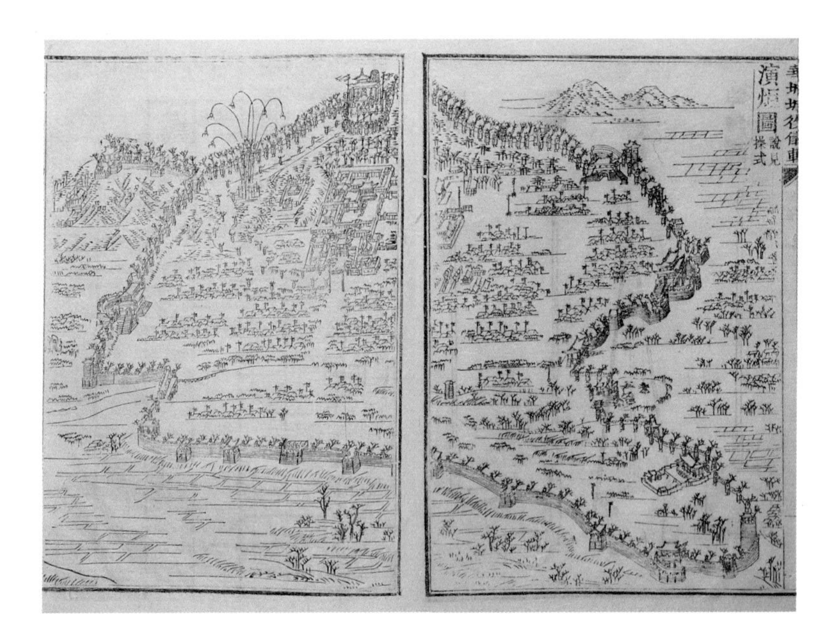

《화성성역의궤》 중 〈화성전도〉

화성은 이 《화성성역의궤》를 토대로 하여 완벽하게 복원할 수 있었다.

설치되었는데, 서울을 중심에 두고 이들 4개 도시로 둘러싸인 지역이 바로 조선 후기 수도권의 중심 지역이었다. 1794년의 화성 축성은 화성의 유수부 설치에 이은 조치로서, 집권 20년이 다 되어가는 정조의 안정된 왕권과 절정기에 이른 조선 왕조의 역량을 총체적으로 과시하는 대공사였다.

정조는 공사에 참여한 장인들에게 품삯을 지불하라 명하였고, 공사가 끝난 후에는 《화성성역의궤》라는 공사보고서를 간행케 했다.

화성 건설에는 무엇보다 '아버지의 명예 회복'이라는 뜻이 담겨져 있었다. 할아버지에 의해 비명에 간 아버지 사도세자. 그 아버지의 죽음 때문에 즉위과정에서도 간을 졸였던 정조는 아버지의 무덤을 자신의 계획도시 수원에 조성하고 자주 행차하여 자신은 '죄인의 아들'이 아님을 대내외에 선포했다.

재위 19년(1795) 윤2월 9일 새벽, 정조는 창덕궁을 나와 화성으로 향했다. 정조가 화성을 방문하는 것이 이때가 처음은 아니었다. 정조는 1789년에 자신의 생부 사도세자의 묘소를 수원부(水原府)가 있는 화산(花山) 아래에 모시고 현륭원(顯隆園)이라 명명한 후, 해마다 이곳을 방문했다.

그러나 1795년은 정조에게 특별한 의미가 있는 해였다. 어머니 혜경궁 홍씨가 회갑을 맞는 해인 것이다. 게다가 사도세자와 혜경궁 홍씨는 동갑이었으니, 사도세자가 살아 있었더라면 함께 회갑상을 받았을 해이기도 하다. 또한 한 해 전에 착수한 화성 공사가 어느 정도 윤곽을 드러내고 있었으니, 국왕이 직접 공사현장을 둘러볼 필요가 있었다. 왕위에 오른 지 20년이 되어가는 시점에서 자신의 권위를 펼쳐보일 필요성도 느낀 터였다. 그래서 정조는 조선 왕조를 통틀어 가장 성대하고도 장엄한 행사를 기획한다.

정조는 이 행차를 통해 왕권을 대내외에 과시하고자 했다. 자신의 친위군대를 중심으로 군사훈련을 실시했으며, 행차와 연계하여 과거시험을 치러 인재를 뽑고 가난한 백성들에게 쌀을 나누어주었다. 또한 직접 활쏘기 시범을 보이는가 하면, 어머니와 같은 노인들을 위해 성대한 양로연을 베풀었다. 그리고 행차 도중에 격쟁상언(擊錚上言, 꽹과리를 두드리며 억울함을 호소함)을 통해 백성들의 생생한 현장 목소리를 들으며 그들의 요구를 적극적으로 수용했다.

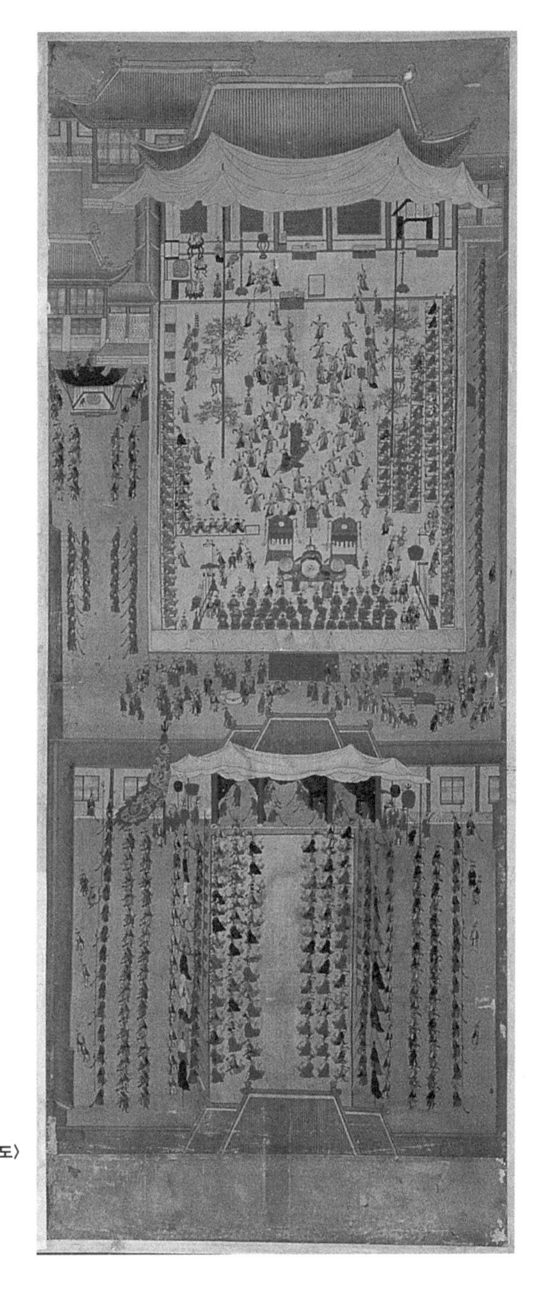

《원행을묘정리의궤》 중 〈봉수당진찬도〉
혜경궁 홍씨의 회갑연은 화성 행궁 내 봉수당에서 베풀어졌다. 궁중무용인 선유악을 공연하는 모습이 보인다.

정조는 세손 시절 항시 불안감을 느끼며 갑옷차림으로 잠자리에 들었을 정도로, 사도세자의 죽음에 깊이 관여한 노론 벽파들에게 심한 압박을 받았다. 정조가 자신과 학문·정치를 함께할 인재를 양성할 목적으로 규장각을 건립한 것이나 친위부대인 장용영을 설치한 것도 독자적인 정치기반을 갖추기 위한 노력의 일환이었다. 그리고 마침내 화성 건설과 화성 행차를 통해 '죄인의 아들'이라는 굴레를 벗어던지고 개혁정치의 완성을 보고자 한 것이다.

문예 중흥과 편찬사업

정조가 국왕으로 있던 18세기 후반은 조선의 문예 부흥기로서 사회 각 분야의 발전이 두드러진 시기였다. 세계사적으로도 역동적인 움직임이 곳곳에서 있었다. 미국이 신생국가로 새롭게 탄생하고, 프랑스에서는 1789년 시민혁명이 일어나 근대 시민국가가 등장했다. 중국에서는 건륭제(1736~1795)가 즉위하여 청나라 최대의 융성기를 맞고 있었다. 이러한 시기에 정조는 아버지의 비극을 빚은 붕당정치를 극복하고 재야의 선비와 백성을 적극 포용하는 민국(民國)을 건설하는 한편, 농업과 상공업이 함께 발전하는 새로운 경제질서를 구축하여 부강하고 근대화된 나라를 만들려고 했다.

정조는 강화된 왕권과 안정된 정치를 바탕으로 문화 중흥사업에도 착수했다. 이것은 《속대전》·《속오례의》·《속병장도설》·《여지도서》를 간행하는 등 선왕 영조가 진행한 문화 정리사업을 이어받는 길이기도 했다. 정조대에는 《경국대전(經國大典)》과 《속대전(續大典)》을 잇는 법전인 《대전통편(大典通編)》(1785), 외교문서를 정리한 《동문휘고(同文

彙考)》(1788), 병법서인 《병학통(兵學通)》(1785), 무예의 기술을 그림과 함께 정리한 《무예도보통지(武藝圖譜通志)》(1790)를 비롯해서 각 관청의 연혁과 기능을 정리한 《탁지지(度支志)》(호조)·《춘관통고(春官通考)》(예조)·《추관지(秋官志)》(형조)·《홍문관지》·《규장각지》와 같은 책들이 저술되면서 국가기관에 대한 체계적인 정비가 이루어졌다. 이외에 영조 때의 백과사전적 저술인 《동국문헌비고(東國文獻備考)》를 수정·보완한 《증보문헌비고(增補文獻備考)》가 편찬되었으며, 영조 때의 지리지인 《여지도서(輿地圖書)》를 보완한 《해행여지통재(海行輿地通載)》가 간행되었다.

이처럼 정조는 영조대 편찬사업의 성과를 계승하여 조선이라는 나라가 정치·문화적으로 꽃을 활짝 피우게 만들었다. 영조와 정조가 다스린 18세기의 75년간 조선은 당시의 세계대국 청나라와 비교해도 정치·문화 수준에서 손색이 없을 만큼 뻗어나가는 나라였다.

《일성록(日省錄)》과 《홍재전서(弘齋全書)》의 편찬 또한 주목할 만하다. '일성록'은 '하루를 반성하는 기록'이란 뜻으로, 정조의 세손 시절 일기 형식으로 출발한 책이지만, 실제로는 국가의 중대사를 낱낱이 적어놓음으로써 정조대에 수행된 각종 정책을 정리하는 성격을 띠고 있다. 《일성록》은 정조 5년까지 국왕 개인의 일기였고, 이후에는 규장각의 신하들이 기록을 담당하여 국가의 공식일기가 되었다. 《일성록》은 정조 사후에도 편찬작업이 계속되어 2,329책으로 이어졌다. 《일성록》에는 상언이나 격쟁 자료, 관찰사나 암행어사의 보고서 등 정조시대 개혁의 추진과정을 살펴볼 수 있는 자료들이 꼼꼼하게 정리되어 있으며, 고종대까지 통치자료로 널리 활용되었다.

정조가 개인문집인 《홍재전서》 100책을 남겨놓은 사실은 국왕으로서 얼마나 철저하게 학문을 연구했는가를 보여준다. 경연에서 신하들과 토론할 때 막힘이 없었다는 정조. 그 비결은 철저한 공부와 학문 연구였다. 정조는 세손 시절부터 독서광이었다.

> 내가 춘저(春邸, 세자궁)에 있을 때 평소 책에 빠져 연경에서 고가(故家) 장서를 사왔다는 소식이 있으면 문득 가져와 보라고 하여 다시 사서 보았다. (중략) 경사자집(經史子集)을 갖추지 않은 것이 없는데, 이 책들은 내가 다 보았다.

《홍재전서》 일득록 문학편에 나오는 이 대목에서 정조가 뛰어난 정치를 펼 수 있었던 원동력 중 하나가 끊임없는 독서였음을 추론해볼 수 있다.

미완의 개혁군주

1800년 6월 초부터 정조는 악성 종기가 온몸에 돋아 몸조차 제대로 가누지 못했다. 내의원 관리들이 온갖 처방을 써보았지만 허사였다. 6월 28일, 삼복 더위 속에 거의 한 달간 투병해온 정조가 마침내 창경궁 영춘헌에서 숨을 거두었다.

그런데 정조 사후에 독살설이 꾸준히 나돌았다. 노론 벽파 심환지가 주도하여 연훈방을 써서 수은 중독으로 죽게 했다는 설이 나도는 가운데, 정조의 임종을 지켜본 영조의 계비 정순왕후 또한 노론 벽파의 수장이었다는 점에서 독살설은 그럴듯하게 퍼져 나갔다. 그러나 정조 사

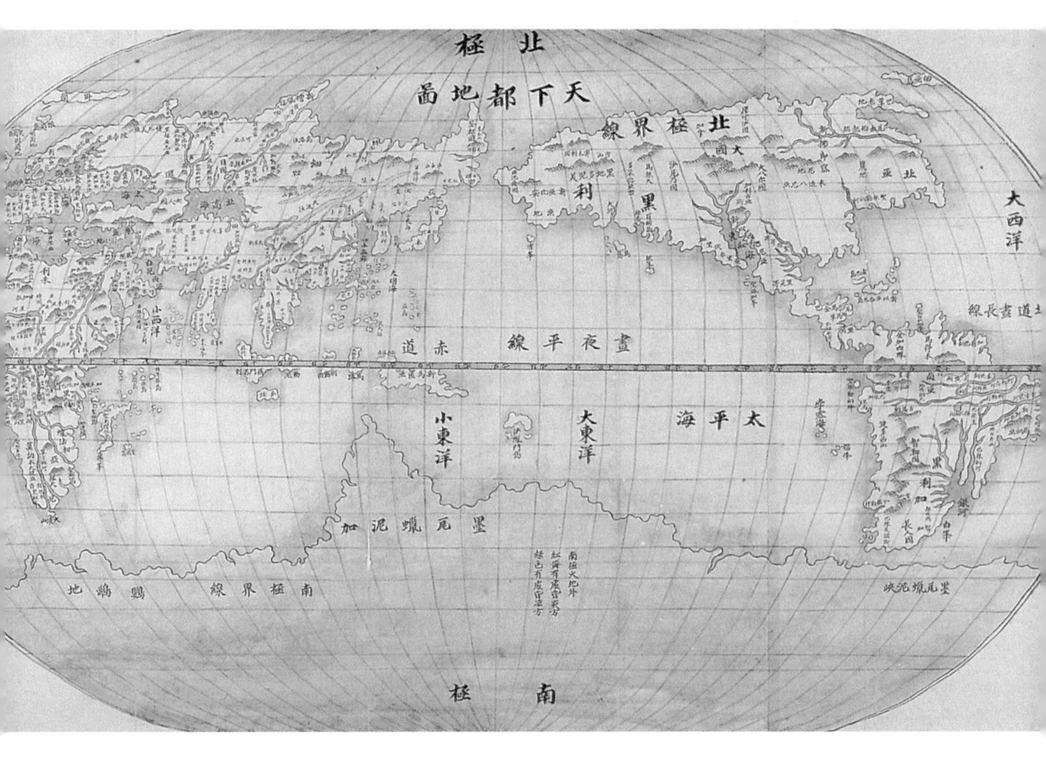

〈천하도(天下都)지도〉

18세기 말에 편찬된 서구식 한역세계지도(漢譯世界址圖). 중국에서 활동한 서양 선교사 알레니(Glulio Aleni)의 《직방외기(職方外紀)》(1632)에 수록된 〈만국(萬國)전도〉를 바탕으로 제작된 것이다. 특히 남극 대륙이 붉게 표시되어 있는데, 매우 뜨거운 곳으로 인식하였기 때문이다.

망 전에 쓰인 《정조실록》에는 정조의 치료를 위해 갖은 처방을 계속한 기록이 있고, 독살이라는 명백한 증거도 없다.

하지만 독살설은 정조를 후원해온 영남지방의 남인들을 중심으로 모락모락 퍼져 나갔다. 정약용이나 채제공과 같은 남인들을 적극 등용하여 정치판에 새 바람을 불어넣은 정조의 죽음이 끝내 안타까웠을 남인들로서는 정조가 죽지 않고 영원하기를 바라는 마음이 컸을 것이다. 그리고 그 안타까움에 정조가 병사(病死)했다는 사실을 차마 믿지 못하고, 반대세력에 의해 '독살'되었다고 믿게 된 것이라고 여겨진다.

정조는 적극적인 개혁정치를 추구했지만, 영조대 이후 권력의 중심부에 포진한 노론 벽파세력을 완전히 제압하지 못했다. 아니, 1623년 인조반정 이래 조선의 정치와 사상계를 주도해온 서인-노론세력에 대항할 만한 파워집단을 형성하지 못했다는 말이 더 적절할 듯싶다. 그래서 정조의 죽음과 동시에 노론 벽파의 반격이 시작되었다고 볼 수 있다. 순조 1년(1801) 정순왕후가 중심이 되어 일으킨 천주교 박해사건은 사실 남인 개혁세력 축출에 초점이 맞춰져 있었다.

정조의 죽음으로 그가 추구한 개혁정치는 미완성으로 그친 채 역사의 뒤안길로 사라졌다. 그의 사후 개혁정치는 후퇴하고 역사상 '세도정치기'라 불리는 불운의 시대가 도래했다. 개혁의 싹이 움트기도 전에 뿌리째 뽑힐 것을 알았다면 정조는 지하에서도 차마 눈을 감을 수 없었을 것이다.

● 화성공사의 종합 보고서, 《화성성역의궤》

《화성성역의궤》는 화성의 성곽을 축조한 뒤에 공사와 관련된 일체의 내용을 기록한 의궤다. 화성 축조공사는 1794년 1월에 시작되어 1796년 9월에 끝났고, 이때부터 의궤를 편찬하는 작업이 시작되었다. 국가의 주요 행사가 끝나면 행사보고서인 의궤를 편찬하는 기왕의 관례를 따른 조치였다. 《화성성역의궤》는 일단 그해 11월 9일에 초고가 완성되었다.

《화성성역의궤》는 80만 냥이란 거금을 투입한 대공사의 종합 보고서였기에 다른 의궤에 비해 분량이 많은 편이다. 또한 조선 왕조의 문예 부흥기인 정조대, 그중에서도 전성기에 속하는 1790년대에 만들어진 책이어서 그 내용이 상세하고 치밀하다. 《화성성역의궤》는 권수(卷首) 1권, 본문 6권, 부록 3권을 합해 총 10권 9책으로 구성되어 있다. 권수에는 《화성성역의궤》의 체제를 설명한 범례, 화성을 건설하고 의궤를 편찬하여 인쇄하는 데 참여한 사람들의 명단, 그리고 그림이 들어 있다. 여기에는 화성의 전체 모습을 그린 〈화성전도(華城全圖)〉를 비롯하여 화성의 4대문과 비밀 통로인 암문(暗門), 횃불을 올려 신호를 주고받은 봉돈(烽墩) 등 성벽에 설치된 모든 시설물의 세부도가 있다. 또한 화성행궁, 사직단, 문선왕묘(文宣王廟, 공자의 위패를 모신 사당), 영화역(迎華驛) 등 화성 주변 건물의 그림도 함께 수록되어 있다. 1975년에 정부에서 화성 성곽 복원공사를 시작하여 불과 3년 만에 원형에 가깝게 복원할 수 있었던 것도 이 그림에 힘입은 바 컸다.

화성의 역사(役事)에는 벽돌을 적극적으로 사용했다. 벽돌은 박지원, 박제가 등 청의 발달된 문물을 적극적으로 수용하자는 북학론(北學論)을 주장한 학자들이 청에서 도입하자는 문물 가운데 하나였다. 벽돌은 견고하여 오래 견딜 뿐만 아니라 규격이 일정하여 작업하기가 수월하다는 것이 그들

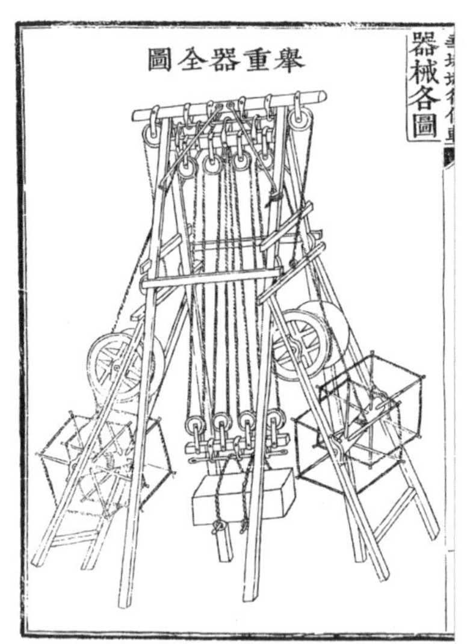

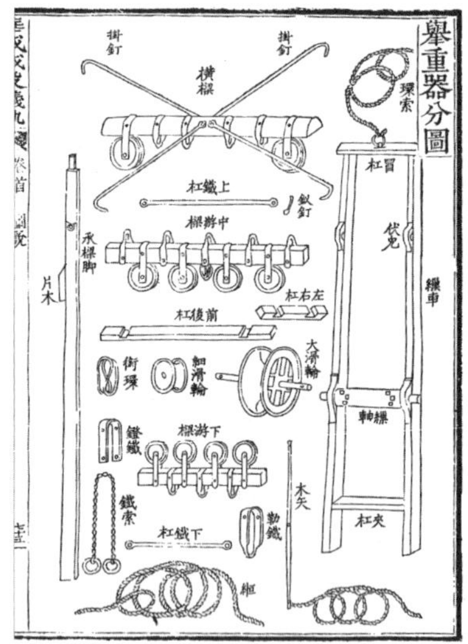

거중기 전도(全圖)와 분도(分圖)

도르래의 원리를 이용해 무거운 돌을 효율적으로 운반할 수 있는 기계로, 정약용이 《기기도설》을 활용해 제작했다.

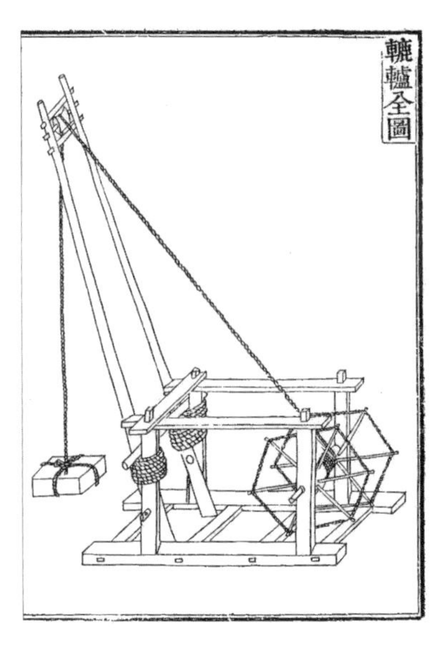

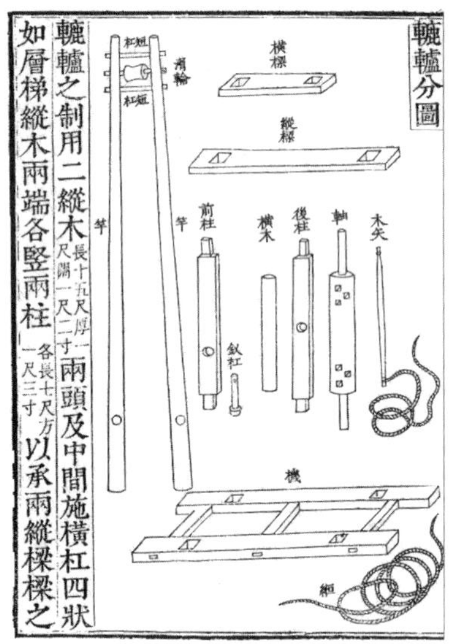

녹로 전도(全圖)와 분도(分圖)

도르래와 물레를 이용해 만든 기구로, 화성 성곽 공사에 긴요하게 사용되었다.

이 도입을 주장한 이유였다.

화성의 건설에는 과학적 원리를 이용한 새로운 기계도 큰 몫을 했다. 특히 정약용이 《기기도설(奇器圖說)》을 활용해 제작한 거중기는 도르래의 원리를 이용하여 성곽 공사에 필요한 무거운 돌을 효율적으로 운반할 수 있는 기계였다. 거중기와 함께 고정 도르래를 이용한 녹로(轆轤)와 유형거(遊衡車)라는 수레도 긴요하게 쓰였다. 이처럼 화성은 18세기 후반 이후 새롭게 수용된 과학기술을 시험하는 장과도 같은 역할을 했다.

의궤의 본문에는 행사와 관련된 국왕의 명령 및 국왕이 신하들과 나눈 대화 내용, 성을 쌓는 데 참여한 관리와 장인들에게 준 상품, 각종 의식의 절차, 공사기간 중 관련 기관 사이에 오간 공문서, 장인들의 명단, 소요 물품의 수량과 사용내역, 단가 등이 수록되어 있다.

본문에 보이는 특징은 철저한 실명제이다. 장인 명단에는 공사에 참여한 1,800여 기술자들의 이름이 석수·목수·니장(泥匠, 흙을 바르는 기술자)·와옹장(瓦甕匠, 기와나 벽돌을 만드는 기술자)·화공(畵工) 등 직종별로 정리되어 있다. 그런데 이들 중에는 최무응술(崔無應述), 안돌이(安乭伊), 유돌쇠〔柳乭金〕 등과 같이 하급 신분에 속하는 사람들의 이름이 많다. 그리고 그 이름 밑에는 근무한 일수를 하루의 반까지 계산하여 임금을 지급한 기록도 있다. 국가의 공식기록에 천인들의 이름까지 써넣은 것은, 그들이 국가적 사업에 책임감과 사명감을 가지고 일할 수 있도록 만들려는 조치였다. 왕조시대에 백성들을 이렇게 크게 배려한 사실은 주목할 만한 일이다. 화성 축성은 백성들에게 최대한의 동기를 부여하여 그 성과를 이루어 나갔다는 점에서, 백성과 함께하려는 정조의 리더십이 잘 드러나는 사례라고 할 수 있다.

에필로그

성공한 왕, 실패한 왕의 리더십에서 무엇을 배울 것인가?

역사 속 리더십을 바라보는 이유

리더십은 그 의미가 복합적이라 간단히 정의하기 어렵지만, 대체로 집단이나 조직의 지도자가 갖추어야 할 자질과 능력을 일컫는다. 다만 피지배자의 강요된 복종까지 전제로 하는 지배와는 달리, 구성원들의 자발적 참여와 협조를 유발해내는 능력이라는 점에 유의할 필요가 있다.

인류가 출현한 이후 가족 또는 유사가족이 있어왔고 그것을 이끈 사람이 있었다고 볼 때, 인간 사회에서 리더십은 인류와 거의 같은 시점에 등장했다고 할 수 있다. 이처럼 리더십의 역사가 오래된 만큼 리더십에 관한 학문적 체계도 마땅히 성립되어 있을 법하다. 하지만 정치·사회·종교·경영 등 각 분야에 걸쳐 실용적 리더십에 관한 저술은 적지 않으나, 유감스럽게도 학문적 체계화는 아직 충분하지 못하다.

이러한 현실 때문에 이 책에서도 리더십 자체를 개념화하고 체계화하기보다는, 필자들의 한국사 전공 식견을 살려 한국 전근대 사회에서 가장 큰 인간 조직의 지도자인 국왕들의 리더십 양상에 주목하여 이를 분석하고 평가하는 방법을 취했다. 현대의 한국이 있기까지 큰 영향을 끼친 존재 중 하나인 전근대 국왕들의 리더십을 살펴봄으로써, 시대적 배경은 물론 크게 다르지만 오늘의 국가뿐 아니라 다양한 사회단체 및 조직의 현재 또는 미래의 리더십 문제를 조망해볼 수 있을 것이다.

한국 전통사회 국왕의 리더십

한국사에서 국왕들은 국가의 지존으로서 주권자이자 최고의 정치 지도자였다. 국왕들의 위상은 이렇게 표면적으로는 동일한 듯 보이지만, 그들이 재위한 시기와 그 시기의 권력구도에 따라 상당한 차이가 있다.

고대의 왕들은 초기에 부족장의 후예이기도 한 귀족들과 국정을 협의하여 수행했다. 국가가 점차 굳건해지면서 왕들은 자신들을 하늘의 후손이나 부처의 인척이라는 신성한 존재로 자처하며 이를 이념화하여 왕권을 강화해 나갔다.

고대의 왕들은 지배체제가 형성되는 과정에 있었던 만큼 자의적으로 권한을 행사할 여지가 비교적 많았다. 따라서 후대에는 쉽게 볼 수 없는 영웅적인 리더십을 발휘하는 경우가 적지 않았다. 고구려의 유리왕이나 광개토대왕 백제의 무령왕, 그리고 신라의 진흥왕같이 리더십이 탁월한 왕들은 단기간에 국가를 크게 흥하게 했다. 반면, 백제의 의자왕 같은 이는 강력한 왕권을 확립하여 신라 공격에서 크게 성공했으나 그것에 취해 자만하게 되어 귀족과 백성들과의 소통의 길을 닫고 국제적 변화에도 둔감하여 돌연 망국을 맞게 되었다. 아울러 국가의 통치가 잘 갖추어진 제도에 의해 조절되고 운영되는 면이 적었기 때문에 고려나 조선에 비해 고대의 왕들은 갈등을 원만히 해결하지 못한 채 반란이나 귀족회의의 결정에 따라 죽임을 당하거나 폐위되는 경우도 종종 있었다. 고구려의 모본왕, 차대왕, 봉상왕, 영류왕과 백제의 문주왕, 동성왕, 그리고 신라의 진지왕, 혜공왕, 애장왕 등이 그러한 예이다.

한편, 남성 위주의 유교가 통치이념으로 크게 작용하지 않아 후대와는 달리 신라에는 여성 왕이 셋이나 존재했고, 그중 선덕여왕은 다소 혼란한 국내외 정세 속에서도 김유신이나 김춘추 같은 인재들을 길러낸 여성적 리더십을 발휘했다.

고려의 태조 왕건은 탁월한 포용력과 통찰력을 발휘, 각 지방 세력과 연합하여 국가를 건설했다. 따라서 고려의 왕은 최고 지배자이지만 지방세력 가운데 가장 큰 세력의 대표라는 성격을 띠게 되었고, 고위 관료인 재상(宰相)들의 권한이 비교적 커 왕권을 견제하는 측면이 강했다. 국왕은 자신의 권한을 유지하고 강화하기 위해 측근 기구인 추밀원(樞密院) 등을 두고 문벌들을 역으로 견제하고 조정하는 권력체제를 운영하여 측근정치의 발호를 담보한 면도 있다. 이러한 정치구조 속에서도 성종은 여론을 중시하여 신·구 정치세력 간의 조화와 균형을 이루어 내고 중국의 정치제도를 고려의 현실에 맞게 변용하여 정치체제를 완성하는 성공적인 리더십을 구현했다.

그러나 왕조 중반을 넘어서면서 고려의 왕들은 정치구조의 변화로 리더십을 발휘하는 데 많은 제약을 받았다. 특히 원 간섭기에는 권력구조가 크게 왜곡되어 국왕의 위상이 크게 위축되었다. 내정개혁을 꿈꾸었으나 폐위와 재등극이라는 초유의 사태를 경험한 채 별다른 성과를

낼 수 없었던 충선왕의 경우에서 볼 수 있듯이, 원의 내정간섭은 국왕의 지위를 좌지우지하여 왕권을 초라하게 만든 기본 구도가 되었다. 이러한 와중에 공민왕은 원나라에서 10년 동안 경험한 바와 타고난 열정과 통찰력으로 원·명 교체의 정세를 이용해 부원세력의 정치·경제적 폐해를 불식하고자 전민변정사업 등 일대 개혁정치를 시도했으나 결국 시해되고 말았다. 그러나 그가 추구한 개혁의 방향은 훗날 이성계 일파의 개혁 모델이 되어, 장기적인 면에서 공민왕의 리더십은 긍정적인 것으로 평가할 만하다.

고려의 경험 위에서 출현한 조선의 권력구조는, 왕권과 보다 확대된 관료집단의 권한인 신권(臣權)이 상호 견제하고 주도권을 쥐기 위해 경쟁하는 구도였다. 이런 상황에서 강력한 왕권을 세우려 한 태종은 사대부의 나라를 만들려 한 정도전을 즉위 전에 이미 제거했고, 6조직계제를 시행하며 세자를 교체하는 등 강압적이나 통찰력 있는 정치 행태를 보였다. 세종은 태종의 정지작업을 기반으로 하여, 신권까지 적절히 배려하며 가장 큰 성공을 거둔, 성군 중의 성군으로 여겨질 만한 리더십을 발휘했다. 자주·민본·실용의 국정 방향을 바탕으로 국가체제의 정비는 물론 세계에도 자랑할 만한 조선 문화의 황금기를 이루었다. 집현전을 통해 많은 학자 신하들의 학문 및 정치적 식견을 현실 정치로까지 연결하고, 백성의 여론을 조사하여 세법을 정하고 훈민정음을 창제하며 의약과 농사기술, 과학기술을 집대성하는 등 실로 신민과 함께하는 성공적 통치의 모범을 이루었다. 그러나 그 뒤의 왕들은 왕권과 신권, 나아가 신권과 신권 간 대립구도의 조절에 지나치게 몰두하다 보니, 정계가 대체로 긴장 속에 놓였고, 그 결과 국가 제집단 간의 통합이나 민생경제 등은 학문이나 문화 분야에 비해 흡족할 만한 진전을 이루지 못했다.

논란 속에 왕위에 오른 광해군은, 명과 후금 사이에서 중립 외교를 구사하여 조선이 다시 전란에 빠지는 것을 막았으나, 소수세력인 북인을 중심으로 무리하게 개혁을 추진하다가 결국 인조반정에 의해 왕위를 잃었다. 반청의 정치적 분위기에서 왕위에 오른 효종은, 북벌을 내세우나 실행할 의지는 없었던 서인 붕당 세력의 이중적 정치행태와 피폐한 사회·경제적 현실 속에 국가의 자존심을 회복하기 위해 결코 북벌의 기치를 포기하지 못한 채 고단한 세월을 보내야 했다. 이 와중에 등장한 숙종은 적장자라는 출생상의 떳떳한 명분과 강력한 카리스마로 정치력을 발휘하며 강력하고 노련한 정치가의 면모를 보였다. 서인의 거두 송시열을 처단하고 환국을 반복하며 붕당세력을 뒤흔들고, 산성을 수축하여 국방체계를 재정비하며 상평통보를 발행해 유통경제의 발전에 적극 부응하는 등 정치적 명분과 군사·경제 문제까지 해결해 가는 현실적 능력의 리더십을 보여주었다.

숙종이 다져놓은 왕권의 바탕에서 영조와 정조에 의해 탕평정치와 사회·경제적 제개혁, 나아가 문화의 부흥이 시도되어 국가 재흥의 분위기가 크게 일어났다. 그런데 이때의 개혁도 종래의 성리학적 이념을 지양 또는 극복할 수는 없었으며, 조선 사회의 근본 모순이나 한계를 그대로 둔 채 시도된 기득권 세력의 개량책에 머물 수밖에 없었다. 이러한 상황에서 사회의 모순 격화에 따른 구성원 간의 갈등과 분열이 점차 고조되고, 대외 세력의 침탈 속에서 조선, 나아가 한국사에서 국왕의 존재는 그 존립 기반을 상실하며 역사 속에 묻혀 사라질 운명을 맞게 되었다. 황제권을 이용한 고종의 국권 회복을 위한 적극적인 리더십이 마지막으로 발휘되었으나, 서구 제국주의 열강 및 일본의 침략 앞에 권력의 존립 기반을 크게 상실한 국왕의 존재는 왕조 및 국가의 운명과 더불어 종언을 고했다.

우리 시대의 새로운 리더십을 그려보며

앞서 살펴보았듯이, 왕의 리더십도 역사와 더불어 시대 혹은 해당 시기의 정치·사회·경제·문화구조에 의해 규정되었다고 할 수 있다. 따라서 왕들의 개별적 리더십을 다루는 것이 무슨 의미가 있을까 하는 의구심이 들 수도 있다. 그러나 부자간이지만 조선의 성종과 연산군의 공과가 천양지차이듯, 인접한 시기에 유사한 정치구조를 가지고 있더라도 국왕의 자질이나 성향, 그리고 참모들의 공헌 여하에 따라 매우 다른 치적과 결과를 낳을 수 있다는 점을 유념해야 한다. 역사라는 것은 큰 구조 속에 이루어지면서도 그 안에 존재한 인간들이 어떻게 대응하느냐에 따라 그 물길의 방향이 달라질 수 있기 때문이다.

삼국 통일 후 정복한 고구려인과 백제인을 억압하고 착취하는 정책 방향을 추진하기 십상이었지만, 신문왕은 일통삼한의 포용적 통일정책을 펼쳐 국가 발전의 기반을 쌓았다. 고려 태조 왕건은 강력하게 반발했던 후백제인을 핍박하지 않고 신라인과 더불어 적극 받아들이고 신라가 도달하지 못한 중소 지방세력의 통합까지를 이루어냄으로써 한민족의 동질성 형성의 수준을 크게 높였다. 한학(漢學)에 젖어온 조선 왕 세종은 중국 문화의 모방책을 적극 추진할 수도 있었지만, 중국과 다른 이 역사 공동체의 특성과 가치를 인식하고 각성함으로써 훈민정음을 창제하고 우리 문화를 집대성하는 리더십을 발휘해 조선의 정체성을 확립했다. 그 결과 독창적이며 역동적인 한국의 문화 창조 능력의 기반을 마련하는 데 크게 기여했다.

세계적인 현상이기도 하지만, 한국 사회는 정치 분야를 비롯하여 경제·교육·종교 등 각종 사회 분야, 심지어 가정에서의 리더십도 크게 문제가 되고 있다. 산업 형태의 변화와 함께 탈근대 지식산업사회가 도래하고 가족 구성이 질적으로 변하는 등 사회구조가 크게 변동하고 있기 때문이다. 이에 종래의 지연·학연·이데올로기 등의 사회적 대립 요인 이외에, 우승열패의 자본주의의 논리에 따른 빈부 격차가 심화되고 구직난과 급속한 노령화 및 향유 문화의 이질성 등에서 오는 세대 간의 반목 등으로 사회 전반에 갈등과 대립이 극심해지고 나아가 양극화 현상이 고착되어가고 있는 실정이다.

이런 가운데 여러 방면의 상당수 리더들은 이 같은 변화에 무관심하거나 무감각하기도 하며, 심지어 정치·사회·학술·종교 등 각 분야에서는 사회적 갈등의 와중에 한쪽 편의 지지를 확고히 얻는 것이 갖는 이점의 단맛을 알아 오히려 갈등과 대립을 조장하며 갈등의 열매를 따먹으며 사익을 추구하는 면이 있었다. 그런데 이러한 상황은 결국 사회 전반의 리더십의 붕괴와 권위의 도태를 가져올 것이고, 그 결과는 국가 사회 전반의 발전 동력의 상실로 나타날 것인바 심히 우려되는 일이다.

실로 우리 사회가 더욱 안정되고 발전하기 위해서는 이러한 변동의 시대에 맞는 새로운 형태의 리더십을 모색해야 한다. 새로운 시대의 리더는 당연히 시민사회에 걸맞은 민주적 양식을 갖추어야 하며, 크게 확대된 지식에 대한 상당 수준의 이해력을 갖추어야 할 것이다. 현재 진행 중인 사회변동을 이해하고 갈등과 대립을 지양할 수 있는 자기희생을 전제로 한 섬김과 통합의 리더십을 기반으로 문제해결의 방책과 비전을 제시할 수 있는 이여야 한다. 물론 이들에게는 맡은 바 역할의 수준에 따라 차이가 있겠지만, 어느 시대를 막론하고 리더에게 요구되는, 한국의 성공한 제왕들이 보여준 리더십의 덕목, 곧 통찰력과 창의력 및 식견, 용기와 추진력, 나아가 고결한 성품과 공정성, 성실성, 여기에 신뢰감과 포용력 등을 두루 갖추어야 할 것이다.

끝으로 이 책에서 필자들이 수행한 분석과 평가는 역사관이나 관점에 따라 달리 해석될 여지가 있음을 밝혀둔다.

2011년 10월

김기홍 다시 쓰다

찾 아 보 기

ㄱ

간의대 295, 296
감은사 20, 135, 136, 142, 144
감은사터 석탑 136
갑술환국 257, 349, 356
갑인예송 349, 353
강홍립 317, 318
개로왕 59~63
거중기 412, 413
거칠부 74, 75, 82~85
견훤 155, 159~161, 163, 164, 167, 170, 171
《경국대전》 314, 406
경복궁 수정전 285, 286
경신환국 256, 349, 353~356
계림공(고려 숙종) 193
계축옥사 310, 312
《고금도서집성》 399
《고려사》 198, 207, 208, 218, 239~241, 243, 286
고안무 66
고영신 195, 201
곤지 58, 60~63
공납 314, 376
공민왕릉 246
공법(연분 9등 · 전분 6등법) 253, 283, 287, 288
공인 300
광개토대왕릉비 50, 54, 55
〈광개토대왕릉비문〉 44, 51
광종 151, 153, 175~181
광해군묘 320
9서당 20
9주 5소경제 20, 130, 139
《국사》 83, 85
《국조방목》 285
《국조오례의》 287
국풍 181, 186
《국혼정례》 375

궁예 155, 158~167
규장각 394~399, 407
《규장각지》 407
균역법 253, 257, 259, 370, 374~376, 379, 380, 383, 384, 388
금난전권 400, 401
금납제 361
금산사 미륵전 163
《기기도설》 412
기사환국 256, 347, 349, 355, 356
기유처분 374
김관의 214, 218
김돈중 152, 213
김무력 19, 82, 83, 85, 86, 106, 107
김보당 206, 210, 218
김부식 28, 152, 159, 160, 186, 212
김석주 352, 353
김양경 208~210
김영부 218
김위제 190~192, 195
김유신 21, 82, 99~101, 104~109, 135, 136, 142, 144
김자점 334
김종서 284
김춘추 21, 88, 96, 97, 99~101, 104~106, 109, 118, 122, 135
김흠돌 132, 133

ㄴ

나경언 386, 387
나선 정벌 326, 338
나제동맹 75, 76
남천주당(북경) 331, 332
노비안검법 180
노산군 → 단종
녹과전 247
녹로 412, 413
녹읍 20, 130, 139
《농사직설》 282, 283, 292, 293
《농상집요》 292

ㄷ

단양이 66
단양 적성비 79, 83, 84
단종 194, 254, 255, 285, 311, 348~350, 356, 358
답험손실법 287
《당의통략》 347
당항성 76, 77, 86, 97, 119
대각국사 → 의천
대각국사비 196
대동법 253, 259, 314, 320, 326, 350, 359, 376, 400

《대동운부군옥》 101
대무신왕 37
《대전통편》 406
대왕암 143, 145
도리천 103, 104, 110, 111, 136
도선 191, 192
《도선기》 191
《동국문헌비고》 407
《동국신속삼강행실도》 315, 316
《동국신속삼강행실찬집청의궤》 315, 316
《동국여지승람》 314
동륜 79, 81
동맹제 35, 38
동명왕 → 주몽
동명왕묘 37
《동명왕편》 159
《동문휘고》 406
동성왕(모대) 20, 60, 61, 63, 65
《동의보감》 314

ㅁ

마운령 순수비 83
만권당 235
만파식적 135, 142~145
모대 → 동성왕
〈모두루 묘지〉 51
묘청 186, 212, 214, 215
무령왕릉 65, 69, 70
무령왕릉 지석 69, 70
무신정변 206~210, 217
《무예도보통지》 211, 407
무왕 94, 115~118, 120, 125~128
무종(원나라) 227, 233
문덕왕후 175
문무왕 107, 108, 131, 132, 135~138, 143, 144
문신 관료집단(고려) 212, 214, 215, 217, 223
문종(고려) 193, 200
문종(조선) 254, 255, 286, 303
문주왕 60
문희 101, 107
미륵사 115, 116, 126~128
미륵사상 162
미륵사터 석탑 127

ㅂ

박세채 372
《박씨전》 342, 343
박연 283
박응서 311
박제가 258, 397
박지원 343, 411
백가 20, 61, 63

백이정 235
백자단 208, 210
백정 → 진평왕
법흥왕 73, 85~86, 89, 106, 134
별무반 190, 197, 198, 202
병신처분 350, 352
병자호란 253, 256, 328, 333, 335, 342, 350
《병학통》 407
복수설치 327, 334, 342
부원배 229, 248
부원세력 153, 241, 242, 244
북벌(정책) 253, 256, 327~329, 333~343
북학(론) 333, 334, 411
분황사 92, 96, 97
분황사터 석탑 97
불개토풍 224, 225, 229, 230
불랑기 322, 323
비류 26

ㅅ

사급전 224
사다함 78, 82
사도세자 257, 258, 300, 330, 368, 374, 384, 386~389, 394, 395, 402~404, 406
사부지갈문왕 73
사비성 68, 115
사육신 351, 356~358, 361, 362
사패 224
《삼강행실도》 282, 287, 314~316
《삼국사기》 28, 29, 32, 42, 63, 70, 74, 83, 97, 100, 108, 117, 121, 122, 126, 132, 133
《삼국유사》 75, 78, 81, 88, 100, 101, 104, 105, 110, 112, 125, 135, 142
《삼국지》 35, 38
삼근왕 60, 63
삼학사 330
3성 6부체제 150, 181
《상정고금례》 315
상평통보 346, 350, 358, 360~362, 417
《서경》 215, 245, 371
서동 → 무왕
서동설화 116, 125, 126
서운관 295, 296
서필 181
서희 154, 174, 181~183
선조 259, 272, 306~310, 314, 322
《선조실록》 307
선화공주 125, 126
설총 133, 134
성균관 242, 248
성리학 235, 236, 248, 257, 259, 271, 272, 316, 340, 351, 356~358, 361, 362, 417
성삼문 284, 357
성종 254, 255, 259, 415, 418

성충 114, 120~122, 124
세조(원) 224, 227, 231, 232
세조(조선) 194, 254, 255, 258, 284, 348, 357, 358, 377
《세종실록》 288, 300, 302, 303
소금 전매제 222, 228
소손녕 174, 181, 183
소수림왕 42, 44
소현세자 256, 300, 326~334, 341, 342, 351
《속대전》 257, 288, 406
《속병장도설》 257, 388, 406
《속오례의》 257, 388, 406
송시열 257, 278, 334, 335, 337, 340, 347, 349~351, 353~355, 362, 417
《송자대전》 336
송준길 334, 335, 340
수박희 210, 211
〈수선전도〉 274
《수성윤음》 388
수신(隧神) 33, 35, 37
수어청 335, 378
《숙종실록》 358
숙흘종 107
《승정원일기》 390
〈시무 28조〉 174, 178, 179
신덕왕후 278, 279
신돈 238~246, 248, 249
신법 195, 198
신법(왕안석) 198, 202
신숙주 284, 285
신채호 186, 187
신해통공 253, 257, 394, 401
심맥부 73
심온 270, 276
쌍기 176, 177, 180, 181

ㅇ

아담 샬 331, 332
앙부일구 282, 296, 297
양녕대군 275, 276, 299, 300
《양서》 68, 70
〈양수 투항도〉 317
《여지도서》 388, 406, 407
《역대병요》 287
《역옹패설》 235
연등회 154, 182
《연려실기술》 299
연산군 255, 312, 320, 349, 418
영고 34, 35, 38
영락대왕 → 광개토대왕
영웅군주 159~161, 163
《영조실록》 369, 374
《영조정순후가례도감의궤》 375, 376
영창대군 306, 308~312
예종(고려) 152, 198~202, 214

예종(조선) 254
오경박사 66
오군영 377
옥천사터 249
온조 24~26, 28
왕광취 210
《왕대종록》 218
왕망 24, 35, 36
왕안석 198, 202
왕자의 난 254, 262, 269, 275, 276, 281
〈요계관방지도〉 346, 361, 364, 365
《용비어천가》 282, 291
용춘 99, 104~106, 132, 137
우륵 19, 82
우영 65
우왕 240, 241
울주 천전리 서석 89
원 세조 → 쿠빌라이
《원행을묘정리의궤》 405
《위서》 50
유교 관료집단 154, 180, 182, 209, 215, 224
유교 정치이념 149, 178, 209, 214, 215
유득공 258, 397
유수부 402, 403
유영경 310
육조직계제 270
윤관 152, 194, 197, 198, 200, 202
의천 190, 195, 196, 202, 203
이규보 159
이덕무 258, 397
이사부 72, 74, 75, 82~86
이완 327, 335, 336, 343
이의방 210
이이명 346, 361, 364, 365
이이첨 311, 319
이자겸 200, 201, 212
이자연 193
이자의 193
이제현 183, 184, 208, 233, 235, 241, 243~246
이종무 279
이지백 154, 182, 183
인목왕후(인목대비) 309, 311~313
인조(조선) 256, 259, 312, 326~331, 333, 334, 340, 342, 353, 355
인조반정 255, 306, 312, 313, 318~321, 352, 410, 417
《인조실록》 312, 330
인종 152, 200~214, 227
인현왕후 256, 257, 348, 351, 354~356, 362
《일본서기》 61, 63, 70, 106, 118
《일성록》 107
임오화변 386
임진왜란 253, 255, 286, 307~309, 314, 316, 317, 322, 335, 338, 340, 358, 377, 378

ㅈ

자격루 282, 283, 296, 297
《자치통감》 287
장수왕 18, 40, 50, 54, 60
장영실 282, 283, 296, 298
장용영 395, 397, 406
장희빈 256, 257, 346, 348, 351, 354~356, 362, 370
전륜성왕(이념) 81, 86
전민변정사업 248
전지정치 234
정도전 151, 264~270, 272, 278, 416
정동행성 229, 241
정릉 278, 279
정몽주 264~266, 268
정방 207, 208, 238, 247
정순왕후 375, 376, 408, 410
정약용 258, 397, 399, 409, 412
정인지 284, 285
정인홍 308~310, 319
정종 254, 262, 272, 275, 276, 284
정중부 210
정함 208, 210
조광조 151
조문명 371, 372
《조선경국전》 265
조일신 241, 243, 244
졸본부여 25~28, 30 ,31
주몽(동명왕) 25~28, 31, 34, 35, 37, 38, 42, 51, 54
주몽신화 17, 35, 37, 38, 42, 54
주전론 308, 309, 358, 359
《춘천사실》 381, 390
춘천소 382
《춘천소좌목》 391
〈춘천시사열무도〉 382, 383
중립외교 255, 313, 320, 417
중흥사 213
《증보문헌비고》 407
지몰시혜 73
진종(설) 94, 103
진지왕 21, 83, 85, 100, 105, 135, 137
진평왕 18, 93~96, 105, 110, 125, 126, 134, 138, 145
집현전 282~287, 294, 398

ㅊ

창덕궁 주합루 398
창왕 240
채제공 401, 409
천명사상 149, 151
〈천산대렵도〉 242
천자 150, 151, 168
천자국 150, 224, 229, 233

〈천하도지도〉 409
첨성대 104, 110~112
청계천 257, 262, 272~274, 375, 380, 381, 383, 390, 391
초계문신제도 399
최만리 291
최승로 154, 174, 176~180, 182
최윤덕 284
《추관지》 407
《춘관통고》 407
충렬왕 222, 224, 226, 227, 229, 230, 232
충목왕 151, 227, 236, 241, 245
충정왕 241
측근정치 151, 152, 199, 209, 226, 236
측우기 283, 297, 298
치희 25, 27, 28
《칠정산》 298

ㅋ · ㅌ

쿠빌라이(원 세조) 224, 230~232
《탁지정례》 375
《탁지지》 407
탕평 257, 256, 362, 368, 370~374, 377, 384, 388, 396, 417
탕평비 372, 373
태조(조선) 254, 264, 266, 267, 269~273, 275, 278, 415, 418
태종(당) 92, 97, 99, 106, 121, 130, 140
태종(청) 256, 328
《통감》 231
통합전쟁 150, 151, 166, 168, 170, 171

ㅍ

팔관회 154, 174, 182, 183
《편년통록》 214, 218, 219
폐모살제 313, 320
폐왕성터 216
풍수도참사상 191, 214, 218

ㅎ

하멜 326, 338, 339
《하멜표류기》 338, 339
한언공 181
《한중록》 386
항마군 198
해동통보 197
해명태자 30~33
《해행여지통재》 373
《향약집성방》 283, 287, 293~295
《향약채취월령》 295
《허생전》 343

허적 352, 353, 359
허준 314
현릉원 258, 402, 404
현종 278, 335, 347~349, 352
혜경궁 홍씨 386, 387, 404, 405
혜량 19, 82, 85
화희 25, 27, 28
호포제 380
《홍문관지》 407
홍봉한 382, 390
홍언박 243, 244
《홍재전서》 394, 395, 407, 408
홍패 179
《화기도감의궤》 322, 323
화랑도(풍월도) 77~79, 81, 82, 86
화성 258, 394, 402~406, 411, 412
《화성성역의궤》 402, 403, 411
〈화성전도〉 403, 411
화양서원 351
화풍 176, 181, 182, 186, 187
환선길 165
황룡사 86, 92, 96, 98, 106, 145
황룡사 9층 목탑터 98
〈황조가〉 25, 27
황초령 순수비 80, 81, 83
《효경》 117
《효종실록》 327
《훈민정음》 282, 283, 289~291, 416, 419
〈훈요십조〉 158, 166, 199, 215
홍수 124

왕은 어떻게 나라를 다스렸는가

역사학자의 눈으로 본 제왕들의 국가 경영

지은이 | 김기흥 · 박종기 · 신병주

1판 1쇄 발행일 2011년 11월 14일
1판 2쇄 발행일 2018년 11월 5일

발행인 | 김학원
편집주간 | 김민기 황서현
기획 | 문성환 박상경 임은선 김보희 최윤영 전두현 최인영 이보람 정민애 이문경 임재희 이효온
디자인 | 김태형 유주현 구현석 박인규 한예슬
마케팅 | 이한주 김창규 김한밀 윤민영 김규빈 송희진
저자 · 독자 서비스 | 조다영 윤경희 이현주 이령은(humanist@humanistbooks.com)
스캔 · 표지 출력 | 이희수 com.
조판 | 홍영사
용지 | 화인페이퍼
인쇄 | 청아문화사
제본 | 정민문화사

발행처 | (주)휴머니스트 출판그룹
출판등록 제313-2007-000007호(2007년 1월 5일)
주소 | (03991) 서울시 마포구 동교로23길 (연남동)
전화 | 02-335-4422 팩스 | 02-334-3427
홈페이지 | www.humanistbooks.com

ISBN 978-89-5862-427-1 03910
이 도서의 국립중앙도서관 출판시도서목록(CIP)은 e-CIP 홈페이지(http://www.nl.go.kr/ecip)와 국가자료공동목록시스템(http://www.nl.go.kr/kolisnet)에서 이용하실 수 있습니다. (CIP제어번호: CIP2011004789)

만든 사람들

기획 | 최세정
편집 | 이영란 신영숙
디자인 | 김태형
사진 | 권태균
본문 그림 | 박시백
문의 | 이문경(lmk2001@humanistbooks.com)

• 이 책은 2007년 휴머니스트에서 발행한 《제왕의 리더십》의 개정판입니다.